연세국학총서 105
방기중저작집 2

근대 한국의 민족주의 경제사상

2011년도
대한민국학술원 선정
우수학술도서
이 도서는 대한민국학술원에서 선정한 "2011년도 우수학술도서"로서 교육과학기술부의 지원으로 구입 배부한 것임.

연세대학교 출판부

저작집 편찬위원회

김도형 · 김성보 · 박종린
안병욱 · 이승렬 · 이인재
이준식 · 정태헌 · 홍성찬

방기중저작집 2

근대 한국의 민족주의 경제사상

지은이 방기중
펴낸곳 연세대학교 출판부
주 소 서울특별시 서대문구 연세로 50
http://www.yonsei.ac.kr/press
e-mail: ysup@yonsei.ac.kr
전 화 02)2123-3380~2
팩 스 02)2123-8673
등 록 1955년 10월 13일 제9-60호
인 쇄 (주)태화북스

2010년 11월 3일 1판 1쇄
2011년 9월 30일 1판 2쇄
ISBN 978-89-7141-940-3 (93300)
ISBN 978-89-7141-938-0 (세트)

값 25,000원

간행사

이 책은 지난 2008년 11월, 지병으로 타계한 고 방기중 교수의 연구업적을 모은 저작집이다. 그는 1980년 연세대학교 대학원 사학과에서 학문 연구를 시작한 이후, 거의 30년 동안 한국근현대사에 관해 주옥같은 연구업적을 남겼다. 그 가운데 이미 단행본으로 간행된 연구서나 편저서를 제외한 연구논문, 시론, 서문 등을 모아 이 저작집을 간행하게 되었다.

방기중 교수는 이 시대를 살았던 어느 연구자 못지 않게 시대의 아픔을 고민하고, 또 그 고민을 헤쳐나가기 위해 노력한 학자였다. 그가 학문 연구자로서 삶을 시작했던 1980년대는 격변의 시기였다. 해방 후 분단 한국사회의 각종 모순이 폭발하고, 이에 대한 다양한 해결책과 운동들이 터져 나오던 때였고, 또한 세계적으로 사회주의권이 무너지고 새로운 세계 질서가 만들어져 가던 때였다. 역사학계에서도 이런 국내외의 변화를 고민하였고, 그리하여 기존의 역사학계에서 분단체제를 옹호하는 반공주의적 태도나 비민주적 지배체제를 지지했던 점이 있었음을 비판하였다. 역사 주체로서 민중이 새롭게 인식·부각되었으며, 사회구성사적 역사인식에 기초한 '과학적·실천적 역사학'이 대두되었다. 방기중 교수는 이 움직임에 적극적으로 동참하였고, 도한 이를 자신의 학문 세계로 체계화하였다. 한국근현대사 연구자로서 방 교수는 분단체제의 역사적 연원을 해명하고, 이를 극복하기 위해 노력했던 많은 사람과 논의들을 체계적으로 정리하였다. 연구자로서의 첫 발걸음은 조선 후기 경제사로 시작하였지만, 점차 그는 백남운을 비롯한 사회주의 사상사, 일제하의 농업개혁론과 남한 농지개혁의 사상사, 일제하 경제자립론과 물산장려운동, 식민지파시즘 등으로 연구주제를 확대하였다.

방기중 교수는 자신의 학문을 스스로 정리하지도 못하고 일찍 이 세상을 떠났다. 재직하고 있던 연세대학교 사학과는 물론, 한국역사학계에서도 커다란 손실이었다. 이에 그의 동료, 후배와 제자들은 방 교수의 연구업적을 하나로 모으는 일이 한국역사학계에 그나마 한 가닥 도움이 될 것으로 뜻을 모았다. 이런 작업은 평소 소탈하고, 권위를 싫어했던 방 교수의 성품에는 맞지 않는 일일 수도 있지만, 그를 일찍 잃은 후인들의 애석한 마음을 방 교수도 이해하리라 믿었다. 이에 저작집 편찬을 위한 작은 모임을 만들었고, 사학과 동료 교수 가운데 연장자인 본인에게 위원장의 일이 맡겨졌다.

이 저작집은 모두 5권으로 구성되어 있다.

제1권은 조선후기 경제사에 관한 글을 중심으로 하였다. 방기중 교수의 조선후기 조세연구는 1960·70년대 내재적 발전론을 계승하면서도 당시의 내재적 발전론이 한국 봉건제 해체과정에서 나타나는 특수성과 사회구성의 계기적 연관성을 충분히 해명하지 못한 한계를 극복하기 위한 것이었다.

제2권은 식민지시기 경제사상사 연구방법론과 민족주의세력의 경제사상에 관한 논문들을 묶었다. 특히 방기중 교수는 식민지시기 민족주의진영의 대표적 경제자립운동이었던 물산장려운동에 주목하여 이를 통해 일제하 한국 민족주의 정치경제사상의 전개와 그 내면을 본격적으로 해명하였다. 그의 연구는 기존 학계의 민족주의 연구방법에 대한 전면적 재검토를 추구하였다.

제3권은 '식민지 파시즘'에 관한 연구 논저들을 묶은 것으로, 방 교수는 일제하에서 해방 이후를 관통하는 한국근현대사의 기본 추이와 성격을 수탈과 저항, 친일과 반일, 종속과 자주, 반공과 통일이라는 이분법적 논리로 파악하는 일반적 연구시각을 극복하고, 분단 형성과 남한사회의 전개에 심대한 영향을 끼친 식민지 유산의 실체와 그 작동구조를 일제하 '식민지 파시즘' 체제에 초점을 맞추어 살펴보았다.

제4권은 백남운에 대한 글들과 함께 서북지방 기독교 세력들과 가까운 장로회 계열의 주요 경제론자이자 농촌운동가인 이훈구와 배민수에 관한 연구논문들을 묶었다. 이는 농지개혁과 남한 국가 수립으로 귀결된 기독교 계열의 민족 · 자본주의 진영의 사상과 이념, 농업개혁론과 경제건설론, 농촌문제 인식과 농민운동의 전반을 보여주는 것으로, 기존 보수적 · 진보적 연구경향 모두의 한계를 극복한 것이었다.

제5권은 분단국가의 사상사 해명에 관한 논문들과 분단극복의 역사인식에 관한 사론을 묶었다. 방기중 교수는 남한국가 수립에 직접 참여한 중간파 노선에 대한 해명과 함께 남한의 농지개혁이 내재적 사상 전통과 일제하 토지개혁론을 기반으로 이루어진 것이고, 근대국가 수립의 내재적 발전과정의 소산물이라는 것을 경제사상사의 측면에서 밝혔다. 그는 해방 후 국가건설문제에 역사학이 어떻게 대답했는가를 검토하면서 분단극복과 통일문제에 대한 한국 사학의 과제를 제시하였다.

방기중 교수는 내재적 발전의 시각 아래 한국근현대사의 흐름을 두 가지 근대화의 길로 정립한 김용섭 교수의 학문을 계승하면서도, 이에 머무르지 않고 한국근현대사 연구에서 제기되는 각종 역사적 사실과 문제를 직시하고 새롭게 해결하려고 노력하였다. 분단체제의 내적 배경과 분단체제 극복의 사상적 방향을 찾으려는 그의 연구는 좌 · 우 세력을 넘나들면서 다양한 소재와 주제에 걸쳐 진행되었다. 특히 그는 인물 연구와 사상사 연구를 결합시켜 큰 성과를 내었다.

방기중 교수의 연구는 한국근현대사상사를 새로운 경지에서 개척한 것이었다. 그렇지만 그는 그가 추구했던 연구 방향과 내용을 스스로 다 채우지 못하고 아쉽게도 우리 곁을 떠났다. 그는 후학들에게 여러 과제를 남겼다. 이 저작집 발간이 방기중 교수의 문제의식과 연구방법론을 새롭게 음미하고, 또한 후인들에 의해 계승되어 한반도 분단체제를 극복하고 통일의 새로운 사상적 지평을 만드는 데 일조하기를 바랄 뿐이다. 본 편찬위원회가 방교수의 2주기를 맞아 이 저작집을 발간하는 숨길 수 없는 바람이기도 하다.

이 저작집은 방기중 교수가 몸담았던 연세대학교의 배려 아래, 국학연구원의 연세국학총서로 발간하게 되었다. 이 저작집을 간행하기 위해 여러 사람들이 노력하였다. 편찬위원들은 저작집 전체의 체계와 간행 방향을 잡아주었다. 편찬위원회의 실무를 맡은 김성보 선생은 윤덕영 선생과 함께 방기중 교수의 학문여정을 체계 있게 정리해주었다. 또한 저작집에 수록될 원고에 대한 실무 작업을 추진한 박종린, 이태훈, 장신, 정용서, 정진아 박사에게 감사드린다. 실무위원들은 일일이 원고들을 정독하고 교정을 보았으며, 일부 파일이 없는 원고들에 대해서는 입력의 수고를 마다하지 않았다. 마지막으로 책을 모양 있게 만들어 간행해 주신 연세대학교출판부에 감사드린다.

2010년 10월
편찬위원회를 대신하여
김도형 씀

일러두기

저작집은 저자가 발표한 원문 그대로 수록함을 원칙으로 삼았다. 다만 독자들의 편의를 위하여 다음과 같이 약간 손질하였다.

1. 모든 글의 '장'과 '절'은 '1. − 1) − (1)'의 형식으로 통일하였다.
2. 본문의 한자는 고유명사와 인용 자료, 그리고 뜻을 명확하게 하기 위한 경우에만 처음에 한해 노출하였다. 각주의 한자 노출은 원래 글을 따랐다.
3. 오식이나 오자가 분명한 경우 이를 바로 잡았다.
4. 띄어쓰기와 맞춤법은 현재 사용하는 기준에 따랐다.
5. 각주의 참고문헌 표기 방식은 통일하였다.
6. 편집자 주는 '*' 표시로 구분하였다.
7. 원래 글의 출전을 논문 말미에 표기하였다.

차 례

| 제1부 | 경제사상사 연구론

| 제2부 | 물산장려운동과 민족주의 경제사상

| 제3부 | 경제자립론의 계보

제1부

경제사상사 연구론

I. 식민지시기 한국 경제사상사 연구론

II. 논평

식민지시기 한국 경제사상사 연구론

1. 식민지시기 경제사상사 연구의 의의

제가 오늘 준비한 강연 주제는 한국 근현대사상사 연구의 일환인 '식민지시기 한국 경제사상사' 연구에 관한 것입니다. '연구론'이라 해서 무슨 거창한 사상사 이론이나 특별한 방법론을 말씀드리고자 하는 것은 아니고, 지난 20여 년간 저의 연구 경험을 토대로 연구사적으로 의미있고 중요하다고 생각되는 몇 가지를 전달함으로써 식민지시기 한국사를 연구하는 분이나 한국 근현대사에 관심이 있는 분들에게 다소 도움이 되면 좋겠다는 생각에서 이러한 주제를 정했습니다. 그래도 강연 주제가 학계에서 별로 사용하지 않는 표현인 만큼 다소 생소하고 어색하게 느껴질 수 있다는 점에서 일반적 차원에서나마 사상사 · 경제사상사의 개념과 성격을 간략히 정리해 둘 필요는 있을 것 같습니다.

다른 역사연구 영역에 비해 연륜이 상당히 짧은 사상사의 개념과 성격에 대해서는 과거 여러 학자들의 다양한 논의가 있습니다만, 사실 딱히 어떤 특정한 정답이 있는 것은 아닙니다. 잘 알고 있듯이 사상은 대단히 포괄적이고 추상적인 개념입니다. 실제 역사적 현실에서 사상은 정치 · 경제 · 사회 · 문화 등 각 영역을 통해 구체적으로 작동하는 것이고, 또 국가나 지배권력, 개별 지식인이나 집단, 민중 등 사상 주체 역시 다양하다는 점에서 사실 사상사는 각 영역과 주체에 따라 다양하게 분화될 수 있고 실제 그렇습니다. 따라서 어떠한 측면에 주안점을 두는가에 따라 각기 독자적인 방식으로 사상사의 의미와 방법을 말할 수 있고, 절대적으로 옳은 어떠한 정의가 있는 것은 아니라고 생각합니다. 다만, 어떠한 방식으로 정의하든 그 목표가 전체 역사상의 해명이라는 역사연구의 궁극적인 목적에 기여한다는 것이 전제될 때 사상사의 존재 이유와 의의가 있을 것입니다.

이러한 점을 염두에 두고 일반적 차원에서 말한다면, 사상이란 역사적 현실에 대한 인간의 의식·관념과 인식체계, 이를 기반으로 한 목적의식적 사고활동이라고 정리할 수 있겠습니다. 따라서 사상사는 역사적 현실세계와 결부된 이러한 의미의 사상 전개와 그 발전사를 중심으로 역사상 인식에 부응하고자 하는 역사연구 영역이라 하겠습니다. 경제사상사의 일반적 개념과 성격 역시 이 연장에서 생각할 수 있겠습니다. 곧, 경제사상사는 특정 역사 시기의 경제현실에 대한 인간의 인식체계, 그것을 변화시키고자 하는 구상과 이념 등을 파악하고 그 역사적 맥락을 체계화하는 데 목표가 있는 사상사 연구 영역으로 정리할 수 있지 않을까 생각됩니다.

간략하지만 이러한 개념 정리를 전제로 식민지시기 경제사상사 연구가 지니는 연구사적 의의를 간단히 말씀드려볼까 합니다. 이와 관련해서는 우선 이 시기 역사상 인식에서 경제문제가 지니는 중요성을 언급해 둘 필요가 있겠습니다.

주지하듯이 식민지 강점과 함께 일제는 근대적·자본주의적 발전이 미성숙한 조선경제를 일본자본주의에 철저히 종속시키면서 식민지 이식자본주의체제를 구축하였습니다. 당시 조선은 일본 금융자본 · 독점자본의 이식지대이자 일본에 대한 식량공급지 · 상품시장이었습니다. 조선인의 기업 활동도 꾸준히 성장하였지만, 식민지 전 기간 동안 조선인 자본은 일본인 자본의 10% 내외에 불과한 수준이었습니다. 특히 식민지 자본주의의 경제적 모순이 가장 심각하게 나타난 것은 농민문제 · 소작문제였습니다. 지주층의 이익을 옹호하는 총독부의 '지주주의' 수탈농정과 금융자본 · 독점자본의 지배 아래 조선농촌의 피폐는 극심하였고, 대다수 농민층은 지주제에 긴박되어 고율소작료와 고리대에 의해 고통을 받았습니다.

이것이 정치적 독립 문제와 함께 경제적 모순의 혀결, 민족경제와 농민생활의 자립 문제가 식민지시기 최대 사회현안이 된 저간의 사정입니다. 요컨대 이 시기 경제문제는 단순한 경제문제에 국한된 것이 아니라 식민지 민족문제와 구조적으로 중첩된 정치문제의 일환이라는 시대적 속성을 지니고 있었습니다. 1920 · 30년대 여러 계통의 사회단체 · 운동조직과 지식인들이 경제현실의 타개를 민족운동의 주요한 당면 과제로 인식하고 각종 타개 방안과 실천운동을 모색한 것은 이러한 시대적 배경과 경제문제의 특수성에 기인하였습니다. 중요한 사실은 이 여러 계통의 경제현실 인식과 타개 방안에는 당연히 그 인식 주체의 정치적 · 사상적 입장이 반영되어 있었고, 또한 미래 해방된 '신조선'의 새로운 국가체제 · 경제체제에 대한 구상과 전망이 내면화되어 있었다는 점입니다. 이에 이 시기 경제사상의 전개는 현실적으로 정치사상과 긴밀한 연관을 가지면서 정치경제사상의 성격을 취하면서 구체화되는 것이 일반적이었습니다.

식민지시기 경제사상사 연구의 일반적 과제는 이와 같은 여러 계통의 집단과 개인들의 경제현실 인식과 그 타개 방안의 사상구조, 그리고 여기에 내면화되어 있는 '신국가'의 체제구상과 이념적 지향을 실천운동과의 유기적 관련 속에서 검토하는 데 있다고 정리할 수 있겠습니다. 이러한 작업은 한국 근현대사 연구와 관련하여 크게 두 가지 측면의 중요한 연구사적 의의를 지닌다고 생각합니다. 하나는 이 작업이 자주적 근대화의 좌절과 식민지적 근대화의 경험 속에서 전개된 한국 근대사상의 발전 과정과 그 특질의 전모를 새롭게 인식하고 체계화하는 데 중요한 논거를 제공하고 있다는 점입니다. 다른 하나는 이 작업이 해방 이후 통일민주국가 수립에 실패하고 분단으로 나아가게 되는 분단의 사상구조를 역사적으로 이해하고 남한 자본주의와 북한 사회주의의 전개를 사상사적으로 접근하는 데에 중요한 단서를 제공하고 있다는 점입니다. 말하자면 식민지시기 경제사상사 연구는 정치사상사 연구와 더불어 한국 근현대 사상 발전의 내재적 연속과 전변 과정을 체계적으로 인식하는 데 중요한 연구사적 의미를 지니는 연구 영역이라 할 수 있습니다.

2. 경제사상사 연구의 제약성과 비판적 성찰

그러나 이러한 의미 부여에도 불구하고 현재 이 방면에 대한 연구성과는 대단히 미미한 실정입니다. 최근에 이르러 이 방면에 대한 성과가 조금씩 축적되고 있지만, 학계의 일반적인 분위기로 볼 때 앞에서 말씀드린 바와 같은 의미의 식민지시기 경제사상사 연구의 의의와 필요성은 아직도 그렇게 자각되고 있는 형편은 아닌 것으로 보입니다. 그런데 이러한 연구 동향의 문제는 경제사상사 분야에 가장 심하게 나타나고는 있지만 비단 경제사상사에 한정된 것이 아니고 사실 식민지시기 사상사 전반에 해당되는 문제라고 할 수 있습니다. 이를테면 식민지시기 사상사 연구 자체가 아직 독자적 연구 영역으로 자기 정체성을 확립하지 못한 학계 실상을 반영한 것이라고 해도 좋겠습니다.

식민지시기 경제사상사 연구가 이와 같이 부진하고 그 연구사적 의의에 대한 인식이 부족하게 된 데에는 우선 경제사상사를 독자적 연구 영역으로 접근하기 어렵게 만드는 객관적 제약성인 식민지시기의 특수성을 들 수 있겠습니다. 본시 인간의 사상활동은 현실세계에서 그 실현을 추구하는 본질적 속성을 지니고 있습니다. 사상 주체는 단순히 자신의 생각과 구상을 문자로 표현하는 데 그치지 않고, 국가정책 또는 여러 유형의 실천운동을 통해 부단히 그 실현을 추구합니다. 이 실천이 곧 사상 발전의 주요한 동력이라 할 수 있습니다. 그러나 식민지화와 주권 상실은 이러한 동력과 보편적인 사상 발전을 왜곡시키는 원천적인 제약조건이 되었고, 특히 일제의 민족차별적 식민지배정책과 사상억압정책은 이러한 제약조건을 더욱 심화시켰습니다.

이에 따라 이 시기 조선인의 사상활동은 정책의 주체가 아니라 객체로 존재하면서 식민지 민족문제와 경제현실 타개를 위한 당면 이론적 · 실천적 모색에 주력하였습니다. 또한 당시 급속히 유입되는 각종 서구의 정치경제사상과 사회과학이론을 충분히 저작(詛嚼)하고 내면화할 여건을 갖지 못하였기 때문에 그 사상 전개의 폭과 깊이가 매우 취약할 수밖에 없었습니다. 이러한 사상 전개의 시대적 특수성이 이 시기 사상사 연구를 어렵게 만드는 중요한 제약조건입니다만, 특히 이 제약성은 국가정책과의 연관성이 강한 경제사상사의 경우 더욱 크게 작용하고 있다고 하겠습니다. 조선후기에서 대한제국기까지 한국 근대 형성 과정과 관련한 방대한 사상사 · 경제사상사 연구 성과의 축적을 염두에 두면 이 제약성의 의미가 쉽게 이해될 것입니다.

그러나 이러한 객관적 제약성이 식민지시기 경제사상사 연구의 부진과 인식 부족의 근본 원인은 아니라고 생각합니다. 그것은 하나의 제약성에 불과한 것이지 사상사적 접근을 어렵게 하는 본질적 요인은 아닙니다. 본질적 요인은 결국 연구시각과 관점의 문제에 있습니다. 이와 관련해서는 여러 측면을 거론할 수 있겠지만, 여기에서는 크게 두 문제만 간략히 언급하도록 하겠습니다.

하나는 이 시기 사상활동, 사상 전개를 민족운동사에 용해시켜 인식하거나 민족운동론의 차원에서 다루는 운동사 중심의 일반적인 연구 경향입니다. 물론 이 시기 시대적 과제가 민족문제의 해결에 있고, 또 앞에서 언급한 바와 같이 이 시기 사상활동이 많은 경우 결국 식민지 현실을 타개하기 위한 실천논리 · 운동방략 문제와 긴밀한 연관성을 가지며 전개되었다는 점에서 이러한 연구 시각은 일면 당연한 것이라 생각합니다. 문제는 민족운동사 연구의 주요 관심과 분석의 중심축이 정치적 실천에 주안점을 둔 운동론 해명에 두게 된다는 연구 분야의 본질적 속성에 있습니다. 이에 따라 사상 분석의 수준과 대상, 범위가 크게 제한되거나 편향되어 이 시기 사상사의 전체상과 다양성을 파악하기 어렵게 되고, 특히 경제사상사적 관점은 거의 고려하지 못하는 방법상의 한계를 갖게 되는 것입니다. 최근 많이 지적되는 이분법적 시각의 문제 역시 이러한 한계와 무관한 것이 아니라고 생각합니다. 이러한 점에서 식민지시기 사상사 · 경제사상사 연구는 단지 연구 영역의 다변화라는 차원만이 아니라 이 시기 역사상을 재인식하는 하나의 방법론이라는 성격을 갖는다고 하겠습니다.

다른 하나는 식민지시기 경제사상사 연구의 의의를 경시하거나 경제사상사 연구 영역의 설정 자체에 대해 무관심 내지 거부감을 가지고 있는 경제사학계의 일반적 연구 풍토입니다. 전공 영역의 성격상 경제사상사 연구를 선도할 위치에 있고, 또 일종의 의무감도 있어야 한다고 생각하는데, 사실 연구 현실은 오히려 그 반대입니다. 여기에는 두 가지 중요한 이유가 있는 것 같습니다. 우선 경제사상사를 경제학설사와 동일시하는 경제학계의 일반적 통념이 강하게 작용하고 있는 것이 아닌가 합니다. 그러나 이미 여러 학자들이 강조하였듯이 역사로서의 사상사와 특정 학문 분과의 학설사는 구분할 필요가 있습니다. 경제학설사는 경제사상사 연구와 깊은 연관성이 있고 여러 문제 해결에 중요한 도움을 주지만 일반적 의미의 역사상은 아닙니다. 근대 경제학이론과 자본주의 발전에 기여한 대표적인 서양 경제학자들의 학설사를 경제사상사의 본령이라 이해하는 한 식민지에서의 경제사상사 영역 설정은 애초부터 인정하기 어려울 것입니다. 다음은 이러한 통념에 더하여 한국의 자본주의근대화의 내재적 요소와 발전 가능성을 원천적으로 부정하는 경제사학계 일각의 이른바 '식민지근대화론'의 영향을 들 수 있습니다. 식민지시기 '식민지근대화론'의 창시자인 일본인 관변 학자들이 그러했던 것처럼, 한국 자본주의근대화의 동력을 일제의 식민지배와 총독부의 식민지 개발정책에서 찾는 이들 '식민지근대화론'의 시각에서는 식민지시기에 조선인이 주체가 되는 경제사상사 영역을 설정하는 것 자체가 어불성설이라고 생각할지 모르겠습니다. 잘 알려져 있듯이 '식민지근대화론'이 식민지 자본주의근대화 과정에서 발견한 가장 능동적인 조선인 상은 일제지배체제에 적극 편입하여 자본축적을 실현한 자본가의 모습이었습니다. 이 점을 상기하면 당시 식민지 경제현실의 모순구조를 타개하고 '신조선'을 전망하고자 하는 조선인의 사상적 모색과 실천은, '식민지근대화론'의 시각에서 볼 때 아마도 자본주의 경제사상의 내재적 전통과 주체적 경험을 결여한 식민지 지식인의 시대착오적이고 부질없는 행동에 불과할지 모르겠습니다.

3. 경제사상사 연구의 방법과 주요 논점

앞에서 식민지시기의 현실적 특수성과 관련된 경제사상사 연구의 제약성을 말씀드렸습니다만, 막상 이 방면의 연구에 접하게 되면 이 제약성이 생각보다 크다는 것을 절감하게 됩니다. 이는 이 시기 사상사 연구 일반에 해당되겠지만 경제사상사의 경우에는 더욱 그렇습니다. 이 가운데 연구의 가장 큰 어려움은 역시 자료의 빈곤 문제입니다. 질적으로 수준 높은 경제관계 학술논저는 극히 제한적이고, 당면 경제문제를 논하는 평론 수준의 경제논설이 대종을 이루고 있는 것이 자료 현황입니다. 이러한 자료 문제가 결국 식민지 사상억압구조와 결부된 열악한 지적·학문적 조건에 연유한다는 것은 같은 시기 일본의 경제관계 논저 현황을 생각하면 쉽게 이해될 수 있습니다.

따라서 이러한 자료의 제약성을 극복하면서 이 시기 경제사상의 추이와 계통을 질서정연하게 분류하고 각 계통별 사상의 인식구조와 그 성격, 실천적 구상과 이념적 지향성 등을 심도 있게 분석하기 위해서는 왕도가 있을 수 없습니다. 자료의 생산 주체, 곧 개별 사상 주체에 대한 여러 측면의 다각적인 조사·분석을 전제로, 부족한 자료나마 치밀한 비판적 독해를 통해 사상 주체의 내면과 실천적 성격을 파악하고 그것을 전체적인 사상 동향 속에서 논리적으로 재구성하고자 하는 부단한 작업 과정만이 연구 목표에 달성할 수 있는 유일한 길이라는 것이 그간의 경험을 통해 얻은 결론입니다.

이러한 작업 과정에서는 여러 경계해야 할 유의점이 있습니다만, 여기에서는 특별히 연구자가 빠지기 쉬운 두 가지 편향된 경향을 지적하고 싶습니다. 하나는 이른바 토대·상부구조론의 기계적 적용입니다. 경제사상의 경우 현실 토대와 계급적 이해관계와의 긴밀도가 여타 사상적 측면보다 강하게 나타나게 되지만 그것을 기계적으로 인식하면 사상의 주체적 능동성을 간과하게 되고 계급환원론적 편향에 빠질 것입니다. 물론 이와 반대로 사상의 자율성을 지나치게 강조하면 현실과 격리된 사상 저변의 내면세계의 해명에 집착하는 관념적 경향에 빠질 수 있다는 점도 경계해야 할 것입니다. 다른 하나는 식민지 현실의 역사적 맥락에 대한 진지한 고려 없이 연구자 자신의 현재적 관심과 문제의식을 무매개적으로 식민지시기에 투영하는 부조적(浮彫的) 경향입니다. 탈근대론 입장의 식민지시기 인식에 종종 나타나듯이 이 경향은 흔히 자의적인 자료 독해와 개념 조작을 수반하게 되고, 이에 따라 현상과 본질을 전도하거나 일면적 · 부분적 사실을 일반화시키는 결과를 초래하게 됩니다.

이러한 연구의 제약성과 유의점을 염두에 두면서, 마지막으로 식민지시기 경제사상사 연구와 관련하여 특별히 중요한 의미를 갖는다고 생각되는 주요 논점을 제시해 보면서 강연을 마무리하고자 합니다. 그것은 이 시기 경제사상의 계통을 어떠한 기준을 가지고 어떻게 분류할 것인가 하는 문제입니다. 어떤 개인(또는 집단)의 사상과 실천을 굳이 어떤 특정 '주의'나 입장으로 규정하는 것은 때로 그 사상과 실천의 풍부한 내면과 생동감을 고정화 · 단순화시킬 수 있다는 점에서 계통 분류가 능사는 아니라고 생각합니다. 더욱이 누차 말씀드린 바와 같이 이 시기 경제사상의 실상은 명확한 계통 분류를 하기에 자료와 논거가 극히 빈약하기 때문에 섣부른 계통화의 위험성도 다분히 존재하고 있습니다. 그러나 이러한 위험성에도 불구하고 이 시기 경제사상사의 역사적 맥락을 한국 근현대의 전체적 국면에서 파악하고 그 사상 전개의 시대적 특질을 체계적으로 인식하기 위해서는 이는 불가피한 작업이라 생각됩니다. 어느 의미에서는 이러한 계통화 작업이 곧 이 시기 사상상의 전모를 드러내는 연구의 최종 도달점이라고도 말할 수 있습니다.

문제는 어떠한 기준으로 계통화할 것인가 하는 것인데, 경제사상의 특성상 사상 주체가 구상하고 추구하는 경제체제의 성격 또는 그 이념적 지향을 기준으로 하면서 그 내부의 다양성을 고려하는 것이 가장 합리적인 방법이라고 생각되고, 또 저도 그러한 입장에서 계통 분류를 시도해 보고 있습니다. 이에 근거해 이 시기 경제사상의 기본 추이를 정리하면 자본주의 경제사상, 사회주의(마르크스주의) 경제사상, 광의의 사회민주주의 내지 조합주의 입장을 취하는 중간형적 경제사상 등 크게 세 계통으로 분류해 볼 수 있습니다. 여기에 주목할 점은, 이러한 기본 추이에도 불구하고 각 계통 내부에는 상호 경제관 · 계급관 · 민족관을 달리하면서 경제현실 인식과 타개논리, 그리고 지향하는 경제체제 구상에 적지 않은 차이를 보이고 있다는 사실입니다. 그리고 이 편차는 이 시기 사상 주체 상호간의 연관관계나 실천활동의 현실적 전개에 상당히 중요한 요소로 작동하였고, 그 양상은 해방 이후까지 연속성을 갖는 것으로 파악됩니다. 따라서 이러한 편차의 실체를 명확히 규명함으로써 그 기본 추이 내부에 존재하는 사상 전개의 다양성과 상호 연관성을 파악하고 그 편차의 작동구조와 해방 이후의 연속성을 탐구하는 것이 경제사상사 연구의 주요한 과제의 하나라고 생각됩니다.

이러한 과제 해결은 결국 각 사상 주체의 사상 형성과정과 심화과정에 대한 면밀한 추적과 그 사상구조 · 실천논리의 인식 기반에 대한 심층적 접근을 통해서만 가능할 것입니다. 잘 아시다시피 이들 사상 주체의 중심이 되는 지식인들은 시간적 편차가 있지만 일본 · 미국 · 소련 등지에서 세계정세의 변화를 목도하며 당시 최첨단의 정치경제사상 동향을 파악하고 귀국한 해외 유학생 출신이 다수를 점하고 있습니다. 따라서 이들을 포함한 당시 각 계통의 지식인들이 어떠한 내재적 사상

전통의 바탕 위에서 어떠한 방식으로 최신의 서구 정치경제사상을 수용하고 내면화하였으며, 나아가 일제의 식민지 경제정책과 세계 경제 동향의 변화를 경험하면서 어떠한 관점과 논리로 이에 대응해 나갔는가 하는 점들을 생생하게 재구성해 내는 것이 이러한 과제 해결의 첩경이 되리라 생각합니다. 그리고 이 작업을 심층적이고 스케일 있게 추진하기 위해서는 이 시기 경제사상·경제정책사상의 세계사적 조류와, 특히 1930년대 체제적 위기에 대응한 자본주의 각국의 정책 변화, 그 일환으로서의 일제·총독부의 경제정책 변화와 그 사상적 배경에 대한 접근이 대단히 중요한 의미를 지닌다는 점을 지적하면서 강연을 마치도록 하겠습니다. 감사합니다.

(출전: 연세대학교 한국학의 세계화 사업단·국학연구원 편, 『일제 식민지시기 새로 읽기(연세특성화사업 국제학술회의 발표논문집)』, 2006.)

논평*

1. 이 발표는 일제하 재정·금융사, 공업사에 관한 연구 동향을 정리한 것이다. 특히 이 방면에 대한 최근 연구 동향을 한눈에 알 수 있도록 1980년대 이후의 연구성과에 주목하고 있어, 토론자는 이 발표를 통해 여러 가지 계발되고 시사받은 점이 많았다. 또한 발표자가 지적한 것 가운데 많은 내용, 특별히 향후 과제에 대해서는 토론자 역시 기본적으로 동의하고 있음을 미리 밝혀두면서, 발표에 대한 몇 가지 질문과 의견을 피력하고자 한다.

2. 이 발표는 연구사 정리인 만큼 우선 그 정리의 전체적 방향과 기조가 합당한가 하는 것부터 거론되어야 할 것이다. 발표자는 그 정리 범위를 일제하 사회경제사 가운데 재정·금융사와 공업사(노동력 문제 포함)로 한정하고, 최근까지 이 방면에 대한 연구 동향을 크게 네 가지 경향으로 요약하고 있다. 그리고 이 가운데 특히 넷째 경향의 연구 성과(이하 잠정적으로 '개발성장론'으로 칭함)를 부각시켜

---

* 이 논평의 대상이 된 발표문은 다음에 수록되어 있다. 정재정, 「한국 근대사연구의 성과와 몇 가지 과제 – 일제시대 사회경제사연구의 신경향을 중심으로」, 韓國精神文化硏究院 硏究部 編, 『光復 50周年 國學의 成果』, 韓國精神文化硏究院, 1996.

이를 다른 경향의 연구와 대비시키는 방식으로 논의를 전개하고, 이를 바탕으로 향후 연구의 과제와 전망을 제시하였다.

이와 관련하여 토론자는 첫째, 이와 같이 정리 범위를 한정시키고 논의를 전개하는 데 따르는 위험성을 지적하고 싶다. 왜냐하면 특정 방면에 제한된 연구 성과를 논의 과정에서 자칫하면 사회경제사 전체를 다룬 것으로 비약시킬 수 있기 때문이다. 실제 이 발표에서는 네 가지로 분류한 각각의 견해가 일제하 사회경제사 연구의 네 경향으로 환치되어 있는 느낌을 주고 있다. 만약 발표자가 이 네 연구 경향을 결국 일제하 사회경제사 연구 경향과 동일하다고 생각한다면, 당연히 일제하 사회경제사 연구의 중심이 되는 농업사 연구성과가 함께 다루어졌어야 할 것이다. 만약 그렇지 않다면 서술 내용에 여러 단서가 있어야 할 것이고, 따라서 발표 제목에도 이 점이 반영될 필요가 있다고 본다.

이를 전제하면서 둘째, 기존 연구 경향을 과연 발표자가 정리한 것과 같이 네 가지로 구분해 볼 수 있는지, 또한 그 네 가지 경향에 대한 발표자의 정리가 합당한 것인지를 묻고 싶다. 우선 흔히 '수탈사적 관점'이라 부르는 첫째 경향은 연구 경향이라기보다 초창기(1950 · 60년대) 연구성과 정도로 의미 부여하는 것이 좋지 않을까 생각한다. 이들 연구가 당시의 연구상황 · 시대상황과 관련해서 민족해방운동의 배경이 되는 일제 침략성을 강조하는 데 초점을 맞춘 것은 당연한 것이다. 이러한 점에서 토론자는 '수탈사적 관점'이라는 명칭을 붙여 일제하 역사상을 일방적 수탈과 저항만으로 설명하고 있다는 연구 경향은 사실상 존재하지 않는다고 본다. 이는 제국주의가 '수탈과 이를 위한 개발'을 병행하는 가운데 식민지배를 관철한다는 오래되고 당연한 명제를 두고, 개발의 측면을 강조하는 일부 일본인 학자의 부조적 문제제기에서 만들어진 허상에 불과하다.

따라서 그간 이 분야 연구의 주류를 이루어 온 연구 경향은 발표자가 제시한 둘째 경향이 될 것이다. 곧, '내재적 발전론'의 시각에서 일제하의 경제적 변동을 추적한 연구 성과이다. 주지하다시피 이 경향은 정체성론에 입각해서 일제 침략을 합리화한 '식민지시혜론'을 극복하는 데 크게 공헌한바, 농업사 연구를 중심으로 상공업사 분야에서도 일정한 성과가 축적되었다. 문제는 이 경향도 연구자에 따라 그 시각, 방법에 차이가 있다는 것이다. 그러나 발표에서는 이러한 측면이 분명히 나타나지 않았고, 또 일부 특정 성과(예컨대 목록 9)** 만을 가지고 논의함으로써 이 경향의 연구 성과가 갖는 연구사적 의의가 충분히 전달되지 않았다고 느껴진다. 이러한 점은 발표자가 스스로 밝힌바, 논의의 초점을 '개발성장론'에 맞춘 데에서도 연유한다. 이에 대한 발표자의 의미 부여를 부정하는 것은 아니지만, 이를 위해서는 우선 위의 연구성과에 대한 충분한 정리가 선행되어야 할 것이다. '개발성장론'을 비판적으로 검토하고 있는 입장과 관계없이 발표자의 전체적인 논의 기조는 그간 일본 학계에서 전개된 문제의식이나 논점에 지나치게 영향을 받고 있다는 생각이 든다.

3. 발표자는 기존의 연구 경향과 몇 가지 논쟁점을 정리하면서 자신의 생각을 분명히 표현하지 않은 부분이 있다. 이와 관련하여 다음 문제에 대한 발표자의 견해를 듣고 싶다.

(1) 둘째 경향에 대한 문제점 지적과 관련하여, 일제하 경제구조의 총체적 모습을 보이는 데 '조선인 경제'와 '일본인경제' 범주를

** 梶村秀樹, 『朝鮮における資本主義の形成と展開』, 東京: 龍溪書舍, 1997.

설정할 필요가 없다고 보는 것인지, 그것이 아니라면 양자를 어떠한 방식으로 파악할 수 있는지 하는 점.

(2) 두 가지 민족자본론에 대해 어떠한 분석 틀이 사실에 적합하다고 생각하는지, 만약 기존의 두 가지 틀이 모두 문제가 있다면 어떠한 방식으로 '조선인 자본'을 설명할 수 있는지 하는 점.

(3) 일제하 사회구성을 어떻게 파악하는가 하는 점

4. 발표자는 '개발성장론'이 일제하 한국경제의 양적 · 질적 성장을 부각시키는 가운데 민족모순과 식민지적 특성을 애매하게 처리하고, 무엇보다도 이 성장을 1960~70년대 남한 자본주의 발전과 연결시키려는 데 대한 실증적 · 논리적 문제를 지적하였다. 토론자는 발표자와 견해를 같이할 뿐만 아니라 최근 국사학계에서도 수차 이 경향의 연구에 대해 비판적 논평이 가해진 바 있기 때문에 재삼 같은 논의는 반복하지 않고자 한다. 다만 방법론과 관련하여 발표자는 '개발성장론'의 입론 · 방법 · 주지가 과거 식민사관론자들의 '식민지시혜론'과 전혀 다른 차원의 것이라고 했는데, 구체적으로 무엇이 다른지, 그럼에도 불구하고 서로 관통하는 역사상을 그려내고 있는 것은 어디에서 연유하는지 묻고 싶다.

토론자는 '개발성장론'의 수량적 · 통계적 · 몰계급적 분석 방식 — 그것은 일본 역사학계의 뿌리깊은 생산력주의적, 결과론적 역사인식에 근거를 두고 있다 — 은 일제하 '식민지시혜론'을 창출해 낸 일본인 학자들의 그것과 기본적으로 맥락을 같이 하는 점이 적지 않다고 생각한다. '식민지시혜론'을 학문적으로 확립한 이들은 통계수치만 갖다 대는 얼치기 수준의 관학자들이 아니라 나름대로 사상 · 이념체계를 갖추고 일본 파시즘의 정책 기반을 제공한 당대 최고 수준의 학자들이었다. 그들은 학문의 실증적·객관적 자세를 내세우면서 일제 강점이 '조선의 산업혁명 과정'임을 증명하는 데 통계적·수량적 분석 방법이라는 무기를 어떻게 활용할 수 있는가를 잘 알고 있었고, 그 학문적 목표 또한 분명하였다.

유감이지만 여기에서 해묵은, 그러나 새로운 현실상황 속에서 끊임없이 반복되고 앞으로도 그러리라 예상되는 이러한 방법론 문제와 관련하여 이미 1930년대 당시 어느 경제사학자가 지적한 다음 언급을 회고하지 않을 수 없다.

> 조선의 '躍進'을 말하는 금일에 際會하야 現朝鮮을 認識하는 방법으로서 대립되는 두 가지의 '코-스'가 전개되여 가는 것을 지적할 수 잇을 것이니, 其一은 현조선의 '統計的 硏究'로서 그 '躍進'을 실증하랴는 數量的 方法이고, 其二는 '統計的 朝鮮'의 비판적 연구로서 그 본질을 검토하랴는 과학적 방법이 그것이다(白南雲, 「'數字朝鮮硏究' 第五集에 對한 讀後感(上)」, 『東亞日報』 1935년 5월 28일자).

'개발성장론'이 통계적 연구를 통해 1930·40년대 일제하 한국인 경제의 總量的 증가나 人力構造의 확대(이 점은 토론자도 인정하고 있다)를 한국인 경제의 '약진'으로 파악하고 그것을 진정한 '조선인의 주체적 능동적 삶'의 모습으로 규정하고자 한다면, '경제논리'라는 이름으로 그 수치를 해설하는 수준이 아니라 그 수치에 내면화되어 있는 당시 한국인들의 삶의 실제 모습과 생각을 생생한 역사상으로서 그려낼 수 있어야 할 것이다. 토론자는 '개발성장론'의 성과를 부분 인정하면서도 그것이 '식민지시혜론' 창시자들의 학문적 의욕이 배어 있는 관변 자료를 그들이 활용했던 통계처리 방식으로 충실히 재구성한 것이라는 생각을 숨길 수 없다.

5. 이상과 같은 논평과 관련하여 토론자는 발표자가 제시한 향후 과제와 함께 다음과 같은 몇 가지 과제를 더 덧붙이고자 한다. 첫째, 진정으로 생생한 일제하 한국인경제의 실상을 파악하기 위해서는 당시 한국인의 각종 경제운동(경제자립운동, 자본축적운동, 기술진흥운동, 자력갱생운동, 조합운동 등)을 일제 경제정책, 이식자본주의 동향과 상호 관련하여 살펴보고 그 추이와 성격을 해명하는 것이다. 둘째, 이 운동의 지적 · 사상적 기반으로서 조선인(특히 민족주의 계열의 지식인이나 자본가층)의 경제론을 역시 일제 경제정책, 이식자본주의 동향과 관련하여 추적하는 것이다. 셋째, 이상 양 측면의 연구를 해방 후까지 연장하여 1950년대에 이르는 남한의 자본주의 경제운동과 경제정책 · 경제사상 등을 면밀히 검토하는 작업 등이다.

(출전: 韓國精神文化硏究院 硏究部 編,
『光復 50周年 國學의 成果』, 韓國精神文化硏究院, 1996.)

제2부

물산장려운동과 민족주의 경제사상

일제하 물산장려운동과 민족주의 경제사상

1. 일제하 민족주의와 물산장려운동의 연구사적 의의

일제강점기 민족해방의 정치적 과제와 함께 한국사회의 최대 현안이 되었던 것은 조선인의 생활안정 · 경제자립 문제였다. 일제는 조선 강점과 함께 근대적 · 자본주의적 발전이 미성숙한 조선경제를 일본자본주의에 철저히 종속시키면서 식민지 이식자본주의체제를 구축하였다. 총독부 산업정책의 추이와 관련하여 일정한 단계적 변화를 거치는 가운데 조선은 일본 금융 · 독점자본의 이식지대이자 일본에 대한 식량 · 원료 공급지, 상품시장, 노동력 수탈지로 존재하였다. 이러한 식민지 이식자본주의체제의 특질은 민족문제와 구조적으로 중첩되는 가운데 끊임없이 민족적 · 계급적 갈등을 심화시키는 구조적 배경이 되었고, 이에 대응한 조선민중의 저항과 투쟁이 다양하게 전개되었다. 이것이 당시 조선인의 생활안정 · 경제자립 문제가 단지 사회경제적 문제에 그치지 않고 정치문제의 일환이 되는 소이였다.

이러한 동향과 관련하여 1920 · 30년대 여러 계통의 조선인 사회단체 · 운동조직과 지식인들은 식민지 경제현실 타개를 민족운동, 민족문제 해결의 주요한 당면 과제의 하나로 인식하여 각종 실천운동을 전개하거나 타개방안을 모색하였다. 이러한 실천운동은 말할 것도 없이 당시 국내 민족운동의 추이나 사상 동향과 밀접한 연관성을 갖는 가운데, 그리고 그 추이와 동향에 규정을 받는 가운데 전개되었다. 따라서 이들 여러 계통의 실천운동과 타개방안에는 당연히 그 운동주체 · 인식주체의 식민지 현실에 대한 정치적 · 사상적 입장이 직접적으로 투영되고 있었고, 또 그 이면에는 많건 적건 미래 해방된 '신조선'의 새로운 국가체제 · 경제체제에 대한 구상과 전망이 내면화되어 있었다. 이 의미에서 이들 운동주체의 경제인식과 실천논리의 사상구조는 자주적 근대화의 좌절과 식민지 근대화의 경험 속에서 전개된 한국 근대의 정치경제사상의 역사적 특질을 파악하고, 해방 후 분단의 사상구조를 해명하는 데 중요한 연구사적 의미를 지니고 있다.[1)]

본 연구는 이러한 문제의식을 바탕으로 1920 · 30년대 민족주의 진영의 대표적 경제자립운동의 하나였던 물산장려운동의 실천논리와 인식체계를 살펴봄으로써 일제하 한국 민족주의 정치경제사상의 전개와 그 내면의 일단을 정리해 보고자 한 것이다. 대한제국 말기 국권회복과 국가자강의 이념으로 일부 지식인에게 수용되기 시작하면서 형성된 한국 민족주의는 일제 강점 초기인 1910년대, 특히 3 · 1운동을 거치면서 공화주의 · 자유주의와 결합된 자주독립의 정치이념으로 정착하였고, 이후 사회주의 사상과 더불어 식민지 민족해방과 '신국가' 건설의 이념으로 일제하 민족운동 세력과 지식인의 의식세계를 지배하였다.[2)]

---

1) 이러한 문제의식과 관련한 일제하 경제인식의 기본 추이에 대해서는 金容燮, 「日帝强占期의 農業問題와 그 打開方案」, 『증보판 韓國近現代農業史硏究』, 知識産業社, 2000 ; 방기중, 「농지개혁의 사상전통과 농정이념」, 홍성찬 편, 『농지개혁 연구』, 연세대학교출판부, 2001 ; 방기중, 「조선 지식인의 경제통제론과 '신체제' 인식」, 방기중 편, 『일제하 지식인의 파시즘체제 인식과 대응』, 혜안, 2005 ; 김성보, 『남북한 경제구조의 기원과 전개』, 역사비평사, 2000, 제1장 등을 참조.

일제하 민족주의 운동세력들은 장구한 역사와 고유한 문화전통을 가지고 있는 조선민족은 인종적 · 문화적 · 정신적으로 단일한 민족공동체라는 관념을 공유하고 있었다. 그리고 그 '민족'에 자주독립과 신국가 건설의 담당주체로서의 윤리적 가치를 부여하고 단일 민족의식의 고취와 민족적 단합을 통해 식민지 현실을 타개하고자 하는 정치적 · 실천적 입장을 견지한 점에서 차이가 없었다. 또, 민족주의는 본시 서구 근대 국민국가 형성 및 자본주의 국민경제사상의 전개와 불가분의 관계 속에서 태동한 발생사적 성격을 내포하고 있지만, 특히 일제하 민족주의가 19세기 말 이래의 문명개화론 · 자강운동론의 자본주의근대화 운동이념이나 조선국가의 자본주의근대화 정책이념과 긴밀한 연속성을 지니고 있다고 점에서,[3] 이들은 일반적으로 사적 소유관계와 자

---

2) 한국 민족주의의 형성과 전개 과정에 대해서는 그간 방대한 연구 성과가 축적된 바, 이와 관련해서는 각기 국내 · 국외 학계의 성과와 논점을 정리한 박찬승, 「민족주의 이념과 운동」, 『새로운 한국사 길잡이(하)』, 지식산업사, 2008 ; 박찬승, 「서론: 한국의 독립운동과 민족주의」, 『민족주의의 시대 – 일제하의 한국 민족주의』, 경인문화사, 2007 ; Gi-Wook Shin, *Ethnic Nationalism in Korea*(Stanford, Stanford University Press, 2006), Introduction 및 Part 1 등이 참조된다.

3) 趙璣濬, 『全訂版 韓國資本主義成立史論』, 大旺社, 1977 ; 金容燮, 『新訂增補版 韓國近代農業史硏究 II』, 지식산업사, 2004 ; 金容燮, 앞의 책, 2000 ; 서중석, 「韓末 · 日帝侵略下의 資本主義近代化論의 性格」, 『한국근현대의 민족문제연구』, 지식산업사, 1989 ; 박찬승, 『한국근대정치사상사연구』, 역사비평사, 1992 ; 洪性讚, 『韓國近代農村社會의 變動과 地主制』, 지식산업사, 1992 ; 金度亨, 『大韓帝國期의 政治思想硏究』, 지식산업사, 1994 ; 崔元奎, 「韓末 日帝初期 土地調査와 土地法 硏究」, 연세대 박사학위논문, 1994 ; 朱鎭五, 「19세기 후반 開化 改革論의 構造와 展開」, 연세대 박사학위논문, 1995 ; 김경택, 「1910 · 20년대 東亞日報 主導層의 政治經濟思想 硏究」, 연세대 박사학위논문, 1999 ; 장규식, 『일제하 한국 기독교 민족주의 연구』, 혜안, 2001 ; 오미일, 『한국근대자본가연구』, 한울아카데미, 2002 ; 왕현종, 『한국 근대국가의 형성과 갑오개혁』, 역사비평사, 2003 ; 연세대학교 국학연구원 편, 『전통의 변용과 근대개혁』, 태학사, 2004 ; 연세대학교 국학연구원 편, 『서구

본주의 경제체제에 바탕을 둔 국가·사회체제를 지향하거나 인정하였다.[4] 이러한 점에서 민족주의 운동세력의 정치경제이념은 계급의식과 계급투쟁을 강조하고 궁극적으로 계급혁명을 통해 사적 소유를 부정하고 노동계급 독재의 사회주의 국가건설을 추구하는 사회주의 운동세력의 정치경제이념과 질적으로 구별되었다.

그러나 이러한 기본적인 성격에도 불구하고 일제하 민족주의 운동세력의 정치적 동향과 역사적 추이는 매우 복잡한 양상을 띠며 전개되었고, 그 이념적 내면 역시 다양한 모습을 취하였다. 이들의 민족주의 운동관·실천관은 19세기 말 복잡하게 전개된 근대변혁운동·국권회복

문화의 수용과 근대개혁』, 태학사, 2004 ; 이승렬, 『제국과 상인』, 역사비평사, 2007 ; 앙드레 슈미드 지음, 정여울 옮김, 『제국 그 사이의 한국 1895~1919』, 휴머니스트, 2007[원저는 Andre Schmid, *Korea Between Empires 1895~1919*(New York: Columbia University Press, 2002)].

4) 한편 문명개화론·자강운동론과 함께 한국 민족주의 형성의 주요 기반이 된 농민적·민중적 입장의 반제반봉건 변혁운동 전통의 경우, 그 운동이념의 성격에 대한 학계 내부에 일정한 견해 차이가 있고(高錫珪, 「1894년 농민전쟁」, 『한국역사입문 ③』, 풀빛, 1996 ; 楊尙弦, 「대한제국기의 민중운동」, 같은 책 ; 金度亨, 「계몽운동과 의병항쟁」, 같은 책 ; 이영호, 『동학과 농민전쟁』, 혜안, 2004, 제1부 연구동향, 33~38쪽 ; 양상현, 「농민들의 개혁운동」, 『새로운 한국사 길잡이 (하)』, 지식산업사, 2008 등 참조), 또한 일제하에 접어들어 그 운동세력 가운데 적지 않은 부분이 사회주의 사상과 결합해 나갔음에도 불구하고, 천도교 계열이 잘 보여주고 있듯이 그 주류적 입장은 기본적으로 사적 소유관계와 자본주의 경제체제를 인정하는 정치경제이념을 견지하였다(윤해동, 「한말 일제하 천도교 김기전의 '근대' 수용과 '민족주의'」, 『역사문제연구』 1, 역사문제연구소, 1996 ; 曺圭泰, 「1920年代 天道敎의 文化運動 硏究」, 서강대 박사학위논문, 1998 ; 鄭用書, 「日帝下 天道敎 靑年黨의 運動路線과 政治思想」, 『韓國史硏究』 105, 한국사연구회, 1999 ; 金正仁, 「日帝强占期 天道敎團의 民族運動 연구」, 서울대 박사학위논문, 2002 ; 허수, 「일제하 李敦化의 사회사상과 天道敎」, 서울대 박사학위논문, 2005).

운동에 연원하는 조직 기반의 역사적 맥락이나 정파적 입장 차이와 관련하여, 그리고 일제 지배정책에 대한 정치적 자세와 계급적 이해관계에 따라 내부에 큰 편차를 보이고 있었다. 또한, 그 민족주의의 이념적 내면도 어떠한 근대변혁운동 · 국권회복운동의 사상 전통에 뿌리를 두면서 어떠한 방식으로 민족과 민족문화를 사유하는가에 따라, 그리고 당시 급속히 유입되고 있는 서구의 각종 정치경제사상과 사회이론 가운데 어떠한 사상 · 이론과 결합하면서 어떻게 식민지 사회현실과 모순구조를 인식하고 이를 타개하고자 하였는가에 따라 다양한 차이가 있었다.[5] 그 연장에서 이들이 공유하고 있는 자본주의 경제이념 역시 그 체제적 내용과 이념적 성격에 적지 않은 편차가 존재하였다.[6] 민족주

---

5) 정치사상사의 관점에서 민족주의 운동노선과 실천관의 편차에 주목한 박찬승, 『한국근대정치사상사연구』, 역사비평사, 1992 ; 박찬승, 앞의 책, 2007. 문화사상사의 측면에서 민족주의 민족문화론의 편차에 주목한 이지원, 『한국근대문화사상사연구』, 혜안, 2007. 경제사상사의 차원에서 민족주의 경제인식과 현실타개론의 편차에 주목한 金容燮, 앞의 책, 2000 ; 홍성찬, 「일제하 延專商科의 經濟學風과 '經濟研究會事件'」, 『연세경제연구』 1-1, 연세대학교 경제연구회, 1994 ; 李秀日, 「1920~30년대 韓國의 經濟學風과 經濟研究의 動向」, 『연세경제연구』 4-2, 1997 ; 방기중, 앞의 「농지개혁의 사상전통과 농정이념」 ; 방기중, 「일제하 미국 유학지식인의 경제인식」, 연세대 국학연구원 편, 『미주 한인의 민족운동』, 혜안, 2003 ; 방기중, 앞의 「조선 지식인의 경제통제론과 '신체제' 인식」 등이 이와 관련된 주요한 성과이다.

6) 이러한 점에서 일제하 민족주의를 자본가 계급의 헤게모니 관철의 이미지가 강한 부르주아민족주의와 같은 의미로 사용하거나 혼용하는 것은 적당하지 않다고 생각한다. 특히 지주제가 지배적 생산관계를 형성하고 있는 식민지 이식자본주의 경제체제와 그 모순구조의 성격과도 관련하여 이 시기 민족주의자들은 많은 경우 서구적인 자유방임주의 자본주의경제체제에 대해서는 비판적 입장을 취하고 있었다. 이에 다소 편의적이기는 하지만 본 연구에서는 필요한 경우 민족주의와 자본주의가 결합된 개념으로는 자본주의의 계급적 지향성이나 체제구성의 다양성을 포괄적으로 담고 있는 '민족 · 자본주의'라는 용어를 사용한다.

의 실천관과 이념상의 이러한 내적 편차는 민족주의 운동세력의 분화를 초래하면서 일제하 민족주의 계열의 운동과 사상 동향을 강하게 규정하는 기저적 요인으로 작용하였다.7)

3 · 1 운동 이후 국내 민족주의 운동세력은 기본적으로 이상과 같은 민족주의 이념의 동질성과 내적 편차를 공유하면서 개별 조직 단위나 연합 방식으로, 또 상호 분립하거나 결합하는 가운데 각종 민족주의 운동을 전개하였다. 주지하듯이 1923년 1월 조선물산장려회 창립과 함께 발흥한 물산장려운동은 이러한 민족주의 이념의 양면성과 이와 연관된 민족주의 운동세력의 동향을 복합적으로 반영하고 있는 전형적인 민족 · 자본주의 경제운동으로서, 1920 · 30년대 농촌 · 농민운동, 협동조합운동, 생활개신운동 등과 더불어 국내 민족주의 운동세력이 전개한 대표적인 민족주의 경제자립운동의 하나였다. 특히 물산장려운동은 발흥한 지 채 1년도 되지 않아 침체에 빠지고 말았지만 발흥 초기에는 3 · 1 운동의 분위기를 방불케 하는 전국적 규모의 민족적 호응과 각계 각층의 지지를 받은 바와 같이 일제하 민족운동사에서 차지하는 비중도 작은 것이 아니다.

---

7) 따라서 민족주의의 내부 편차와 이와 관련된 민족주의 운동세력의 분화 · 분립을 어떠한 방식으로 접근하고 인식하는가 하는 문제가 일제하 민족주의의 역사적 특질을 해명하는 데 극히 중요한 연구사적 의미를 지니게 된다. 이는 곧 일제하 민족주의에 대한 연구자 자신의 인식 방식과 직결되는 문제일 뿐 아니라, 나아가 해방 이후 분단 과정은 물론 현재까지도 한국 지성계 · 사상계에 강고한 영향을 미치고 있는 현대 한국 민족주의와의 연속성 문제를 해명하는 데 핵심 관건이 되기 때문이다. 주지하듯이 일제하 민족주의의 유파 · 계통 분류와 관련해서는 현재 보편화되어 있는 민족주의 또는 부르주아민족주의 좌 · 우파론을 비롯하여 몇 가지 관점이 제시되어 있지만(그 추이에 대해서는 朴贊勝, 「民族解放運動史論」, 『韓國史認識과 歷史理論 – 金容燮教授停年紀念韓國史學論叢 1』, 지식산업사, 1997, 578~585쪽 참조), 이 문제에 대해서는 논지 전개상 후술한다.

따라서 물산장려운동의 발흥 배경, 운동의 주체와 논리, 이를 둘러싼 논쟁과 급속한 침체 배경 등 초기 물산장려운동의 추이는 3·1 운동 이후 총독부 식민통치·산업정책의 변화와도 관련하여 일대 전환기를 맞이한 국내 민족운동 전반의 정치적·사상적 동향을 파악하는 데 중요한 연구사적 의의를 지니고 있다. 물산장려운동은 침체와 함께 일시 정돈상태에 빠졌지만 1920년대 후반 조선물산장려회 재건과 함께 다시 재개되었고, 1937년 2월 조선물산장려회가 해산될 때까지 장기간 조직 기반을 유지하면서 지속되었다. 따라서 민족주의 경제자립운동의 한 부문운동이지만 물산장려운동은 경제사상사 차원에서 민족주의 경제 인식과 경제자립의 논리, 그 이념적 성격의 장기적 추이를 살펴볼 수 있는 매우 요긴한 연구 소재가 된다.

2. 물산장려운동 인식의 발전 과정과 단계적 특질

이러한 연구사적 의의를 반영하여 물산장려운동에 대해서는 그간 여러 단계에 걸쳐 많은 연구 성과가 축적되었다. 그리고 이 과정에서 여러 새로운 사실들이 규명되는 가운데 운동의 실상과 역사적 의미에 대한 인식도 크게 확장되었다. 그러나 이러한 성과에도 불구하고 민족주의 경제자립운동으로서의 물산장려운동의 역사상·사상상을 전체적인 국면에서 종합적으로 파악하는 단계에는 아직 이르지 못한 것으로 보인다. 더욱이 연구의 진척과 함께 물산장려운동의 실상과 성격 파악에 적지 않은 이견이 제기되는 한편, 일면에서는 사실인식의 혼란까지 중첩되고 있다. 이러한 연구 현황과 관련하여 본 연구의 문제의식과 분석 목표를 정리하기에 앞서 우선 기존 연구 성과의 발전 과정과 그 연구사적 의미를 검토한다.

그간 물산장려운동에 대한 연구 성과는 분석 시각의 변화와 사실인식의 확대를 수반하면서 크게 네 단계에 걸쳐 괄목할 만한 진전을 보았다. 그 첫 단계의 것은 반공이데올로기와 보수적 민족주의 역사인식이 학계를 압도하던 1970년대 후반까지 일반화되어 있었던 인식 경향이다. 곧, 일제하 민족주의 실력양성운동을 민족운동의 본류 · 주류로 파악하는 민족운동사 입장에서 물산장려운동을 '경제적 민족주의' 이념에 입각하여 일제의 경제침략에 대응하고 민족경제의 자립을 기도한 거족적인 경제적 항일운동이자 민족기업설립운동으로 적극 평가하는 시각이 그것이다.[8] 이러한 물산장려운동의 인식 틀을 가장 체계적으로 제시한 성과는 한국자본주의성립사 연구를 개척한 조기준의 연구였다. 특히 그는 물산장려운동의 배경과 동력으로 3 · 1 운동을 전후한 시기 조선인 '민족자본'의 성장과 일본인 자본과의 대립에 주목하여 물산장려운동의 이념을 '민족기업' 육성에 목표를 두고 있는 '경제적 민족주의'로 규정하고, 물산장려운동을 이 이념과 실천 목표에 동조하는 사회각계 인사가 거족적으로 참여한 민족계몽운동으로 정리함으로써 물산장려운동의 기본 성격이 '민족자본'을 '경제적 민족주의'의 계급적 담지자로 하는 자본주의근대화운동임을 분명히 하였다.[9] 그러나 전체적

8) 趙芝薰, 「韓國民族運動史」, 『韓國文化史大系 1』, 高麗大 民族文化硏究所, 1964 ; 趙容萬, 「日帝下의 우리 新文化運動」, 『日帝下의 文化運動史』, 高麗大 亞細亞文化硏究所, 1969 ; 金泳鎬, 「3 · 1運動에 나타난 經濟的 民族主義」, 『3 · 1運動 50周年紀念論集』, 동아일보사, 1969 ; 趙璣濬, 「朝鮮物産奬勵運動의 展開過程과 그 歷史的 性格」, 『歷史學報』 41, 역사학회, 1969(趙璣濬, 『全訂版 韓國資本主義成立史論』, 大旺社, 1977 再錄) ; 金俊燁 · 金昌順, 『韓國共産主義運動史 2』, 高麗大學校出版部, 1969(신판, 청계연구소, 1986) ; 李炫熙, 「1920년대 초의 民族實力養成運動 - 自作會 · 朝鮮物産奬勵會의 활동」, 『大邱史學』 7 · 8, 대구사학회, 1973.

으로 이 단계의 성과는 본격적인 연구라기보다는 대개는 물산장려운동과 '민족자본'에 내재한 개량성·타협성이나 계급적 속성 등에 대한 학문적 천착이 결여된 채 그 민족운동사적 의의를 옹호·선양하는 개설 수준의 작업에 그치고 있었다.

둘째 단계는, 1980년을 전후한 시기 이상의 보수적 민족주의 중심의 민족운동사 인식을 근본적으로 비판하는 실증적 성과가 축적되는 가운데 앞의 견해와 전혀 시각을 달리하는 물산장려운동 인식이 제시되고, 이러한 인식이 1980년대 후반에 걸쳐 학계 일반에 확산된 단계이다. 1980년을 전후해서는 문화운동·실력양성운동·자치운동을 민족주의 진영 내의 타협적인 세력, 곧 민족주의 우파 또는 민족개량주의의 운동 노선으로 파악하고, 그 연장에서 물산장려운동의 타협성과 개량성을 강조하는 성과가 여러 방면으로부터 제시되었다.[10]

이러한 인식 전환을 선도한 성과는 김용섭의 연구였다. 그는 '민족자본'의 표상인 김씨가(동아일보·경성방직)의 자본축적·기업활동과 경

9) 趙璣濬, 위의 책, 제12장. 조기준이 '경제적 민족주의'를 담지한 대표적인 '민족자본'·'민족기업'으로 들고 있는 것은 동아일보 김씨가의 경성방직, 평양의 메리야스기업, 경성의 고무화기업 등이었다(趙璣濬, 같은 책, 제5장, 제6장, 제11장 참조). 조기준의 연구는 다소 개괄적인 자료 정리 수준이기는 하나 1930년대에 이르는 물산장려운동의 전체상을 시야에 넣은 최초의 본격적인 연구라는 점에서도 개척적인 의미를 지니는 성과였다.

10) 물산장려운동을 포함한 문화운동·자치운동에 대한 이러한 시각은 북한학계에서는 이미 1960년대 이래 일반화되었는데, 이에 대해서는 박찬승, 앞의 『한국근대정치사상사연구』, 20~26쪽에 잘 정리되어 있기 때문에 소개는 생략한다. 다만 이러한 북한학계의 인식은 정밀한 실증 분석을 토대로 한 것이라기보다는 기본적으로 유물사관의 입장에서 사회주의운동사·항일무장투쟁사 중심의 민족운동사 인식에 입각한 것이라는 점에서 동시기 남한의 보수적 반공민족주의 역사인식과 같이 역시 분단모순에 규정된 역사인식의 속성을 반영하고 있다는 점은 지적해 둘 필요가 있을 것이다.

제운동에 대한 실증분석을 통해 그 결론으로서, 김씨가와 동아일보가 주도한 물산장려운동은 '자본가적 경제운동'으로서 민족의식과 민족적 단결을 강조하였지만 민족 내부의 경제적 모순을 해결할 수 있는 운동이 아니었으며, 오히려 그 이면에서 김씨가가 기업 성장을 위해 총독부로부터 적지 않은 사업보조금을 지원받으며 일제와 협력관계를 유지하였다는 점에서 물산장려운동을 김씨가와 동아일보가 주도한 자치운동과 궤를 같이 하는 타협적 운동이었다고 규정하였다.[11] 그리고 이에 뒤이어 강동진이 3·1 운동 이후 총독부 민족분열정책과 민족주의 진영의 좌우 분화 문제에 천착한 정치사적 분석을 통해, 물산장려운동을 비롯한 문화운동 일반을 '민족자본' 상층을 대표하는 민족주의우파 진영이 개량화하면서 전개한 타협적 무저항주의 운동으로 규정하고, 이 개량주의 운동은 민족운동을 거세하고자 하는 총독부 민족분열정책의 하나라는 점에서 이미 민족운동으로서의 성격을 상실한 것이라는 견해를 제시하였다.[12] 또 물산장려운동에 대한 정치사상적 접근을 시도한 진덕규는 문화운동·실력양성운동의 타협주의를 민족주의운동의 '이념

11) 金容燮, 「韓末·日帝下의 地主制 – 事例 4 : 古阜 金氏家의 地主經營과 資本轉換」, 『韓國史硏究』 19, 1978, 127~130쪽 ; 金容燮, 『증보판 韓國近現代農業史硏究』, 지식산업사, 2000, 235~250쪽. 총독부의 사업보조금이나 기타 지원이 김씨가의 경성방직 운영과 성장 과정에 중요한 역할을 하였다는 것은 이후 다음 연구에서도 실증적으로 확인된 바와 같다. 權泰檍, 『韓國近代綿業史硏究』, 一潮閣, 1989, 266쪽, 272쪽 ; 카터 J 에커트 지음, 주익종 옮김, 『제국의 후예: 고창 김씨가와 한국 자본주의의 식민지 기원, 1876~1945』, 푸른역사, 2008[원저 Carter J. Eckert, *Offspring of Empire : The Kochang Kims and the Colonial Orgins of Korean Capitalism, 1876~1945*(Seattle and London, University of Washington Press, 1991)], 제3장.

12) 姜東鎭, 『日帝의 韓國侵略政策史』, 한길사, 1980(원저 姜東鎭, 『日本の朝鮮支配政策史』, 東京: 東京大學出版會, 1979), 제4장, 특히 379~388쪽.

적 변용'이라는 개념으로 정리하는 가운데, 발흥 초기 물산장려운동의 주체와 활동, 이념적 기반과 이데올로기적 논리에 대한 분석을 통해 역시 물산장려운동의 타협성을 확인하고, 그 결론으로서 1920년대 전반 민족주의운동의 이념적 변용은 결국 물산장려운동의 실체를 통해 그 관념적 허상을 명백히 드러냈다고 강조하였다.[13)]

1980년을 전후하여 실증분석을 통해 제시된 이러한 시각과 인식은 후속되는 연구 성과의 축적과 함께,[14)] 특히 민족운동사 연구에서 3·1운동 이후 민족주의 진영의 좌·우 또는 타협·비타협 진영으로의 분화를 당연시하는 인식 경향이 정착되는 가운데 1980년대 후반에는 진보적 역사인식을 반영하는 일반적 입장으로 확대되었다.[15)] 그러나 연

---

13) 陳德奎, 「1920년대 국내민족운동에 관한 고찰－물산장려운동의 이데올로기적 성격을 중심으로」, 『한국민족주의론 1』, 창작과 비평사, 1982.

14) 이 단계의 주요한 후속 성과는 한국 민족주의의 역사적 전개 과정과 지식인의 리더십 해명이라는 문제의식을 가지고 1920년대 전반의 문화운동을 검토한 로빈슨의 연구이다[M. 로빈슨 지음, 김민환 옮김, 『일제하 문화적 민족주의』, 나남, 1990(원저는 Michael E. Robinson, *Cultural Nationalism in Colonial Korea, 1920~1925*(Seattle and London: University of Washington Press, 1988)]. 그는 민족개량주의라는 용어 대신 '문화적 민족주의'라는 용어를 도입하여 물산장려운동을 포함한 문화운동을 정치적 독립 문제를 배제하고 점진적·합법적 입장을 취한 문화적 민족주의자들의 운동으로 규정하고, 특히 물산장려운동은 민중의 요구와 거리가 먼 일부 문화적 민족주의자들의 자본주의근대화운동이라는 점에서 민중의 지지를 얻을 수 없었다고 주장하였다. 또한, 물산장려운동을 직접 검토한 것은 아니지만 민족개량주의의 논리를 검토한 서중석, 「한말·일제침략하의 자본주의근대화론의 성격」, 『한국근현대의 민족문제 연구』, 지식산업사, 1989와 안태정, 「1920년대 일제의 조선지배논리와 이광수의 민족개량주의논리」, 『史叢』 35, 고려사학회, 1989도 이러한 시각 확대에 기여한 성과이다.

15) 이러한 인식 경향의 확대는 주지하듯이 1980년대 중반 이후 민주화운동과 결부된 진보적 역사인식의 확산과 친일문제에 대한 환기 등 조심한 학계 상황의 변화와도 밀접한 연관성을 가지고 있다. 1980년대 말에 이르는 이 둘째 단계의

구자에 따라 강조점의 차이가 있음에도 불구하고 물산장려운동을 포함한 문화운동 일반의 성격을 자치운동과 동일시하고 있는 점에 잘 나타나듯이, 이 단계의 성과는 전체적으로 민족주의 실력양성운동을 민족운동의 본류로 파악한 첫 단계 시각에 대한 본질론적 · 계급론적 비판의식을 과도하게 투영하고 있었다.[16] 이에 따라 물산장려운동의 실상과 성격을 지나치게 단순화시키거나 일면적 · 부분적 사실을 부조적으로 부각시키는 여러 문제를 안고 있었다. 물산장려운동의 주체가 다양한 인적 구성을 취하고 있다는 사실을 인지하면서도 그 운동사 · 사상사적 의미를 천착하지 못한 채, 물산장려운동의 계급적 기반을 '민족자본' 상층으로 설정하고 물산장려운동의 논리와 성격을 김씨가 · 동아일보 입장으로 단순화하거나, 운동 주체로 보기 어려운 이광수와 무매개적으로 결부시켜 설명하는 것이 그 예였다.

셋째 단계는, 둘째 단계의 성과에 바탕을 두면서도 이러한 문제들에 대한 연구사적 비판과 함께 물산장려운동의 배경과 주체, 활동과 운동논리, 물산장려운동 논쟁 등 초기 운동 전반에 대한 본격적인 실증분석이 진행되어 물산장려운동에 대한 인식이 크게 확장된 1990년대 전반기였다. 그 주요한 성과는, 1910년대 신지식층의 성장과 관련하여 문화운동 = 실력양성운동의 정치사상사적 맥락과 논리를 검토하는 가운데 경제적 실력양성운동의 연장에서 전개된 물산장려운동의 논리와 성격

민족운동사 및 민족주의 진영의 동향에 대한 연구 경향과 관련해서는 역사문제연구소 민족해방운동사 연구반, 『쟁점과 과제 민족해방운동사』, 역사비평사, 특히 제4장 참조.

16) 이러한 비판의식 속에서 학계 일각에서는 강동진에 이어 민족주의 우파의 타협적 개량주의 노선, 곧 '민족개량주의'를 민족주의 범주에서 배제시키는 민족주의 인식 방식도 연이어 제기되었다(서중석, 『한국현대민족운동연구』, 역사비평사, 1991).

을 검토한 박찬승의 연구,[17] 그간 분석이 불충분하였던 물산장려운동의 경제적 배경과 특히 조선물산장려회가 결성되기까지 운동 주체의 형성 문제에 천착하면서 물산장려운동의 논리와 성격을 분석한 윤해동의 연구,[18] 자발적으로 전개된 지방 차원의 물산장려운동의 전개에 주목하면서 물산장려운동의 전개 양상을 전체적으로 정리한 강영심의 연구,[19] 조선물산장려회를 중심으로 물산장려운동의 조직과 기능을 검토한 이윤희의 연구[20] 등이었다.

이 성과 가운데 특별히 주목되는 것은 물산장려운동의 주체를 '민족자본' 상층의 입장을 대변하는 민족주의 우파 또는 민족개량주의자로 단일하게 파악한 과거의 인식과 달리 그 내부에 정치적 · 계급적 입장을 달리하는 두 계통의 물산장려운동의 주체와 논리가 있다고 하는 박찬승과 윤해동의 견해이다. 이 인식 틀을 선도한 박찬승은 물산장려운동 내부에는 그 방법론을 둘러싸고 '민족자본' 상층을 중심으로 자본가 계급의 육성에 목표를 둔 점진적 물산장려운동을 구상한 입장과 '민족자본' 하층과 소상품생산자를 중심으로 민족경제 건설에 목표를 둔 급진적 물산장려운동을 구상한 입장이 공존하였다고 주장하고, 그 두 입장을 부르주아민족주의 우파와 좌파의 운동 노선과 직결시키는 가운데 물산장려운동의 추이를 정리하였다. 그 요지는, 일제와 타협성이 강한 '민족자본' 상층이 발흥 초기의 물산장려운동을 주도하였으나 운동이

17) 박찬승, 앞의 책, 1992, 제3장.

18) 尹海東, 「日帝下 物産獎勵運動의 背景과 그 理念」, 『韓國史論』 27, 서울대학교 국사학과, 1992.

19) 강영심, 「1920년대 物産獎勵運動의 전개와 성격」, 『國史館論叢』 47, 국사편찬위원회, 1993.

20) 이윤희, 「日帝下 物産獎勵運動의 組織과 機能」, 『慶熙史學』 16 · 17 합집, 경희사학회, 1991.

침체하면서 이들은 운동을 포기하고 자본의 논리를 좇아 총독부의 지원을 요구하거나 이들의 계급적 입장을 대변하는 일부 부르주아민족주의 우파와 함께 자치운동을 모색하는 등 그 타협성을 더욱 강화한 반면, 부르주아민족주의 좌파의 입장인 후자는 물산장려회를 계속 지키면서 조선민흥회 · 신간회의 민족협동전선운동에 참여하는 비타협적 노선을 견지하였다는 것이다.[21)]

이에 이어 윤해동은, 물산장려운동은 이 시기 급속히 성장하는 사회주의 진영에 대한 민족주의 진영의 전략적 대응의 성격을 갖고 있다는 점을 중시하면서 조선물산장려회 결성에는 동아일보와 조선청년연합회 우파, 조선민우회 내의 민족주의자 등 크게 세 계통의 민족주의 세력이 참여하였다는 사실 규명과 함께, 이들 운동 주체의 물산장려운동 논리를 상호 계급적 기반과 이념적 지향을 달리하는 '생산증식'과 '토산장려' 두 계통의 논리로 정리하여 이 인식 틀을 더욱 체계적으로 제시하였다. 곧, '생산증식' 논리는 동아일보와 이광수가 주도한 문화운동의 경제적 실력양성운동 논리가 구체화된 것으로서 조선인 산업자본의 이해를 대변한 '생산력주의'에 입각하여 자본주의 문명의 수립을 목적으로 대공업기관의 설립을 주장하고 외화배척을 반대하는 타협적 입장의 운동 논리인 반면, '토산장려' 논리는 1920년대 초 민중 사이에 자연발생적으로 일어난 금주단연운동 · 소비절약운동 논리와 연속선상

21) 박찬승, 앞의 책, 1992, 273쪽, 285~289쪽. 박찬승은 전자 입장을 대표하는 논진과 '민족자본' 상층으로 동아일보와 선우전, 경성방직 · 동양염직 · 동양물산 · 경성상회 및 평양의 고무공업자본가들을, 후자 입장의 대표적인 논자로 설태희 등 물산장려회 일부 세력과 자작회, 조선일보 등을 거론하였다. 물산장려운동에 적극 가담했던 안재홍의 정치경제사상을 중소자본, 민족소부르주아층의 계급적 입장을 대변한 것으로 파악한 이지원, 「일제하 안재홍의 현실인식과 민족해방운동론」, 『역사와 현실』 6, 1991 역시 같은 범주의 연구 성과로 볼 수 있다.

에 있는 것으로서 몰락 위기에 처한 가내공업·소공업의 이해를 대변하여 조선인 부르주아에 대한 불신감과 반제의 논리 위에서 자본주의 대공업에 반대하고 소비절약·토산장려의 '자작자급' 논리와 외화배척을 주장한 비타협적 입장의 운동 논리였으며, 이 가운데 전자의 논리가 초기 물산장려운동을 주도하였지만 1923년 말 이후 후자의 논리가 물산장려회의 일반적인 입장이 되었다는 것이 그 요지였다.[22]

이들 양자의 성과는 두 계통의 운동 논리의 계급적 기반과 이념적 성향을 설명하는 데 일정한 차이가 있고 또 이에 따라 그 주체 파악에서도 약간 차이를 보이고 있지만,[23] 전체적으로 상호 보완적인 차원에서 물산장려운동에 대한 인식의 폭을 크게 확장시켰다. 특히 물산장려운동 내부에 계급적·이념적 입장과 운동의 방법·목표를 달리하는 두

---

22) 尹海東, 앞의 글, 1992, 314~345쪽. 윤해동이 동아일보와 이광수 외에 '생산증식' 논리의 대표적인 주창자로 거론한 것은 이광수와 연계된 자작회, 동아일보와 인연을 맺고 있는 나경석·이순탁·선우전 등이었고, '토산장려' 논리의 대표적 주창자로는 유교적 대동주의에 입각한 설태희를 비롯하여 옥관빈·김병희·김병준·안재홍 등을 예시하였다.

23) 곧, 박찬승은 두 운동 논리의 이념적 성격을 모두 부르주아민족주의 범주로 파악하고 그 내부에서 계급적 기반의 차이에 따라 우파(민족자본 상층)와 좌파(민족자본 하층 및 소상품생산자)로 분류한 반면, 윤해동은 두 논리의 이념적 범주 규정을 분명히 하지 않은 채 그 계급적 기반을 산업자본과 가내공업·소공업으로 설정하고 있다. 현실적으로 양자의 계급적 기반 설정은 큰 차이가 없어 보이지만, 윤해동이 특히 설태희의 논설에 근거하여 가내공업·소공업의 이해를 대변하는 '토산장려' 논리가 조선인 부르주아에 대한 '극도의' 또는 '철저한' 불신감에 기초하고 있다고 주장하는 가운데 전체적으로 '생산증식' 논리와 '토산장려' 논리의 이념적 범주를 각기 부르주아민족주의와 '비부르주아적' 민족주의로 상정하는 것처럼 보이는 논지 전개를 하고 있다는 점에서 상호간에 일정한 인식의 편차는 존재한다. 이러한 차이가 박찬승이 대표적인 부르주아민족주의 좌파 입장의 물산장려운동 입장으로 파악한 자작회에 대해 오히려 윤해동은 대표적인 '생산증식' 논리의 입장으로 파악하게 된 이유일 것이다.

계통의 주체와 논리가 존재한다는 이 인식 틀은 그 동안 주로 일제에 대해 타협적인가 비타협적인가 하는 정치적 자세 여부를 가지고 설명되고 있었던 민족주의 좌·우파론과 결합하여 민족주의 정치운동론과 경제운동론을 통일적으로 파악하고 그 논리적 정합성을 강화하는 계기가 됨으로써 일제하 민족주의 운동과 사상 연구에 새로운 활력을 불어넣었다.[24] 그리고 그 과정에서 '민족자본' 상층 입장을 대변하는 부르주아민족주의 우파의 경제운동론(자본계급육성론, 대공업건설론, 생산증식론)을 종속적 민족경제건설 논리로, 그리고 '민족자본' 하층과 소생산자 입장을 대변하는 부르주아민족주의 좌파의 경제운동론(민중경제자립론, 소공업건설론, 토산장려론)을 자립적 민족경제건설 논리로 일반화시키고 이에 입각하여 1930년대 전반에 이르는 민족주의 경제건설 논리의 추이를 설명하는 인식 방식도 연쇄적으로 구축되었다.[25] 또한 부르주아민족주의 좌·우파론과 결합된 이러한 물산장려운동 인식은 이들 논자들 자신에 의한 통사적 서술을 통해 반복해서 소개되는 가운데 일종의 통설의 성격을 띠면서 일반화되었다.[26] 그러나 이러한

---

24) 셋째 단계의 이러한 민족주의 연구 동향에 대해서는 윤경로, 「총설: 식민지시대의 사회성격과 민족운동」, 한국역사연구회 편, 『한국역사입문 ③』, 풀빛, 1996 ; 박찬승, 「부르주아민족주의 운동」, 같은 책 ; 신주백, 「일제시기 민족운동사 연구의 현황과 과제」, 역사문제연구소 편, 『한국의 '근대'와 '근대성' 비판』, 역사비평사, 1996 등의 연구사 정리가 참조된다. 특히, 이러한 입론에 입각한 셋째 단계의 대표적인 1920년대 민족운동사 연구 성과는 이균영, 『신간회연구』, 역사비평사, 1993이다.

25) 池秀傑, 「1930년대 前半期 부르주아 民族主義者의 '民族經濟建設戰略'」, 『國史館論叢』 51, 1994.

26) 박찬승, 「국내 민족주의 좌우파 운동」, 『한국사 15』, 한길사, 1994 ; 박찬승, 「1920년대 국내 민족주의 세력의 동향」, 『한국사 49』, 국사편찬위원회, 2001 ; 윤해동, 「물산장려운동 – '근대화'를 위한 불가피한 경로인가?」, 『내일을 여는

성과에도 불구하고 이 인식 틀은 물산장려운동 주체와 논리 내부에 존재하는 편차를 과도하게 부각시키고 그것을 계급적 기반, 이념적 지향, 정치적 자세 전체를 관통하는 대립적 논리로 도식화하여 민족주의 유파와 운동노선의 차이로 확대시키는 부조적 성격이 강하였다. 따라서 이 인식 틀과 관련해서는 그 이분법적 도식화가 얼마나 사실에 부합하는가 하는 사실 인식상의 실증성 문제와 논리 구성의 적실성 문제에 대한 여러 비판적 논의가 촉발될 소지가 다분하였다.

마지막 넷째 단계는 1990년대 중반 이후 현재에 이르는 연구 동향으로서, 최근 10여 년에 걸쳐 기존 인식 틀에 대한 비판적 문제의식과 함께 물산장려운동에 대한 연구 성과가 비약적으로 확대된 단계이다. 이 성과들은 일일이 개별 연구를 소개하기 어려울 만큼 양이 많고 주제도 다양하기 때문에 검토 소재의 성격을 감안하여 일괄 정리하면 크게 다섯 계통으로 분류해 볼 수 있다. 첫째, 초기 물산장려운동을 주도한 지식인의 실상과 사상 기반에 천착하는 가운데 물산장려운동의 논리 및 논쟁 구도의 성격을 재검토한 성과.[27] 둘째, 1920년대 후반 조선물산장려회 재건 이후 1930년대에 이르는 후기 물산장려운동 주도층의 실상과 운동논리의 추이를 통해 물산장려운동의 성격과 경제사상을 정리

역사』 5, 서해문집, 2001.

27) 홍성찬, 「한국근현대 李順鐸의 政治經濟思想 연구」, 『역사문제연구』 1, 1996 ; 유시현, 「나경석의 '생산증식론'과 물산장려운동」, 『역사문제연구』 2, 1997 ; 이애숙, 「1922~1924년 국내의 민족통일전선운동」, 『역사와 현실』 28, 한국역사연구회, 1998 ; 吳美一, 「1920년대 부르주아민족주의 계열의 物産獎勵運動論」, 『韓國史研究』 112, 2001(오미일, 『한국근대자본가연구』, 한울아카데미, 2002, 제3부 제9장 재록) ; 박종린, 「1920년대 전반기 사회주의사상의 수용과 물산장려논쟁」, 『역사와 현실』 47, 2003 ; 전상숙, 「물산장려논쟁을 통해서 본 민족주의 세력의 이념적 편차」, 『역사와 현실』 47, 2003 ; 조형렬, 「설태희의 협동조합주의와 '문화운동론'」, 『韓國史研究』 130, 2005.

한 연구.[28] 셋째, 초기 물산장려운동에 적극 참여한 보천교와 물산장려운동의 가장 강력한 지지 기반이었던 기독교 계열의 활동과 사상을 분석하는 가운데 물산장려운동과의 연관성을 검토한 성과.[29] 넷째, 조선인 자본가사 · 기업가사 연구의 일환으로서 물산장려운동에 적극 참여한 자본가 진영이나 개별 자본가의 활동과 경제관에 주목한 성과.[30] 다섯째, 비교사적 관점에서 물산장려운동을 인도의 스와데시운동과 비교 분석한 연구[31] 등이 그것이다.

이와 같은 방대한 규모의 연구 성과들은 많은 경우가 기존 연구에서는 시야에 넣지 못하거나 천착하지 못했던 주제들을 다루고 있다는 점에서 물산장려운동에 대한 인식의 폭을 크게 확장시켰다. 특히, 기존의 이분법적 인식과는 부합하지 않는 운동 주체의 실상과 사상 동향에 대한 새로운 사실들이 규명됨으로써 기존 인식을 근저로부터 재검토하고

---

28) 方基中, 「1920 · 30年代 朝鮮物産奬勵會 硏究 – 再建過程과 主導層 分析을 중심으로」, 『國史館論叢』 67, 1996 ; 方基中, 「1930년대 物産奬勵運動과 民族 · 資本主義 經濟思想」, 『東方學志』 115, 연세대학교 국학연구원, 2002.

29) 홍성찬, 앞의 글, 1996 ; 안후상, 「普天教와 物産奬勵運動」, 『한국민족운동사연구』 19, 한국민족운동사학회, 1999 ; 趙景達, 『朝鮮民衆運動の展開』, 東京: 岩波書店, 2002, 제9장 · 제10장 ; 장규식, 『일제하 한국 기독교 민족주의 연구』, 혜안, 2001, 제3장 ; 方基中, 『裵敏洙의 農村運動과 基督教思想』, 연세대학교출판부, 1999, 94~102쪽 ; 김권정, 「1920~30년대 조만식의 기독교 민족운동」, 『한국민족운동사연구』 47, 2006.

30) 오미일, 「1910~20년대 평양지역 민족운동과 조선인 자본가층」, 『역사비평』 1995년 봄호(오미일, 앞의 책, 제2부 제6장 재록) ; 이승렬, 「일제하 조선인 자본가의 '근대성'」, 『한국의 '근대와 근대성' 비판』, 역사비평사, 1996 ; 吳鎭錫, 「일제하 朴興植의 기업가활동과 경영이념」, 『東方學志』 118, 2002 ; 이승렬, 『제국과 상인』, 역사비평사, 2007, 제3부 제2장.

31) 이윤희, 「韓國 民族主義運動과 印度 民族主義運動의 比較 檢討」, 『慶熙史學』 22, 1998 ; 박섭, 『식민지의 경제변동: 한국과 인도』, 문학과지성사, 2001.

자 하는 여러 논점과 의견이 제시되었다. 그 가운데 특히 연구의 진전에 중요한 계기를 마련한 새로운 사실 규명과 논점은 다음과 같이 크게 세 가지였다.

하나는, 발흥 초기 물산장려운동을 조직적 · 이론적으로 주도한 일부 지식인의 실상과 사상적 성향 문제이다. 전술한 바와 같이 기존의 이분법적 인식은 동아일보와 조선청년회연합회 우파 계열을 '민족자본' 상층이나 '산업자본'의 계급적 입장을 대변하면서 사회주의자의 성장에 대응하여 초기 물산장려운동을 주도한 대표적인 부르주아민족주의 우파, '생산증식론' 입장의 운동 주체로 설정하였다. 그러나 이애숙 · 박종린은 초기 물산장려운동을 주도한 동아일보 논설진과 조선청년회연합회 우파의 주요 인물들이 국내 '상해파' 사회주의자 그룹원이었음을 밝히고, 이들이 물산장려운동에 적극 참여한 것은 현 단계를 민족혁명 단계로 파악하고 문화운동의 실천적 의의를 인정하는 '상해파'의 단계적 혁명노선과 통일전선운동 노선에 입각한 것이라는 새로운 견해를 제시하였다.[32] 또 홍성찬도 기존 인식에서 '생산증식론'의 대표적인 논자로 간주한 이순탁의 사상을 마르크스주의의 세례를 받은 사회민주주

32) 이애숙, 앞의 글, 1998 ; 박종린, 앞의 글, 2003. 곧, 동아일보 주필이자 조선물산장려회 회원으로서 당시 동아일보 논설을 통해 물산장려운동을 비롯한 문화운동 논리를 적극 선도한 장덕수가 국내 '상해파' 초대 책임자였고, 창립 당시 조선물산장려회의 핵심 인물이자 사회주의자들의 물산장려운동 비판에 가장 적극적으로 이론적 대응을 한 나경석이 장덕수에 이어 국내 '상해파'의 2대 책임자였으며, 또 조선청년회연합회 우파의 지도적 인물로서 조선물산장려회 이사로 활동한 정노식을 비롯한 김철수, 이봉수 등도 국내 '상해파' 사회주의 그룹원이었다는 것이다. 이러한 국내 '상해파'의 인적 구성과 혁명운동 노선에 대해서는 임경석, 『한국 사회주의의 기원』, 역사비평사, 2003, 387~389쪽, 441~461쪽 ; 이현주, 『한국 사회주의세력의 형성 : 1919~1923』, 일조각, 2003, 제2장 · 제3장 등에 의해서도 밝혀진 바와 같다.

의자로 규정하고 계급협조 · 민족협동의 실천적 입장에서 물산장려운동에 참여하였음을 해명하였다.[33]

다른 하나는, 물산장려운동 침체 이후 물산장려운동 및 그 주도층의 동향과 관련된 문제이다. 기존 이분법적 인식에서는 운동 침체기에 접어들면서 초기에 운동을 주도한 부르주아민족주의 우파는 이탈하고 '민족자본' 하층, 소생산자의 입장을 대변하는 부르주아민족주의 좌파가 조선물산장려회를 주도하는 가운데 민족협동전선에 참여하는 비타협적 노선을 견지하였다고 파악하였다. 그러나 조선물산장려회의 재건 과정과 1930년대에 이르는 조직 활동 및 주도층의 추이를 분석한 방기중은 재건 이후에도 좌 · 우파를 막론한 여러 계통의 민족주의 인사들이 주도층으로 참여하는 가운데 활동 방향도 상공업자 · 기술자와의 합작을 통한 자본주의적 '생산력증대' 운동에 주력하여 조선물산장려회는 경성상공협회와 긴밀한 조직적 유대관계 아래 명실공히 민족주의 지식인과 상공인이 합작한 민족 · 자본주의 경제자립운동단체로서의 성격을 구체화하면서 물산장려운동을 전개하였다는 사실을 해명하였다.[34]

마지막 하나는, 경성에 앞서 물산장려운동의 봉화를 올린 평양 물산장려운동의 실상과 그 주도층의 성격에 대한 문제이다. 평양 물산장려운동은 평양이 지니는 지역적 중요성과도 관련하여 물산장려운동의 성격을 파악하는 데 중요한 의미를 지니고 있다.[35] 그러나 셋째 단계에 이르기까지 물산장려운동 연구는 전적으로 경성에 국한되었고, 또한

33) 홍성찬, 앞의 글, 1996.

34) 方基中, 앞의 「1920 · 30年代 朝鮮物産奬勵會 硏究 – 再建過程과 主導層 分析을 중심으로」.

35) 경성에 앞서 1922년 6월 20일 정식 창립한 평양 조선물산장려회는 경성 조선물산장려회의 지회가 아니라 별개의 독자적인 조직으로서 활동하면서 1937년 4월까지 존속하였다.

기존 이분법적 인식 역시 경성을 대상으로 입론된 것이었다. 그런데 조선인 자본가 연구 및 기독교 민족주의 연구의 관점에서 각기 평양 물산장려운동의 실상을 분석한 오미일과 장규식은 이러한 제약성을 해결하면서 역시 기존 이분법적 인식과 거리가 있는 물산장려운동의 실상을 제시하였다. 곧, 평양 물산장려운동은 기독교와 밀접히 연관된 민족주의 지식인과 자본가 계급이 합작하여 자본주의 생산력증대를 도모한 전형적인 민족·자본주의 경제자립운동이었으며, 특히 이들 주도층은 조만식과 일부 자본가가 구심적 역할을 하는 가운데 이념적 편차나 자본 규모의 다소를 넘어서서 평양 물산장려회·YMCA·신간회·상공협회로 연결되는 민족·자본주의 진영의 운동네트워크를 구축하면서 물산장려운동을 전개했다는 것이다.[36]

요컨대 이상의 성과와 논점들은 물산장려운동의 주체와 논리를 대립적인 두 입장으로 준별하고 그 도식 속에서 운동의 추이를 파악하는 이분법적 물산장려운동 인식이 사실과 부합하지 않는 여러 실증적 문제점이 있다는 것을 구체적으로 논증한 것이었다. 특히, 발흥 초기 운동 주도층의 실상 파악이나 향후 변동 과정에 대한 인식이 사실과 크게 다르다는 분석 결과는, 이분법적 인식이 다분히 민족주의 운동세력의 일반적 정치 동향을 무매개적으로 물산장려운동에 적용하거나 이를 토대로 추론한 성격이 많다는 것을 실증적으로 해명한 성과이기도 하였다. 이러한 실증적 성과의 연장에서 물산장려운동 논리의 성격이나 물산장려운동을 둘러싼 논쟁 구도에 대한 다양한 견해들이 제기됨으로써 물산장려운동을 둘러싼 논의가 크게 활성화되었다.[37] 이 성과들은 물

36) 오미일, 앞의 책, 2002, 288~322쪽 ; 장규식, 앞의 책, 2001, 257~297쪽. 이러한 평양 물산장려운동의 실상은 방기중이 제시한 후기 경성 물산장려운동의 추이와 기본적으로 궤를 같이하는 것이었다.

산장려운동의 실상과 성격에 대한 재검토의 필요성을 실증적으로 제시하고 그 재인식의 여러 단서를 제공하고 있는 연구사적 의의를 지니는 것으로서, 이러한 의미에서 현재 물산장려운동에 대한 연구 동향은 새로운 단계에 접어들었다고 할 수 있다.

그러나 이러한 의의에도 불구하고 실제 연구 현실은 그렇게 간단해 보이지 않는다. 우선, 최근의 성과 대부분은 물산장려운동의 전체상 해명이라는 관점에서 볼 때 각기 그 검토 소재의 특성이나 강조점과 관련하여 일면적·부분적인 물산장려운동 인식이라는 제한성을 보이고 있다. 특히 물산장려운동 주도 인물에 대한 인식 차이와 물산장려논쟁의 성격에 대한 다양한 견해 표명에 잘 나타나듯이, 일부 연구들은 이러한 부분적 인식을 과도하게 부각시킴으로써 사실 인식의 착종과 본말이 전도된 논지 구성의 문제점도 드러내고 있다. 이는 최근 성과의 분석 시야와 인식 방법이 전체적으로는 아직 이분법적 인식 틀의 범주에서 크게 벗어나지 못하고 있다는 것을 의미하는 것이기도 하다. 이러한 가

---

37) 곧, 물산장려운동 논리와 관련해서는 오미일과 방기중이 운동의 두 논리는 민족주의 유파별 운동노선이나 계급적 기반을 직접 반영하는 대립적 논리가 아니라 상호 보완관계에서 자본주의적 '생산력증대'를 기도한 민족경제 자립의 두 실천 방안이라는 입장을 취한 반면(오미일, 앞의 「1920년대 부르주아민족주의 계열의 物産獎勵運動論」; 方基中, 앞의 「1930년대 物産獎勵運動과 民族·資本主義經濟思想」), 전상숙·조형렬은 '토산장려론'의 상징적 인물인 설태희의 사상적 입장을 자본주의에 비판적이고 사회주의이념 지향적이었다는 점에서 부르주아 민족주의 범주에서 파악할 수 없다는 견해를 제시하였다(전상숙, 앞의 글, 2003 ; 조형렬, 앞의 글, 2005). 또한, 물산장려논쟁과 관련해서는 이애숙·박종린은 그간 민족주의자와 사회주의자의 대립으로만 파악한 것을 비판하고 논쟁이 국내 사회주의자 상호 간의 내부 논쟁의 성격을 갖는다는 점을 중시한 반면(이애숙, 앞의 글, 1998 ; 박종린, 앞의 글, 2003), 오미일은 국내 '상해파'의 존재를 인정하면서도 논쟁은 기본적으로 부르주아민족주의자와 사회주의자 상호간의 논쟁 구도였다고 주장하였다(오미일, 같은 글, 2001).

운데 물산장려운동을 부르주아민족주의 우파의 운동 범주에서 파악하고 이 운동으로부터 민족주의 분화의 계기를 찾고자 하는 기존 이분법적 견해의 입장도 기본적으로 견지되는 가운데 학계에 일반적인 견해로 통용되고 있는 것이 저간의 사정이다.38)

3. 이분법적 인식 틀의 방법론적 문제와 재인식의 방향

이상에서 최근까지 크게 네 단계에 걸친 물산장려운동 연구 동향의 추이를 살펴보았지만, 그 도달점으로서의 연구 현황에 대한 필자의 인상은 다소 비판적인 입장에 있다. 요컨대 그간 방대한 규모의 성과가 축적되었음에도 불구하고 그것이 상호 비판적 소통관계에 기반을 둔 진전된 모색으로 이어지지 못한 채 개별 관심과 주장에 경주하고 있는 것이 연구 현황으로서, 물산장려운동과 민족주의 경제자립론의 역사상·사상상을 종합적·전체적 국면에서 해명하는 작업은 여전히 과제로 남아 있다고 생각된다. 이러한 연구사적 문제점을 해결하고 물산장려운동과 일제하 민족주의에 대한 인식 수준을 한 단계 진전시키기 위

38) 이분법적 인식을 선도한 박찬승은 최근 간행한 저서에서는 부르주아민족주의 우파의 입장과 좌파의 입장으로 구분하여 파악하던 물산장려운동 논리에 대한 기존 인식 틀을 전혀 언급하지 않고 있다. 그것이 견해의 부분적 수정인지는 잘 알 수 없지만, 전체적으로는 여전히 물산장려운동을 브르주아민족주의 우파의 실력양성운동으로 설정하고 운동을 둘러싼 논쟁과 운동 침체 과정에서 물산장려운동은 민족주의 분화의 주요한 계기를 이루었으며 이후 운동은 부르주아민족주의 좌파에 의해 주도되었다고 정리하고 있는 점에서 기존의 인식 틀은 그대로 견지하고 있는 것으로 보인다(박찬승, 『민족주의의 시대 – 일제하의 한국 민족주의』, 경인문화사, 2007, 제2장 4절).

해서는 물산장려운동 연구의 연구사적 의미를 다시 확인할 필요가 있으며, 이와 함께 연구의 분석 시각과 인식 방법에 대한 비판적인 재검토와 조정이 필요하다고 생각한다.

필자가 기존 연구 성과 일반이 공유하고 있는 가장 중요한 문제로 생각하는 것은 분석 목표와 시야의 협애성이다. 곧 대부분의 연구가 물산장려운동에 대한 분석 목표를 3·1 운동 이후 '문화운동' 등장과 연관된 1920년대 전반 민족운동의 추이, 민족주의 운동세력의 분화와 이념적 편차를 해명하는 데 초점을 맞추고 초기 물산장려운동 분석에 주안점을 두고 있다는 것이다. 그리고 여기에 채 1년도 되지 않는 발흥 초기의 정치경제적 환경이나 사상 동향과 관련하여 다소 관념적인 선전과 논쟁 형태로 전개된 초기 물산장려운동의 논리와 주장을 통해 1920년대 민족주의 분화와 이념적 편차의 논거를 찾는 동시에 그것을 물산장려운동의 일반적 성격으로 비약시키는 부조적 인식 경향이 상호 결합되고 있는 것이다. 이러한 분석 시야와 목표 설정은 물산장려운동의 연구사적 의의를 1920년대 민족주의 운동세력의 동향을 해명하는 데 국한시키는 1920년대 중심의 운동사 관점을 반영하고 있다.

그러나 물산장려운동과 그 경제자립 논리의 전체상은 초기 물산장려운동에 대한 접근만으로는 해명이 불가능할 뿐 아니라, 발흥 초기의 시기적 특수성과도 관련하여 물산장려운동의 실상과 성격을 일면적으로 파악하거나 사실과 다르게 인식할 위험성이 다분하다. 전술한 바와 같이 1925년 이후 다소 복잡한 과정을 거치면서 조직을 재건한 조선물산장려회는 발흥 초기와 같은 전국적 호응이나 사회적 관심을 끌지 못했지만 대공황기에 이르러 민족주의 진영의 한 부문운동단체로서 나름대로의 조직적 위상을 확보하였다.[39] 그리고 1937년 2월 해산할 때까지 일제하 민족주의 운동단체로서는 보기 드물게 장기간 조직을 유지하면서 물산장려를 위한 다방면에 걸친 조직사업과 선전활동을 전개하였다.[40] 특히 선전운동이 무엇보다 중요한 의미를 갖는 물산장려운동의 특성과 관련하여 기관지 발행에 심혈을 기울인 조선물산장려회는 여러 차례 제호가 바뀌는 가운데에도 지속적으로 기관지를 발행하며 발흥 초기와 질적·양적으로 크게 차이가 나는 활발한 논설 활동을 전개하면서 자신들의 주의주장과 운동이념을 적극 설파하였다.[41]

요컨대 물산장려운동의 진정한 성격, 그 운동 주체가 추구하는 논리와 이념적 특질의 진면목은 사실상 조선물산장려회 재건 이후 1930년대에 이르는 이 10여 년의 활동을 통해 구체적으로 드러나고 있었다고 할 수 있다. 따라서 물산장려운동과 경제자립 논리의 전체상을 사실 그대로 해명하기 위해서는 1920년대 전반에서 1930년대 후반에 이르는 물산장려운동 전 과정을 분석 대상으로 삼고 그 단계적 추이와 특질을

---

39) 安在鴻은 1932년 조선물산장려회를 "(民族主義) 政治運動의 한 部門的 勢力"으로 간주하였고(安在鴻, 「民族主義 勢力의 系列」, 『三千里』 1932년 3월호, 2~3쪽), 총독부 경찰도 1930년대 전반 물산장려운동을 교육진흥운동과 함께 대표적인 민족주의 실력양성운동으로 파악하였다[朝鮮總督府警務局, 『最近に於ける朝鮮治安狀況 - 昭和八年·十三年』, 東京: 巖南堂書店(復刻本), 1966, 68쪽].

40) 일제하 민족주의 운동단체 가운데 이와 같이 하나의 일관된 운동 목표하에 장기간 활동한 경우는 천도교의 조선농민사, 기독교의 YMCA 등 종교조직에 기반을 둔 단체를 제외하면 조선물산장려회가 거의 유일한 예이다.

41) 조선물산장려회 역대 기관지를 총괄 정리하면 다음 표와 같다.

기관지 제호	간행 호수	간행 년도	발행인	주간·주필
産業界	1~5(총 5호)	1923.12.~1924.9	兪星濬	李鍾麟
自活	1~8(총 8호)	1927.7.~1928.10.	明濟世	文一平
朝鮮物産奬勵會會報	1-1~1-12(총 12호)	1929.10.~1930.12.	明濟世	金容瓘
奬産	2-1~2-6(총 6호)	1931.1.~1931.6.	鄭世權	柳光烈
新朝鮮	2-7~2-8(총 2호)	1931.8.~1931.9.	明濟世	
實生活	2-9~3-11(총 15호)	1931.10.~1932.11.	鄭世權	柳光烈
新興朝鮮	1~3(총 3호)	1933.10.~1934.1.	李 仁	

종합적으로 파악하지 않으면 안 된다. 더욱이 이와 같은 분석 시야의 확대는 물산장려운동을 통해 파악하고자 하는 민족주의 경제사상의 추이와 관련해서 극히 중요한 의미를 지니고 있다. 1920년대 전반을 거치면서 민족주의 진영은 그 내부의 정치적 · 이념적 편차를 드러내며 복잡한 분화 · 분립의 양상을 보이고 있었지만, 이러한 입장과 편차가 강고하게 정형화되거나 고착된 것은 아니었다. 이들의 정치적 입장과 이념적 내면은 일제 지배정책의 추이나 대내외적 정세 변동과 관련하여 적지 않게 변화하고 있었고, 또 그 내부 편차 역시 가변적이었다.

이 양상은 특히 대공황의 여파와 만주사변을 분기로 1920년대와 크게 구분되는 정치경제적 변화가 조성된 1930년대에 접어들면서 본격 노정되었다. 주지하듯이 1930년대 宇垣一成 총독기는 '내선융화'와 '자력갱생' 슬로건을 앞세운 농공병진정책의 추진과 함께 총독부 경제통제와 사상탄압이 강화되면서 조선인의 경제자립을 도모한 각종 민족주의 경제운동이 굴절과 해체의 길을 걸은 시기이다. 이 과정에서 민족주의 인사들은 당시 자본주의 각국이 국가권력을 강화하고 경제통제 · 경제블록을 통해 자본주의의 체제적 모순과 위기를 타개하고자 한 새로운 자본주의 운영원리 · 경제정책을 목도하면서 자본주의 수정과 개조에 대한 인식을 확대시키고 있었지만, 다른 한편 일제의 일만블록 추진과 총독부 농공병진정책의 현실을 경험하는 가운데 조선인 경제자립 문제를 둘러싸고 실천적 · 이념적으로 심각하게 동요하였다.[42] 그리고 그 가운데 많은 인사들이 총독부 농공병진정책과 조선개발에 조선인의

---

42) 1930년대 총독부 농공병진정책의 성격과 이와 관련한 지식인의 동향에 대해서는 방기중, 「1930년대 조선 농공병진정책과 경제통제」, 방기중 편, 『일제 파시즘 지배정책과 민중생활』, 혜안, 2004 ; 방기중, 앞의 「조선 지식인의 경제통제론과 '신체제' 인식」 참조.

경제자립·산업진흥을 기대하면서 체제협조와 예속화의 길을 택하였다. 따라서 1920년대에 이은 1930년대 민족주의 진영의 경제자립운동 논리와 경제인식의 추이, 그 체제 편입 과정의 인식 기반과 논리 등에 대한 해명은 일제하 민족주의 사상의 추이와 단계적 특질은 물론 그 경제사상사적 맥락을 파악하는 데 불가결한 검토 과제로서, 1930년대 물산장려운동에 대한 사상사적 검토는 이러한 과제 해결과 관련하여 적극적인 연구사적 의미를 지니고 있다.

이와 같이 본 연구의 기본적인 문제의식은 일제하 민족주의 경제사상사 해명이라는 차원에서 1930년대에 이르는 물산장려운동의 전체상을 종합적으로 정리하고 그 연구사적 의미를 재조명하는 데 있다. 이하 이러한 관점에서 여전히 학계의 일반적 견해로 통용되고 있는 이분법적 물산장려운동과 민족주의 인식 방식의 문제점을 검토함으로써 본 연구의 분석 시각과 방법론적 입장을 제시하고자 한다.

전술한 바와 같이 이분법적 인식 방식의 기본 특질은 물산장려운동의 주체와 논리를 민족주의 유파 분류와 직결시켜 계급적 기반, 이념적 지향, 정치적 자세 전체를 관통하는 대립적인 두 입장으로 구별하고 그 도식 속에서 1920·30년대에 이르는 민족경제자립론의 전체 추이를 파악하는 데 있다. 논지 전개의 필요상 다소 거칠지만 그 도식적 인식을 다시 총괄하여 정리하면, 민족주의 우파의 물산장려운동론 = 생산증식론 = '민족자본' 상층을 대변한 대공업진흥론·자본계급육성론·외화배척반대론 = 종속적 민족경제건설론 = 동아일보의 타협적 자치운동 노선, 민족주의 좌파의 물산장려운동론 = 토산장려론 = '민족자본' 하층·소생산자를 대변한 소공업진흥론·민중경제자립론·외화배척운동론 = 자립적 민족경제건설론 = 조선일보의 비타협적 신간회운동 노선이라는 틀로 요약된다.

이 인식 틀이 운동 주체의 실상 파악과 관련하여 사실과 맞지 않는 여러 실증적 문제를 안고 있다는 것은 이미 언급한 바와 같지만, 여기에는 이와 더불어 부조적 방식의 논리 구성과 개념 구사의 문제가 상호 중첩되어 있다. 주지하듯이 물산장려운동에는 발흥 당시부터 정치적·계급적·이념적으로 다양한 입장의 인사들이 참여하였으며, 심지어 유력한 친일 인사들도 운동을 후원하였다. 또한, 운동을 주도한 민족주의 지식인 내부에도 정치적 자세나 이념적 입장에 일정한 편차가 있었고, 이들과 더불어 운동의 주요 역할을 담당한 상공인 역시 상층 자본가에서부터 기술자·중소상인에 이르기까지 다양한 계급과 직업 구성을 보이고 있었다. 따라서 이러한 다양한 정치적·이념적 편차와 계급적 이해관계가 물산장려운동의 활동과 논리에 일정하게 표출될 수 있다는 것은 당연하다고 할 수 있다.

그러나 이와 관련하여 주목할 필요가 있는 것은 민족주의 경제자립운동의 한 부문운동으로서 물산장려운동이 지니는 본질적 속성이다. 물산장려운동은 조선물산장려회 창립 취지에 잘 나타나듯이 민족 공동체의식과 민족적 경제윤리에 의존하여 조선물산에 대한 애용과 생산을 장려함으로써 조선인의 경제자립과 산업진흥을 도모한 체제내적 생산력증대운동이었다.[43] 곧 물산장려운동의 경제관, 경제자립론·산업진흥론의 기조는 상공업 진흥에 주안점을 둔 조선인 경제의 자본주의적 생산력증대에 있었고, 그 생산력증대의 기본 실천 논리는 유통부문에서의 애용장려론과 생산부문에서의 생산장려론이었다. 물산장려운동이 지식인 중심의 선전계몽운동을 본령으로 하면서도 끊임없이 상공인·기술자와의 합작운동을 지향하고 실제 그렇게 전개된 것이 이러한 속

43) 「朝鮮物産獎勵會 趣旨書」·「朝鮮物産獎勵會 憲則」, 『産業界』 1, 1923. 12, 55쪽, 57쪽.

성을 잘 반영하고 있지만, 또한 여러 계통의 민족주의 운동세력이 물산장려운동에 참여하게 되는 상호 공감대도 여기에 연원하였다. 따라서 운동 주체가 제창하는 실천 방침과 논리는, 그 방법이나 방향성에 일정한 선호도의 차이는 있었지만 기본적으로 계급적 · 이념적 편차를 넘어서서 운동 주체가 상호 공유할 수 있는 생산력증대론의 성격을 벗어나지 않았다. 그리고 상호 공유하는 그 생산력증대의 일관적 방향은 당시 조선인 경제현실과 관련하여 일반 소비대중과 중소상공인 및 농민을 운동 기반으로 하는 소비조합운동이나 중소상공업 · 농촌수공업 진흥이었다. 이는 물산장려운동이 발흥한 이래 시종일관해서 관철된 운동 주체의 기본 입장이었다.[44]

결론적으로 말하면 이분법적 인식 틀에서 구분하고 있는 물산장려운동의 두 논리는 민족주의 유파의 운동노선이나 계급적 입장과 직결된 대립적인 논리가 아니라 이러한 운동 주체의 기본 입장을 반영하는 하나의 물산장려운동론으로서, 상호 보완관계에 있는 경제자립과 생산력증대의 실천 방안이다.[45] 그것을 대립적인 두 논리로 구별하는 것은

44) 말하자면 물산장려운동 주체들은 자본주의적 생산력증대라는 실천 방향 속에서 주관적으로 초계급적 · 몰계급적 '생산력주의' 입장을 표방하는 가운데 일반 소비대중과 중소자본가의 입장을 중심으로 운동을 전개하였다. 물론 '민족자본' 상층에 해당하는 일부 조선인 상층 자본가의 참여와 후원이 지속적으로 이루어졌지만 운동 주체가 상층 자본의 계급적 이해를 반영하는 운동 논리를 표방한다는 것은 당시 경제 현실과 동떨어진 것이었고, 또한 물산장려운동의 취지에도 맞지 않는 것이었다.

45) 따라서 이분법적 인식이 운동 추이와 관련하여 물산장려운동 발흥 초기에는 '민족자본' 상층의 입장을 반영하는 부르주아민족주의 우파나 '생산증식론'이 운동을 주도하다 운동 침체와 함께 '민족자본' 하층 · 소생산자층의 입장을 반영하는 부르주아민족주의 좌파나 '토산장려론'이 운동을 주도하게 되었다고 파악한 것은 사실과 다르다고 생각한다. 뒤에서 검토하겠지만 굳이 이분법적 방식으로

이상과 같은 물산장려운동의 속성이나 운동 주체의 기본 입장을 감안한 전체 맥락 속에서 운동 주체의 주장을 이해하지 않고 그 주장의 일면을 물산장려운동을 대표하는 두 논리로 부각시켜 개념화하는 부조적 인식 방식이다.[46] 더욱이 이분법적 인식이 두 논리의 대표적 주창자로 예시하고 있는 특정 인물의 설정도 적절성을 갖추었다고 보기 어려울 뿐 아니라 그 특정 인물의 경제관과 사상 경향에 대한 접근 역시 1920년대 전반이라는 시기적 특수성을 고려하지 않은 부조적 인식의 성격을 강하게 투영하고 있다.[47] 또한, 이 인식에서 대비시키고 있는 두 논

표현하면 물산장려운동은 처음부터 후자의 입장을 기조로 하면서 전자의 입장과 상호 보완·협력관계를 유지하는 가운데 전개되었다고 할 수 있다.

46) 예컨대 대공업 진흥이나 자본계급 육성을 주장한다고 해서 그것을 '민족자본' 상층의 계급적 입장을 대변하는 논리로만 파악하거나, 자작자급의 농촌수공업 진흥을 강조한다고 해서 그것을 자본주의적 '생산력주의'를 거부하는 비자본주의 논리로 간주하는 것은 그 주장의 전후 맥락과 현실 운동 추이와의 상호 연관성을 고려하지 않은 전형적인 부조적 인식이다.

47) 이분법적 인식이 동아일보와 인연을 맺고 있는 인물을 곧 '민족자본' 상층의 입장을 대변한다는 선입관 아래 부르주아민족주의 우파의 물산장려운동 논리의 입장이나 '생산증식론'의 대표적 논자로 거론한 인물들 가운데 다수가 '상해파' 사회주의자 또는 사회민주주의자라는 것은 이미 전술한 바와 같지만, 또한 이 입장의 대표적 인물로 거론한 鮮于全의 경우에도 그가 농민적 입장의 농업타개책을 주장한 대표적 인물이라는 연구 성과(金容燮, 앞의 「日帝强占期의 農業問題와 그 打開方案」, 447~455쪽)를 염두에 둔다면 역시 문제가 된다. 부르주아민족주의 좌파의 입장이나 '토산장려론'의 대표적 논자로 거론된 인물들의 경우에는 그 사상 성향을 사실 이상으로 민중적·진보적 입장으로 해석하는 점에 문제가 있는데, 이러한 부조적 인식을 가장 잘 반영하고 있는 대상이 열렬한 물산장려운동가로 자타가 공인하는 薛泰熙이다. 설태희에 대해서는 별도로 언급할 예정이지만, 여기에서는 설태희를 물산장려운동의 한 계열을 대표하는 인물로 간주하여 운동 주체와 논리를 파악하는 방식 자체가 적절하지 않다는 것만 지적해 둔다.

리는 실상 상기한 물산장려운동의 두 실천 논리 가운데 계급적 이해관계가 상대적으로 부각되는 생산장려론의 실천 방침이라는 점에서 그 부조적 인식은 동시에 물산장려운동론 체계에 대한 일면적 인식이라는 제한성을 내포하고 있다.[48]

요컨대 민족주의 운동세력 내부에 자본주의 경제관의 편차나 계급적 이해관계 및 운동노선의 차이는 분명 존재하지만 그것을 물산장려운동론을 통해 검증하고자 하는 것은 양자가 상호 결을 달리하는 인식 대상이라는 점에서 적절한 접근 방식이라고 하기 어렵다. 따라서 물산장려운동론 자체의 민족경제자립 논리의 이념적 특질과 계급성 여부를 논할 수 있어도 그 개별 실천 방침이나 슬로건을 부각시켜 각기 실천적·계급적 입장을 달리하는 경제논리로 구분하고 민족주의 유파와 결부시키는 것은 사실과 다른 물산장려운동론 인식으로 귀결될 위험성이 다분하다.

다음은 이상과 같은 이분법적 물산장려운동 인식의 부조적 방식과 불가분의 관계에 있는 민족주의 유파 분류론의 문제이다. 이분법적 인식이 물산장려운동의 주체와 논리를 부조적으로 파악하게 된 연원은 이로부터 민족주의 운동세력 분화의 단서와 그 이념적·계급적 편차의 논거를 확인하고자 하는 문제의식에 있다. 보다 정확히 말하면, 그 부조적 접근 방식은 자치운동론의 등장과 신간회 결성으로 상징되는 1920년대 중반 민족주의 운동세력의 정치적 추이를 축으로 하여 이미

48) 물산장려운동의 경제자립론 체계는 운동 주체들이 주장하는 논리 그대로 유통부문의 애용장려론과 생산부문의 생산장려론으로 구분하는 것이 사실에 부합한다. 박찬승과 윤해동이 개념화한 대공업진흥론과 중소공업진흥론, '생산증식론'과 '토산장려론' 등은 이 가운데 생산장려론 내부의 상호 보완적 실천 방침의 성격을 지니는 것으로서, 물산장려운동의 경제자립론 전체 체계를 설명할 수 있는 인식 틀이 아니다.

개념화된 민족주의 유파 분류론을 물산장려운동에 연역적으로 적용함으로써 그 유파 분류의 논리적 정합성을 구축하고자 한 것이다. 이는 결국 이분법적 물산장려운동 인식의 방법론적 문제가 민족주의 유파 분류론에 연원을 두고 있다는 것을 의미하는 동시에 그 유파 분류론의 직접적 투영이라는 사실을 반영한다. 물산장려운동에 대한 재인식과 관련하여 민족주의 유파 분류론에 대한 비판적 검토가 필요한 것은 이러한 점에서이다.[49)]

일제하 민족주의 유파 분류와 관련해서는 민족주의에 대한 이해 방식을 반영하면서 여러 견해가 제시되어 있지만,[50)] 현재 학계에 상당히 보편적으로 통용되고 있는 분류 방식은 이분법적 물산장려운동 인식과 불가분의 연관성을 갖고 있는 부르주아민족주의 좌·우파론이다. 부르주아민족주의 좌·우파론은 기존의 민족주의 좌·우파론으로는 그 위치 설정이 까다로운 운동세력, 곧 여운형과 같이 사회주의 입장은 아니지만 민중적 입장에서 민족문제를 중시한 운동세력을 '진보적 민족주의'로 설정하여 민족주의의 한 유파로 편재시키는 대신 민족주의 좌·우파에 대해서는 그 부르주아적 성격을 보다 명시적으로 부각시킨 삼분법적 분류 방식을 취하고 있다는 점에 민족주의 좌·우파론과 일정한 차이가

---

49) 민족주의 유파 분류 문제는 사실 일제하 민족주의 운동사·사상사에 대한 전반적인 연구사 정리와 더불어 별도의 체계적인 논의 전개가 필요한 검토 과제로서 본 연구에서 그것을 장황하게 검토하기에 적당한 주제는 아니다. 따라서 여기에서는 본 연구의 분석 목표와 관련한 민족주의 인식의 기본 관점을 제시한다는 의미에서 이분법적 물산장려운동과 불가분의 관계에 있는 민족주의 유파 분류론에 대한 문제점을 검토하는 방식으로 논의를 전개한다.

50) 주 7 참조. 여기에서 민족주의 유파라는 것은 단지 정치적 실천관이나 이념적 성향의 편차를 의미하는 것이 아니라 현실 운동 과정에서 구체적 실체로서 존재한 상위 범주의 민족주의 운동세력 집단을 뜻한다.

있다.[51] 삼분법적 분류 방식은 일제하 민족주의 내부의 다양한 이념적 편차를 보다 구체적으로 개념화하고자 하는 의도를 반영하고 있다는 점에서 민족주의 좌·우파론에 비해 진일보한 분류 방식이지만, 그러나 두 방식이 흔히 혼용되고 있는 데 잘 나타나듯이 그 유파 분류의 주안점이 사실상 부르주아민족주의 좌·우파 구분에 있다는 점에서 본질적으로는 민족주의 좌·우파론과 같은 성격의 민족주의 인식이다.[52]

부르주아민족주의 좌·우파론의 기본 논지는 전술한 바와 같이 일제에 대한 정치적 자세뿐만 아니라 계급적 기반과 이념적 성향 전체를

---

51) 이와 같이 일제하 민족주의의 외연을 확대하여 부르주아민족주의 좌·우파와 '진보적 민족주의'로 분류해 보는 삼분법은 1991년 한국역사연구회 학술대토론회에서 발표된 '식민지시기의 지식인과 민족해방운동론'이라는 공동연구를 통해 그 단초가 마련되었다. 박찬승·이지원·김기승·이애숙 등이 참여한 이 공동연구에서는 당초 삼분법이 아니라 일제하 사회주의 운동세력까지 민족주의로 파악할 수 있다는 입장에서 한국 민족주의를 크게 부르주아민족주의와 '민중적 민족주의'로 구분하고 그 하위 유파로 각기 부르주아민족주의 좌·우파, '진보적 민족주의'와 사회주의를 설정하는 견해를 제시하였다. 그러나 토론 과정에서 사회주의를 민족주의 범주에 편입시킨 데 대해 비판이 집중되었고, 공동연구팀도 이 분류론을 더 이상 제기하지 않았다(이 공동연구의 성과와 토론 요지는 『역사와 현실』 6, 1991에 게재되어 있는 바, 특히 그 분류의 기본 취지와 입론에 대해서는 박찬승, 「총론: 식민지시기의 지성사와 민족해방운동」 참조). 이후 이 공동연구를 주도한 박찬승이 개별적으로 위의 분류 방식을 수정하여 사회주의를 제외한 민족주의 삼분법을 제기하였고(박찬승, 앞의 『한국근대정치사상사연구』, 1992, 서론, 22~26쪽), 이 분류론이 민족주의 좌·우파론과 더불어 혼용되면서 점차 보편화 되기에 이르렀다. 박찬승의 이러한 민족주의 분류 방식은 전술한 바와 같이 물산장려운동에 대한 이분법적 인식에 바탕을 둔 것으로서, 이후 그는 이러한 삼분법에 더욱 천착하여 최근 각 유파의 운동과 사상을 종합적으로 정리한 성과를 제시하였다(박찬승, 앞의 『민족주의의 시대』).

52) 여기에서 삼분법적 민족주의 분류론을 부르주아민족주의 좌·우파론으로 칭하는 것은 이러한 의미에서이며, 이하 검토에서도 민족주의 좌·우파론과 특별히 구분하지 않고 논한다.

관통하는 정합적인 인식 체계 위에서 민족주의 운동세력을 파악하는 데 있다. 곧, 부르주아민족주의 우파는 '민족자본' 상층과 지주층을 계급적 기반으로 하는 가운데 일제에 타협적인 자치운동과 실력양성운동을 주도하고 반공주의 입장과 민족협동전선 결성에 부정적 시각을 견지하며 형식적 부르주아민주주의 논리 아래 대자본가 · 지주 계급이 주체가 되는 자본주의 국가건설을 추구한 유파로서, 동아일보 · 경성방직 그룹, 수양동우회 · 흥사단 그룹, 천도교 신파 그룹, 흥업구락부 · 동우회 등 친이승만 그룹 등을 그 대표적 운동세력으로 설정하고 있다. 그리고 일제에 대해 비타협적인 신간회운동을 주도한 부르주아민족주의 좌파는 '민족자본' 하층과 수공업자 · 소농 등의 소생산자층을 계급적 기반으로 삼고 사회주의운동을 인정하여 민족협동전선을 추구하되 계급독재와 금권정치 모두를 배격하며 중소자본가 · 소부르주아 중심의 자본주의 국가건설을 구상한 유파로서, 그 대표적인 운동세력으로는 안재홍 등 조선일보 계열, 천도교 구파, 임시정부의 김구 · 조소앙 계열 등을 거론하고 있다.[53]

부르주아민족주의 좌 · 우파론의 가장 큰 문제점은 바로 이와 같이 정합성을 추구한 도식적인 민족주의 인식 틀이 실상 그렇게 정합적이지 못하다는 데 있다.[54] 곧, 이 분류론이 예시한 두 유파의 운동세력

---

53) 이상의 요지와 대표적 운동세력 설정에 대해서는 박찬승, 앞의 『민족주의의 시대』, 제2부 제3장 부르주아민족주의 세력의 신국가건설 구상 참조.

54) 부르주아민족주의 좌 · 우파 분류의 타당성에 대해서는 이미 이 분류론이 제기될 당시 고정휴에 의해 일단의 의문이 제기되었고, 이어 한상구에 의해 비판적 검토가 진행된 바 있다(「제3회 학술대토론회 토론요지 : 식민지시기의 지식인과 민족해방운동론」, 『역사와 현실』 6, 1991, 142쪽, 159쪽 ; 고정휴, 「태평양문제연구회 조선지회와 조선사정연구회」, 『역사와 현실』 6, 1991 ; 韓相龜, 「1926~1928년 민족주의 세력의 운동론과 新幹會」, 『韓國史硏究』 86, 1994). 그런데 고정휴와

가운데 정치적 자세, 계급적 기반, 이념적 성향 전체에 걸친 분류 기준을 만족시키는 운동세력은 실제 일부분에 지나지 않는다. 그것은 특히 부르주아민족주의 우파로 분류된 운동세력의 경우 두드러지게 나타나고 있다. 우선 천도교 신파 그룹의 경우 자치운동 노선에 가담한 최린의 행보와 관련하여 전반적으로 타협적인 정치적 입장을 취한 것은 사실이지만, 그러나 조선농민사 운동으로 상징되는 이 그룹의 계급적 기반을 '민족자본' 상층 내지 지주층으로 설정하거나 그 활동과 이념적 성향을 대자본가와 지주계급의 입장을 대변한 것으로 분류할 수는 없을 것이다.[55] 반면 흥업구락부 그룹의 경우에는 무엇보다 회원 가운데 다수가 신간회 결성을 주도하거나 적극 참여한 인사들이라는 점에서 분류 기준과 상치하지만, 이들의 계급적 기반도 일률적으로 '민족자본' 상층이나 지주층으로 단정하기 어려울 뿐 아니라 이념적 성향 역시 중소상공업 진흥은 물론 일부 인사의 경우 지주제 해체까지 주장하는 등, 이 분류론의 기준으로 볼 때 오히려 부르주아민족주의 좌파에 해당되는 요소들이 다수 존재하고 있어 유파 분류의 비정합성이 가장 심하게

한상구의 문제제기는 민족주의 운동세력 내부의 타협성 비타협성의 편차는 우파와 좌파로 구분될 만큼 크지 않았고 많은 경우 이들은 지속적으로 상호 결합하여 활동하였다는 정치적 자세와 활동 실상에 주안점을 둔 것으로, 좌·우파 분류의 계급적 기반과 이념적 성향을 관통하는 그 분류 기준 전체를 문제삼은 것은 아니었다.

55) 新納豊, 「日帝下の自主的協同組合」, 『近代韓國の社會と思想』, 東京: 未來社, 1981 ; 曺圭泰, 「1920年代 天道敎의 文化運動 硏究」, 서강대 박사학위논문, 1998 ; 김도형, 「1920년대 천도교계의 민족운동 연구」, 『역사와 현실』 30, 1999 ; 金容燮, 앞의 『증보판 韓國近現代農業史硏究』, 453~455쪽 ; 鄭用書, 「1930년대 天道敎勢力의 農業問題 認識과 農業改革論」, 『東方學志』 117, 2002 ; 이승렬, 「일제하 천도교 계열의 자본주의 인식의 변화와 인간관」, 『한국민족운동사연구』 46, 2006.

나타나고 있다.[56] 동아일보 그룹과 함께 전형적인 실력양성운동 노선을 취한 수양동우회 · 흥사단 그룹과 관련해서도 안창호 · 조만식과 연계된 평양의 민족주의 운동세력의 경우에는 신간회 평양지회 결성을 주도하였고, 또 이들이 평양 상공업 자본에 계급적 기반을 두고 있는 것은 사실이지만 그 계급적 · 이념적 성향을 일방적으로 '민족자본' 상층을 대변하는 것으로 규정하는 것은 사실과 부합되지 않는다.[57] 말하

---

56) 부르주아민족주의 좌파 인물로 분류된 조선일보 그룹의 안재홍 역시 흥업구락부 회원이지만, 신간회 초대 회장인 이상재를 비롯하여 박동완 · 오화영 · 유억겸 · 이관구 · 이갑성 · 정춘수 등이 흥업구락부 회원으로서 신간회 활동에 적극 참여하였고, 회원 중 언론계 인사의 다수가 조선일보 관계자였다는 사실에서 확인되듯이 흥업구락부는 정치적으로 타협적 경향과 비타협적 경향이 상호 공존하는 그룹이었다(金相泰, 「1920~30년대 同友會 · 興業俱樂部 硏究」, 『韓國史論』 28, 1992 ; 이균영, 앞의 책, 100~101쪽 ; 정병준, 『우남 이승만 연구』, 역사비평사, 2005, 351~363쪽). 또한 회원 가운데 대표적인 자본가인 장두현이 민족경제 자립의 관건으로 소공업 진흥을 강조하였고(장규식, 앞의 책, 313쪽), 이승만의 심복으로서 경성 YMCA의 지도자인 신흥우가 자본주의산업화의 관건으로 지주제 해체를 주장한 바와 같이(장규식, 같은 책, 339~342쪽 ; 김상태, 「일제하 申興雨의 '社會福音主義'와 民族運動論」, 『역사문제연구』 1, 1996), 흥업구락부 그룹의 계급적 입장, 이념적 성향을 '민족자본' 상층이나 지주계급의 이해를 대변했다고 단순화시키는 것은 무리이다. 더욱이 이 분류론이 부르주아민족주의 좌파 입장을 물산장려운동 재건 이후의 운동 주체로 파악한다는 점은 이미 전술한 바와 같지만, 재건 이후 물산장려운동에 적극 참여한 오화영 · 장두현 · 현동완 등이 또한 흥업구락부 회원이라는 점에서 역시 상호 모순되는 사실인식이다. 이러한 흥업구락부 인식은 무엇보다 이승만을 부르주아민족주의 우파 계열로 파악하는 관점의 반영이라 보이는데, 그러나 이승만 역시 이 분류론의 부르주아민족주의 우파 기준과 상치하는 점이 적지 않다고 생각한다.

57) 이균영, 앞의 책, 1993, 306~308쪽 ; 장규식, 위의 책, 2001, 257~297쪽 ; 오미일, 앞의 책, 2002, 305~322쪽. 또한 평양 민족주의 운동세력과 긴밀한 관계에 있는 장로교 농촌부의 농촌운동도 개량적 · 체제내적 경제자립운동의 성격을 벗어나는 것은 아니지만 그것을 지주계급 입장을 대변한 운동으로 규정할 수는

자면 부르주아민족주의 우파로 예시된 운동세력 가운데 그 세 측면의 분류 기준과 전체적으로 부합되는 운동세력은 동아일보 · 경성방직 그룹 정도라고 할 수 있을 것이다.

반면 부르주아민족주의 좌파로 예시된 운동세력의 경우에는 상대적으로 이러한 비정합성이 적다고 할 수 있지만, 이 분류론도 인정하고 있듯이 조선일보 그룹이나 천도교 구파 그룹 역시 당시 운동 현실에서는 일반적으로 소생산자 입장을 대변하는 소작운동보다는 우파로 분류된 운동세력과 함께 생활개신운동 · 물산장려운동 · 협동조합운동 등 체제내적 경제자립운동에 주력하였다는 점에서,[58] 이들 운동세력과의 정치적 · 이념적 계선이 그렇게 분명한 것은 아니다.[59] 또한 해외 임시정부의 김구 · 조소앙 계열의 경우에는 해외 운동세력이라는 점을 감안할 필요가 있으며, 특히 김구 계열은 기본적으로 반공주의 입장을 견지하면서 민족협동전선 노선에 소극적 입장을 취하였다는 것이 사실에 부합할 것이다.

없다(방기중, 「일제하 李勳求의 農業論과 經濟自立思想」, 『역사문제연구』 1, 1996 ; 方基中, 『裵敏洙의 農村運動과 基督敎思想』, 연세대학교출판부, 1999 ; 한규무, 『일제하 한국 기독교 농촌운동』, 한국기독교역사연구소, 1997 ; 장규식, 같은 책, 2001).

58) 박찬승, 앞의 『민족주의의 시대』, 302~305쪽.

59) 예컨대 부르주아민족주의 좌파의 상징적 인물인 조선일보의 안재홍이 지주제 · 소작문제에 대해 상당히 애매한 입장을 취하였다는 것은 이 분류론도 지적하고 있지만(박찬승, 앞의 책, 2007, 304쪽 ; 이지원, 앞의 글, 1991, 29~31쪽), 이러한 농업 · 농민문제 인식은 우파 계통으로 분류된 상기 그룹의 대표적 운동단체인 조선농민사, YMCA, 장로교 농촌부의 농업 · 농민문제 인식에 비해 어느 면에서는 오히려 더 '우파적' 성격을 띠고 있고, 또한 조선일보가 적극 후원한 각종 체제내적 경제자립운동의 핵심 운동 주체가 YMCA였다는 사실 등을 고려할 때 이 분류론이 제시한 부르주아민족주의 좌 · 우파 사이의 계선은 당시 현실과 상당한 차이가 있다.

이와 같이 부르주아민족주의 좌·우파론은 정치적 자세와 계급적·이념적 성향에 있어서 당시 복잡한 상호 착종관계와 다양한 스펙트럼을 형성하고 있었던 민족주의 운동세력, 특히 지식인의 사상 기반과 인식구조에 대한 전체적인 실상 파악이 뒷받침되지 않은 채 일면적인 인적·조직적 관계나 사실을 근거로 이들의 정치적·계급적·이념적 성향 전체를 재단하는 부조적 방식의 민족주의 분류론이다. 말하자면 이 분류론은 1920년대 중후반 민족주의 운동세력의 분화를 상징하는 타협적 자치운동 노선과 비타협적 신간회운동 노선을 자본 규모나 계급 기반의 편차와 결합시켜 계급적·이념적으로도 정합성을 갖는 대립적 유파로 개념화한 일종의 '이념형'적 민족주의 인식 틀의 성격을 띠고 있는 것이다. 이는 곧 이 분류론이 1920년대 민족주의 운동의 동향에서 정합성을 확립한 일제하 민족주의의 '전형'을 구하는 1920년대 중심적인 관점에 입각해 있음을 의미한다. 그리고 민족주의 운동세력의 정치적·계급적·이념적 성향의 정합적 관계를 자본의 성격을 통해 도식화하고자 하는 '민족자본' 논리에 잘 나타나 있듯이, 이 분류론의 기저에는 그 정합성의 확고부동한 표상으로서 좌·우파 분류의 기본 축을 이루는 동아일보(김씨가) 중심적인 운동사 시각과 지식인의 상대적 자율성을 과소평가하고 지식인을 자본의 논리에 충실한 종속적 존재로 간주하는 계급주의적 지식인관이 상호 표리관계를 이루면서 뿌리깊게 자리잡고 있다.[60] 또한 이 분류론이 자본가의 헤게모니 관철의 뉘앙스가

60) 필자는 이 인식 틀이 '이념형'적 성격을 띠게 되는 방법론상의 문제점 가운데 하나는 민족주의 운동세력의 정치적 입장과 이념적 성향을 기본적으로 자본 규모에 기초한 자본의 성격을 통해 표상하고자 하는 '민족자본론'의 관점을 취하고 있는 데 있다고 생각한다('민족자본론'과 관련해서는 梶村秀樹, 「'民族資本'と'隷屬資本' – 植民地體制下の朝鮮ブルジョアジーの政治經濟的性格解明のためのカテゴリーの再檢討」, 『梶村秀樹著作集 第三卷 近代朝鮮社會經濟論』, 東京:

강한 '부르주아민족주의'라는 용어를 이와 전혀 결이 다른 '좌 · 우파' 용어와 결합시켜 유파의 성격을 개념화한 것도 '이념형'적으로 정합성을 추구하는 이러한 시각과 관점을 반영하는 용어법으로, 이는 민족주의 좌 · 우파 용어와 함께 개념적으로도 일제하 민족주의에 대한 계통적 파악에 오히려 장애가 되는 부적절한 용어법이라고 생각한다.[61]

이러한 이분법적 부르주아민족주의 인식 틀의 제약성은 1920년대에 국한된 것이 아니라 1930년대 민족주의 운동과 경제자립론의 추이를 파악하는 데에도 직접적인 영향을 주고 있어 생각보다 심각하다고 할 수 있다. 예컨대 신간회 해체를 전후한 1930년대 초반 민족주의 진영의 동요와 개량화 과정이 급속히 진행되어 민족운동의 전체 동향은 신간회 성립기의 자치운동 노선 대 민족협동전선 노선의 대립구도로부터 민족

明石書店, 1993 참조). 식민지 이식자본주의 경제체제의 모순구조와 관련하여 특히 민족주의 진영의 운동과 사상을 파악하는 데 자본 구성의 민족적 · 계급적 편차와 조선인 자본의 성격이 지니는 정치적 · 운동사적 함의가 극히 중요한 의미를 지닌다는 것은 충분히 공감하지만, 그것을 도식화된 이론적 틀 속에서 기계적으로 파악하는 것은 자본의 본질적 성격과 자본주의 시장논리를 민족성 문제로 환치할 위험성이 많고 또한 개별 자본가의 입장을 사상할 위험성이 다분하다. 이러한 의미에서 본 연구에서는 '민족자본' 개념을 사용하지 않고 일괄해서 '조선인 자본'으로 통일한다.

61) 이 용어법 문제는 물론 민족주의 좌 · 우파 용어로부터 연원한 것이지만, 부르주아민족주의가 부르주아 속성이 강한 민족주의 운동세력을 '진보적 민족주의'와 구분하여 민족주의 내부 편차를 보다 구체화하기 위해 사용된 용어라는 점에서 부르주아민족주의 좌 · 우파의 경우 이러한 개념적 부적절성이 더욱 부각되고 있다. 주지하듯이 민족주의 유파를 좌 · 우파로 구분하면서 이 용어를 사용하게 된 배경의 일단에는 안재홍 자신이 신간회운동 노선을 자치운동 노선과 구별하여 '민족좌익전선'으로 칭한 것(이지원, 앞의 글, 1991, 43~56쪽)과 밀접한 연관이 있는데, 역사적 인물의 주관적 입장을 담은 자료적 용어를 개념적 용어로 일반화시켜 사용하는 것은 적절한 방법이 아니다.

주의 진영의 개량적 · 합법적 노선 대 사회주의 진영의 혁명적 · 비합법적 노선의 대립구도로 재편되고 양 진영 간의 정치적 · 사상적 대립이 심화되었다는 것은 현재 일반화된 통설이지만, 이러한 민족주의 진영의 개량화 동향을 당연히 정해진 코스로 파악하거나 과도하게 부각시켜 1930년대 민족주의의 역사상을 일방적인 타협과 종속의 틀 속에서 쉽게 처리하는 경향이 그것이다.[62] 또한 1930년대 전반 민족주의 경제자립론의 추이와 관련해서도 당시 조선인 자본가와 그 '이데올로그'들이 일제와 조선총독부가 추진한 만주개발정책 · 조선공업화정책에 의한 경기특수, 특히 만주경기에 적극 추수함으로써 '자립적 근대화전략'은 급격히 지지기반을 잃고 '종속적 근대화전략'만이 맹렬히 대두하여 만주사변 이후 민족주의 진영의 자립적 경제발전 전략의 존립 근거는 사라지고 남은 길은 오로지 '일본화전략' 뿐이었다는 견해 역시 이분법적 인식틀과 결부된 '민족주의 개량화론'의 전형적인 한 예이다.[63]

이 시기 민족주의 진영이 기본적으로 개량화의 길을 걸은 것은 필자 역시 여전히 동의하고 있는 사실이다. 그러나 다양한 경과 과정을 거치면서 진행된 이 추이를 지나치게 부조화 · 단순화시켜 파악할 경우 무엇보다 1930년대 개량화 과정 이면에 민족주의 지식인들의 지적 · 사상

62) 이는 1980 · 90년대 이분법적 민족주의 인식의 확대와 사회주의운동사 연구 성과의 축적 과정에서 보편화된 1930년대 민족해방운동사 인식의 일반적 경향이다(한국역사연구회, 『한국역사입문 ③』, 풀빛, 1996, 445~450쪽). 말하자면 1920년대 민족주의를 일제하 민족주의의 '전형'으로 파악하는 이분법적 인식에 영향을 받는 가운데, 당시 사회주의 운동가 · 지식인들이 신간회 해소를 주장하면서 집중 거론했던 '민족주의 개량화론'을 같은 시각과 관점에서 재생산한 측면이 많다는 의미이다. 필자 또한 과거 이러한 입장에서 이 시기의 운동과 사상 동향을 파악하였다(방기중, 『한국근현대사상사연구』, 역사비평사, 1992, 92~96쪽).

63) 池秀傑, 앞의 「1930년대 前半期 부르주아 民族主義者의 '民族經濟建設戰略'」.

적 심화 과정이 병행되고 있다는 점[64]을 포착하기 어렵게 된다. 그리고 개량화 동향과 관련해서도 민족주의 진영이 어떠한 계기와 논리를 통해서, 어떠한 사상적 혼돈과 경과를 통해 체제에 편입되는가 하는 그 과정에 대한 생생한 추적이 어렵게 되고, 특히 지식인을 대상으로 한 민족주의 사상의 변용 실상과 내면을 풍부하게 드러내는 데 장애가 된다. 또한 이 시기 물산장려운동에 참여하면서 상공업 진흥을 도모한 조선인 자본가의 종속화 과정과 일부 지식인의 체제협조적 경제자립론이 점증한 것도 사실이지만, 그 동인을 만주경기에 추수한 자본가의 이윤추구에서 찾고 그것을 바로 자립적 경제자립론의 해체로 간주하는 것은 총독부 농공병진정책의 기구적 특질을 포착하지 못한 현상적 분석이자 당시 다양하게 전개된 민족주의 경제자립운동의 주체와 논리를 자본가와 이를 대변한 특정 세력의 입장으로 환치시키는 부조적 인식방식이다.[65] 따라서 이러한 관점에서는 물산장려운동을 포함한 여러 계통의 민족주의 경제자립운동이 체제에 편입되어 가는 다양한 양상과 경로를 시야에 넣지 못하게 되고, 1930년대 전반 민족경제자립론이 일거에 해체된 채 조선공업화정책·만주개발이익에 추수한 낙관적인 종속화론만이 남은 것처럼 사실과 다르게 과장하는 가운데 민족주의 경제사상을 극히 왜소하게 인식하게 되는 것이다.[66]

64) 이러한 지적·사상적 심화 과정은 민족주의 지식인만이 아니라 사회주의 지식인에 이르는 전반적인 양상이다. 곧, 1930년대 전반기는 한국 근대 지성사·사상사의 한 획기를 이루는 시기로서, 이에 대해서는 방기중, 앞의『한국근현대사상사연구』, 112~115쪽 참조.

65) 곧, 이 인식의 기저에는 상기한 바와 같이 민족주의 경제자립운동의 동향을 동아일보 김씨가를 중심으로 파악하는 시각과 지식인을 자본의 논리에 충실한 '이데올로그' 정도로 간주하는 계급주의적 지식인관이 전형적으로 투영되고 있다.

66) 당시 민족주의 지식인 가운데 다수의 경제전문가들은 이 견해의 주장과 달리

요컨대 일제하 민족주의 운동세력 · 지식인의 정치적 · 이념적 편차를 계통적으로 파악하고 그것을 범주화해 보고자 하는 작업은 일제하 운동사 · 사상사 인식은 물론 해방 후 국가건설의 운동과 사상을 그 연속선상에서 인식하는 데 극히 중요한 과제이다. 그러나 현재의 연구 성과에 근거할 때 정치적 자세, 계급적 기반, 이념적 성향 전체를 관통하는 정합적인 민족주의 유파 구분을 상정한 부르주아민족주의 좌 · 우파론은 당시 현실과 부합하지 않는 인식 틀로서, 오히려 '이념형'적으로 추론된 도식과 관련하여 다양한 스펙트럼을 갖는 민족주의의 실상 파악을 제약하는 장애 요인이 되고 있다. 따라서 현 단계의 연구 수준과도 관련하여 일제하 민족주의 인식의 지평을 확대하기 위해서는 방법론상으로 이러한 정합적 유파 분류의 부담으로부터 벗어나 무엇보다 일제하 개별 민족주의 그룹이나 지식인의 식민지 현실인식과 민족경제 자립의 논리, 그 내면의 사상적 · 학문적 인식 기반과 단계적 심화 · 변용 과정을 그 자체로서 분석하고 종합하는 작업이 중요할 것이다. 그리고 그것이 해방 후 신국가 건설의 정치활동 · 사상전개와 어떠한 역사적 연속관계에 있는가를 확인하는 가운데 민족주의에 대한 계통적 파악과 범주화를 모색하는 것이 보다 효율적인 방법이라고 생각한다.[67)]

조선공업화정책이나 만주특수와 관련된 조선인 경제 · 조선인공업의 전망을 그렇게 낙관적으로 인식하지 않았으며, 실제 이 견해가 만주경기에 추수한 현실적 '夢想'의 사례로 거론한 지식인의 경제론도 사실 그 논지의 결론은 대개 비관적 전망으로 마무리되고 있다(제3장 참조). 이러한 민족주의 경제자립론의 추이와 관련해서는 중일전쟁기인 1930년대 후반 황민화정책과 내선일체의 사상통제가 본격화된 시기까지도 일부 민족주의 경제전문가들의 경우 총독부 농공병진정책에 대해 비판적 입장을 취하며 조선인 본위의 경제정책을 요구하고 있었다는 점을 염두에 둘 필요가 있다(방기중, 앞의 「조선 지식인의 경제통제론과 '신체제' 인식」).

67) 필자는 현 단계 연구 수준을 감안할 때 정합성을 갖는 민족주의 유파 설정 자체가 아직은 성급한 시도라고 생각한다. 따라서 현 단계에서 일제하 민족주의 운

물산장려운동과 그 운동 주체의 민족경제자립론 역시 이러한 작업에 중요한 연구사적 의미를 지니는 인식 대상 가운데 하나인 것이다.

4. 나머지 말 – 본서의 구성과 관련하여

이상에서 물산장려운동과 민족주의 경제자립론의 사상상을 재조명하고자 하는 본 연구의 문제의식과 관련된 기존 이분법적 인식의 방법론적 한계와 재인식의 방향을 정리해 보았다. 전술한 바와 같이 이분법적 인식 틀은 물산장려운동과 일제하 민족주의 연구의 질적 수준을 새로운 차원으로 끌어 올린 개척적인 연구사적 의의를 지니고 있다. 더욱이 본 연구가 여전히 많은 부분에서 이 인식 틀의 성과에 의존하고 있다는 사실에 잘 나타나듯이 이러한 비판적 검토에 의해 그 성과와 의의가 폄하되는 것도 결코 아니다. 문제의 요점은 1920년대 중심의 운동사 시각과 부조적 인식 방식에 입각하여 1920년대 민족주의에서 일제하 민족주의의 '전형'을 찾는 그 인식 틀의 방법론적 제약성에 있는 것으로, 본 연구는 그것을 1930년대까지 시야를 확장한 사상사 관점에서 해결해 보고자 하는 것이다.

물론, 이상의 비판적 검토에서 제기한 여러 문제와 재인식의 과제들이 본 연구를 통해서 모두 해결될 수 있는 성질의 것은 아니며, 또한

동세력이나 지식인 내부의 편차를 구분하는 데 있어서는 다소 편의적이지만 포괄적 의미의 범주 설정이 좋다고 생각한다. 예컨대 계급적·이념적 성향을 중심으로 민족주의를 크게 '보수적 민족주의'·'중도적 민족주의'·'진보적 민족주의' 등 세 계통으로 구분하고, 그 내부에서 각기 정치적 자세나 사상적·학문적 기반을 감안한 다양한 세부 분류나 보편적 사상 조류 개념을 사용하는 것도 그 하나의 방법이 될 것이다.

본 연구 주제의 성격상 그것은 가능한 일도 아니다. 물산장려운동은 민족주의 경제자립운동·경제자립론의 한 전형을 보여주고 있지만, 물산장려운동을 통해 민족주의 경제사상의 전체 추이와 성격을 설명하는 것은 불가능하다. 이미 지적했듯이 물산장려운동은 일제하 다양하게 전개된 민족주의 경제자립운동의 하나에 불과하며, 그 운동 주체의 경제자립론 역시 당시 경제자립의 주안점과 실천 논리를 달리하는 여러 계통의 민족주의 경제자립론 가운데 하나이다. 물산장려운동의 주체 가운데에는 여타 경제자립운동에도 깊이 간여하는 경우가 많았고, 또한 지식인의 경우 물산장려운동에 국한되지 않고 일반적 차원에서 자신의 경제자립론을 피력하는 경우가 적지 않았지만, 그것이 물산장려운동의 부문운동적 성격과 경제자립론의 특수성을 해소시키는 것은 아니다. 따라서 일제하 민족주의 경제사상의 전모를 계통적으로 파악하기 위해서는 물산장려운동의 경제자립론을 포함한 민족주의 경제자립론 전체 추이에 대한 별도의 종합적 정리가 필요하다. 이러한 제약성을 염두에 두면서 이하 본 연구의 구성을 간략히 소개하는 것으로 서장을 마무리하고자 한다.

일제하 민족주의 경제사상을 해명하고자 하는 연구 목표와 관련하여 본 연구는 기본적으로 물산장려운동의 운동 주체, 곧 조선물산장려회 주도층의 활동과 사상에 분석의 주안점을 두고 있다.[68] 1923년 1월 경

68) 조선물산장려회의 회원은 크게 운동 주도층인 이사진과 일반회원(통상회원)으로 구분되는데, 여기에서는 주로 이사진에 초점을 맞추되 일반회원은 특별히 물산장려운동에 적극적인 참여와 역할을 하는 경우 주도층으로 간주하여 검토 대상에 포함시켰다. 창립 이래 일반회원 동향에 대해서는 부록 자료를 참조하기 바란다. 이와 함께 본고에서는 조선물산장려회 조직 가운데 주 분석대상을 경성의 중앙 본부와 경성지회에 한정하고자 하며, 또한 조선물산장려회와 별개의 조직체로서 독자적인 물산장려운동을 전개한 평양물산장려회에 대해서도 전술

성에 본부를 두고 창립된 조선물산장려회는 1937년 2월 해체될 때까지 장기간 조직을 유지하며 물산장려운동을 전개하였다. 그런데 조선물산장려회의 조직 변화와 주도층의 동향, 그리고 조직 활동 및 운동 논리의 추이를 고려하여 이 운동 과정을 더 세분하면 크게 네 단계로 구분해 볼 수 있다. 첫 단계는 1923~1924년에 걸친 '발흥초기'로서, 물산장려운동이 '문화운동' 노선의 주요한 실천 방안으로 고창되면서 전국적 반향을 불러일으키다 급속히 쇠퇴한 단계이다. 둘째 단계는 1925~1928년에 걸친 운동 '재건기'로서, 새로운 핵심 주도층의 등장과 함께 민족협동전선운동을 매개로 조직 기반을 재건하며 물산장려운동을 민족주의 진영의 독자적인 한 부문운동으로 정립하는 데 주력한 단계이다. 셋째 단계는 1929~1932년에 걸친 운동 '부흥기'로서, 대공황기 경제적 모순의 심화를 배경으로 주도층과 조직 기반이 크게 확대되는 가운데 명실공히 민족주의 부문운동으로서의 위상을 확립하며 물산장려운동의 진면목을 왕성하게 체현한 단계이다. 마지막 넷째 단계는 1933~1937년에 걸친 운동 '쇠퇴기'로서, 핵심 주도층 내부의 갈등과 宇垣一成 총독의 농공병진정책 추진 등 여러 계기에 의해 경과적으로 조직 기반의 분해와 해체, 운동 논리의 동요와 변용 과정이 진행되고 결국 총독부 지배체제와 정책 논리에 최종 편입되는 단계이다.

전체적으로 볼 때 이러한 단계적 변화 속에서도 조선물산장려회 창립 취지에서 표방된 물산장려운동의 기조는 시종 견지되었지만, 시기에 따른 운동 주도층의 변화나 정치경제적 정세 변동 등과 관련하여 물산장려운동의 위상과 성격에 일정한 변화가 있었고, 이와 함께 운동의 실천적 주안점이나 경제자립의 논리에도 일정한 변화와 변용 과정이 존재

한 바와 같이 최근 일련의 연구 성과가 있는 만큼 여기에서는 별도의 분석을 생략하고 필요한 경우에 한하여 언급하는 데 그친다.

하였다. 따라서 본 연구에서는 이러한 단계적 추이를 분석의 기본 축으로 삼되, 그것을 크게 발흥초기와 재건기를 중심으로 한 1920년대와 부흥기와 쇠퇴기를 중심으로 한 1930년대 두 시기로 구분하여 물산장려운동의 주체와 사상을 정리하고자 한다. 끝으로 본 연구는 기본적으로 필자가 이미 발표한 두 편의 구고인 「1920·30年代 朝鮮物産獎勵會 研究 – 再建過程과 主導層 分析을 중심으로」와 「1930년대 物産獎勵運動과 民族·資本主義 經濟思想」에 토대를 두고 그것을 본 연구의 문제의식과 분석 목표에 맞추어 재구성한 것임을 밝혀둔다. 기본 논지에는 큰 차이가 없지만 구고를 작성할 당시에는 미처 확인하지 못했던 사실이나 논지 구성과 해석상에 미진했던 부분에 대해서는 차제에 수정·보완을 가하였다. 따라서 본 연구에서 필자가 새로 정리한 부분은 발흥 초기의 물산장려운동에 관해서인데, 이 단계의 운동에 대해서는 전술한 바와 같이 이미 방대한 연구 성과가 축적되어 있는 만큼 새로운 실증적 작업보다는 본 연구의 관점에서 기존의 성과를 재검토하는 방식을 취하였다. 특히 발흥 초기의 운동 주체와 운동 논리의 성격 인식에 대해서는 기존 성과와 생각을 달리하는 점이 적지 않기 때문에 본 연구에서는 주로 이 부분에 초점을 맞추어 논의를 전개한 점에 양해를 구한다.

(출전: 미발표 원고)

1920 · 30년대 朝鮮物産獎勵會 연구

— 재건과정과 주도층 분석을 중심으로 —

1. 서언

일제하 한국 자본주의 경제사상의 전개과정과 그 논리를 구명하는 작업은 한국근현대사상사 인식에 극히 중요한 연구과제이다. 이는 19세기 이래 전개된 한국근대 개혁사상의 전통과 자본주의발전사의 지적 기반을 계통적으로 이해하고, 일제하 사회주의사상과 더불어 지식인의 의식세계를 지배한 민족주의사상의 이념적 내면을 밝히는 기초 작업이기 때문이다. 또한 해방 후 국가건설운동사와 남북분단 과정에 대한 체제적 인식도 일제하 자본주의 경제사상의 실체를 풍부히 이해할 때에만 가능할 것이다. 최근 이 방면의 연구가 활성화되고 있는 것은 이러한 의미에서 중요한 연구사적 의의를 갖는다.[1)]

1) 일제하 자본축적 과정에서 나타나는 지주 · 자본가의 사상이나 그 계급적 입장을 대변한 민족개량주의의 경제사상을 검토한 金容燮, 「古阜 金氏家의 地主經營과 資本轉換」, 『韓國近現代農業史硏究』, 一潮閣, 1992 ; Carter J. Eckert, *Offspring of Empire : The Kochang Kims and the Colonial Orgins of Korean Capitalism 1876~1945*(Seattle and London: University of Washington Press, 1991) ; 서중석, 「한말 · 일제침략하의 자본주의근대화론의 성격」, 『한국근현대의 민족문제 연구』, 지식산업사, 1989 ; 박찬승, 『한국근대정치사상사연구』, 역사비평사, 1992 ; 池秀

본 연구는 이러한 의도에서 1920~30년대 민족 · 자본주의 계열의 대표적 경제운동의 하나인 물산장려운동의 경제사상을 해명하기 위한 작업으로서, 그 운동 주체였던 조선물산장려회를 검토한 것이다. 물산장려운동에 대해서는 3 · 1 운동 직후 민족주의 진영의 동향과 사상적 변화상을 살필 수 있는 요긴한 재료라는 점에서 그간 적지 않은 연구 성과가 있었다. 최근까지 이 주제는 크게 세 계통의 시각에서 정리되었다. 하나는 물산장려운동을 일제의 경제침략에 대응한 경제적 항일운동, 민족기업설립운동으로 적극 평가하여 민족운동의 본류에 위치시킨 오래된 시각이다.[2) 다른 하나는 이 운동을 지주 · 자본가의 자본축적운동이나 민족개량주의자들의 자본주의근대화운동으로 파악하고 그 운동에 내재한 타협성 · 개량성을 중시한 성과이다.[3) 마지막 하나는 둘째

傑, 「1930年代 前半期 부르주아 民族主義者의 '民族經濟建設戰略'」 『國史館論叢』 51, 국사편찬위원회, 1994 등과 농업문제를 중심으로 민족 · 자본주의 계열의 경제사상을 정리한 金容燮, 「日帝强占期의 農業問題와 그 打開方案」, 위의 책, 1992 등이 그러한 성과들이며, 조선물산장려회의 경제사상에 관한 연구성과는 후술하는 바와 같다.

2) 趙芝薰, 「韓國民族運動史」, 『韓國文化史大系 1』, 高麗大 民族文化硏究所, 1964 ; 趙容萬, 「日帝下의 우리 新文化運動」, 『日帝下의 文化運動史』, 高麗大 亞細亞文化硏究所, 1969 ; 金泳鎬, 「3 · 1運動에 나타난 經濟的 民族主義」, 『3 · 1運動 50周年紀念論集』, 동아일보사, 1969 ; 趙璣濬, 「제12장 民族企業과 物産奬勵運動」, 『全訂版 韓國資本主義成立史論』, 大旺社, 1977. 이 견해에 대한 비판적 정리는 尹海東, 주 4의 논문 참조.

3) 金容燮, 주 1의 첫째 논문 ; 서중석, 주 1의 논문 ; M. 로빈슨 지음, 김민환 옮김, 「제3장 한계안에서 : 점진적 민족운동」, 『일제하 문화적 민족주의』, 나남, 1990 ; 강영심, 「1920년대 物産奬勵運動의 전개와 성격」, 『國史館論叢』 47, 1993 ; 오미일, 「1910~20년대 평양지역 민족운동과 조선인 자본가층」, 『역사비평』 1995년 봄호. 이 가운데 물산장려운동을 "점진적인 문화적 민족주의운동"으로 정의한 로빈슨은 이 운동의 주창자들이 먼 장래의 獨立을 위해 文化的 自主性을 추구하였다는 점에서, 그리고 강영심은 "民族經濟의 自立을 목표한 운동"으로서 어느 정도

견해에 바탕을 두면서도 물산장려운동 내부에 민족자본 상층을 대변한 민족주의 우파의 물산장려론 — 자본계급육성론, 생산증식론, 대공업진흥론 — 과 민족자본 하층, 소상품생산자층을 대변한 민족주의 좌파의 물산장려론 — 민족경제건설론, 토산장려론, 소공업진흥론 — 등 입장을 달리하는 두 계통의 운동론이 있음을 중시하고 그 두 계열이 민족주의 진영의 동향과 어떻게 연관되어 있는가를 추적한 성과이다.[4)]

이상의 여러 연구성과에 의해 초기 물산장려운동과 물산장려회의 실체는 대개 정리된 셈으로, 본 연구 역시 이들 성과를 바탕으로 하고 있다. 그러나 이상의 연구는 모두 1920년대 초의 창립기 물산장려회와 물산장려운동을 대상으로 한 한정된 분석이라는 점에서 물산장려운동 전체상을 파악하기에는 여러 미진한 점을 과제로 남기고 있다. 주지하듯이 물산장려운동은 1922~23년 전국적 반향을 불러일으키며 발흥하였으나 일 년도 못되어 침체에 빠지고 말았다. 그러나 물산장려운동이 이로써 끝난 것은 아니었다. 물산장려회는 1920년대 후반 조직을 재정비하고 1937년 2월에 해산할 때까지 지속해서 운동을 전개

효과를 거두었고 특히 자발적으로 전개된 지방 차원의 물산장려운동의 전개에 주목한 점에서, 각기 물산장려운동의 한계를 명백히 하면서도 민족운동으로서의 일정한 의의를 인정하고 있다.

4) 박찬승, 앞의 책, 1992, 제3장 3절, 261~289쪽 ; 尹海東, 「日帝下 物産奬勵運動의 背景과 그 理念」, 『韓國史論』 27, 서울대 국사학과, 1992. 이들 연구는 그 계급적 속성상 일제와 타협적 입장을 취할 수밖에 없는 전자 계열이 초창기 물산장려운동을 주도하였으나 운동이 침체하면서 전자는 이탈되고 반제적 비타협적 입장을 취하는 후자 계열이 물산장려회를 이끌게 되었으며, 그 연장에서 민족협동전선인 조선민흥회, 신간회를 탄생시키는 데 중요한 일익을 담당하였다고 지적하고 있다. 이러한 논지 위에서 민족주의 좌파 입장인 安在鴻의 정치경제사상을 검토한 이지원, 「일제하 안재홍의 현실인식과 민족해방운동론」, 『역사와 현실』 6, 1991 역시 이 범주에 넣을 수 있다.

하였다. 오히려 물산장려운동은 대공황기에 활기를 띠어 이때에는 선전계몽운동에 그친 초기 양상과 달리 구체적인 물산장려 방안이 실천되었고, 물산장려론자들이 추구하는 경제자립 논리와 사상적 특질도 보다 분명해지고 있었다.[5] 따라서 물산장려운동의 성격과 그 경제사상의 전모를 이해하기 위해서는 1930년대까지 검토를 확대하지 않으면 안 된다.

본 연구의 분석 목표는 기왕의 성과가 남겨놓은 이러한 과제를 검토함으로써 일제하 자본주의 경제사상의 실체 해명에 일조하는 데 있다. 다만, 1920년대 중반 이후의 물산장려회 조직과 활동에 대한 실증적 분석이 전혀 이루어져 있지 않는 만큼 물산장려론자들의 민족경제자립론, 물산장려운동의 경제사상에 대한 분석은 별고로 할애하였다. 이에 본고에서는 물산장려운동이 침체한 이후 1930년대에 이르기까지 물산장려회의 조직 재건과정, 대공황기 주도층 구성과 사업활동, 조직 해체과정 등을 정리함으로써 물산장려회의 조직적 실체를 해명하는 데 주안점을 두었다.[6]

---

5) 일제하 민족주의 경제운동단체 가운데 이와 같이 하나의 일관된 운동 목표 하에 장기간 활동한 경우는 농촌운동에 주력한 朝鮮農民社, YMCA 등의 종교조직을 제외하면 물산장려회가 거의 유일한 예였다. 이러한 점에서 1930년대에 이르는 물산장려회의 활동과 그들의 '민족경제자립론'의 추이는 일제하 민족・자본주의 경제사상의 특질과 그 변용 과정을 통시적으로 파악할 수 있는 좋은 소재가 된다.

6) 본고에서는 중복을 피하여 창립기 물산장려회와 물산장려운동에 대한 검토는 생략하였다. 이에 대해서는 전술한 선학들의 연구를 참고하기 바란다. 또한 물산장려회 참여층은 크게 이사진과 회원으로 구분해 볼 수 있는데, 본고에서는 분석대상을 주도층인 이사진에 한정하였다.

2. 1920년대 조선물산장려회의 재건과정

1) 재건 그룹의 형성과 朝鮮民興會

3·1 운동 직후 자작자급과 조선물산 장려로 조선민족의 경제적 자립을 이루자는 민족주의자들의 산업진흥운동, 경제적 실력양성운동의 제창은 1923년 1월 25일 창립된 조선물산장려회 운동으로 구체화되었다. 조선인 공장기업, 가내공업 등은 제1차 세계대전 이후의 공황과 불경기, 일본인 기업 위주의 총독부 산업정책 등 여러 요인에 의해 심각한 위기를 맞이하였고, 정치적·사상적으로도 3·1 운동의 좌절과 함께 사회개조론과 개량적 실력양성주의가 확산되었다.[7] 이러한 시대적 배경 하에 제기되었기 때문에 물산장려운동은 민족주의적 성향을 가진 각 방면의 사회인사, 언론, 상공인 뿐만 아니라 재력 있는 일부 친일인사까지 포함하는 여러 계층으로부터 적극적인 지원을 받았고, 일반 소비자나 지방 유지들로부터도 광범한 지지를 받았다.[8]

그러나 물산장려운동은 1923년 여름 이후 열기가 식기 시작하였고, 운동 주체인 물산장려회의 활동도 원활하게 전개되지 못하였다.[9] 「朝鮮物産奬勵會憲則」(제4조)에 명시된 바와 같이 물산장려운동의 가장

7) 尹海東, 앞의 글, 1992, 284~297쪽 ; 박찬승, 앞의 책, 1992, 제3장.

8) 1924년까지 물산장려회 회원은 3천여 명에 이르렀다고 하는데(一記者, 「朝鮮物産奬勵會의 第一 寂寞하든 그때」, 『朝鮮物産奬勵會報』 1-2, 1930.2, 73~74쪽), 기관지 『産業界』 1~5(1923.12~1924.9) 각 권 말미에 회원 일부가 소개되어 있다. 물산장려회를 후원한 대표적인 친일인사로는 물산장려회 회관을 빌려주고 동정금(700원)을 희사한 閔泳徽, 『産業界』 간행을 위한 동정금 1,200원을 기부한 尹悳榮, 물산장려회 창립에 깊이 관여한 兪星濬 등을 들 수 있다.

9) 이 상황에 대해서는 물산장려회 이사 李鍾麟이 솔직하게 묘사하고 있다. 李鍾麟, 「本會의 第二回 總會를 經過하고서」, 『産業界』 4, 1924.7, 2~6쪽.

긴요하고도 실제적인 사업 목표는 생산증식과 소비공급에 필요한 기관 설치였다. 그러나 당시 물산장려회를 주도한 인사들이 심혈을 기울여 준비한 소비공급기관, 곧 '朝鮮物產京城消費組合設立案'은 계획에 그치고 말았다.[10] 다만, 1923년 12월부터 기관지 『產業界』를 발간하여 조선물산 애용장려와 소비조합 건설의 선전운동 기반을 마련한 것이 이 시기 물산장려회의 가장 가시적인 성과였다. 이러한 분위기 속에 1924년 4월 30일 개최된 제2회 정기총회를 분기로 물산장려회는 완전 침체에 빠졌다. 최고 운영기구로서 실무와 재정을 책임진 이사회[11]는 휴무상태였고,[12] 물산장려회는 극도의 재정난 속에 사무실 임대료도 마련하지 못해 이곳저곳 전전하는 그야말로 적수공권의 처지로 전락하였다.[13]

물산장려회가 조직 재건을 모색하기 시작한 것은 1925년으로서, 그 산파는 1924년 말부터 물산장려회 임원으로 참여한 明濟世였다.[14] 침

---

10) 소비조합안 마련에 힘쓴 이는 薛泰熙, 李順鐸, 羅景錫, 金喆壽 등이며, 그 강령, 정관 등은 『產業界』 1, 1923.12, 62~65쪽 참조.

11) 물산장려회는 매년 대의원(회원 30명 당 대의원 1명) 회합인 정기총회(대회)에서 이사장과 일정 수의 이사를 선출하여 최고운영기구인 이사회를 구성하고 이사회 산하에 선전부, 조사부, 경리부 등 세 부서를 두어 운영하였으며, 이사회에서는 각 부서 책임자인 상무이사(이 가운데 한 사람은 전임상무이사)를 선출하여 상무이사회에 회무를 위임하였다. 따라서 이사장과 상무이사로 구성되는 상무이사회가 곧 물산장려회의 핵심 간부진이라 할 수 있다.

12) 明濟世는 제2회 총회 이후 제3회 총회가 열리기까지 1년 반 동안 단 두 차례의 형식적인 이사회가 열렸을 뿐, 이사들의 회관 출입이 거의 끊긴 상태였다고 술회하였다. 一記者, 「本會 沿革 其二를 記錄하고서」, 『朝鮮物產獎勵會報』 1-2, 1930.2, 71쪽.

13) 당시 이러한 정황에 대해서는 명제세가 생생히 전하고 있다. 一記者, 「朝鮮物產獎勵會의 第一 寂寞하든 그때」, 『朝鮮物產獎勵會報』 1-2, 1930.2.

14) 上海 臨政과 天津에서 민족운동을 전개하였던 명제세가 물산장려회 간부로 참

체기에 유일하게 물산장려회 사무실을 지킨 그는, 1925년 7월 8일 물산장려회의 지도적 인물이었던 薛泰熙[15]와 조직 재건 문제를 논의하여 물산장려회 재건에 동정하는 회원으로 유지회를 조직하기로 결정하고, 물산장려회 이사장 兪星濬을 필두로 삼천 회원을 일일이 호별 방문하여 지원을 요청하였다.[16] 1925년 9월 30일까지 120명의 유지회원이 모집되자 10월 3일 부흥총회(제3회 정기총회)가 개최되었고, 새로운 이사진이 구성되었다.[17]

〈표 1〉과 〈표 2〉는 각각 1923~1925년의 이사진 구성과 1925년도 이사진의 간략한 약력을 정리한 것인데, 1925년도를 분기로 물산장려회 주도층이 크게 바뀌었다는 것을 쉽게 확인할 수 있다. 초기에 회를 이끈 다수의 명망가가 부흥총회를 전후하여 이사진에서 물러났으며,[18] 대신 명제세를 비롯하여 金鍾協, 鮮于全, 蘇哲洙, 安奭, 金匡濬 등 새로운 인물들이 상무이사에 선임되어 간부진을 구성하였다.[19] 일반이사

여한 것은 물산장려회가 완전히 침체된 1924년 말부터였다(一記者, 위의 글, 1930.2, 74쪽). 물산장려회 이사 가운데 다른 직업 없이 오로지 물산장려회 활동에 전념한 거의 유일한 인물이다.

15) 薛泰熙(1875~1940, 號 ; 梧村, 筆名 ; 反求室主人, 反求子, 是人)에 대해서는 尹海東, 앞의 글, 315쪽, 주 97 참조.

16) 維持會 조직 시말에 대한 상세한 사정은 一記者, 앞의 글, 1930.2, 75~78쪽 참조.

17) 총회에 이어 10월 6일 열린 이사회에서 兪星濬이 이사장으로 유임되고, 상무이사 6명이 선출되었다. 「本會沿革 其三」, 『朝鮮物産奬勵會報』 1-3, 1930.3, 43쪽.

18) 부흥총회를 전후하여 사실상 물산장려회와 조직 관계를 정리한 주요 이사는 金喆壽, 羅景錫, 李順鐸, 白寬洙, 高龍煥, 朴東完, 李灌鎔, 鄭魯湜, 金潤秀 등이었다.

19) 金鍾協은 출판업에 종사한 사업가로서 이후 명제세와 더불어 물산장려회의 핵심간부로 활동하였고, 경성방직·동아일보 설립에 참여한 바 있는 鮮于全은 농업문제에 해박한 자본주의 경제학자였으며, 安奭은 평안남도 道參事로서 평양의 비밀결사 共成團 단장을 지내다 일제에 검거된 경력이 있는 민족주의자였다. 金匡濬, 蘇哲洙의 경력은 확인하지 못하였다.

역시 전체의 60%가 새로운 인물로 교체되었다. 상무이사를 포함한 이들 신임 이사들은 대개 교육, 언론, 출판, 기술(철공 · 전기) 등 전문직종에 종사하는 인물들이었다.

〈표 1〉 1923~1925년도 조선물산장려회 이사진 구성

직책＼연도	1923(1.20) (창립총회)	1923(4.30) (제1회 총회)	1924(4.30) (제2회 총회)	1925(10.3) (제3회 총회)
이사장	兪星濬	兪星濬	兪星濬	兪星濬
상무이사	金喆壽 羅景錫 林敬鎬	金喆壽 李鍾麟 薛泰熙 玄僖運 李東植	金喆壽 沈相玟 李鍾麟	金匡濬* 鮮于全 金鍾協* 蘇哲洙* 明濟世* 安 爽*
이 사	高龍煥 吳玄洲 金德昌 李甲成 金東爀 李得年 金潤秀 李順鐸 朴東完 李時琓 朴鵬緖 李鍾麟 白寬洙 鄭魯湜 薛泰熙 韓仁鳳	高龍煥 吳尙俊 高裕相 李甲成 金德昌 李得年 金秉濬 李順鐸 金潤秀 李時琓 羅景錫 李璜珪 朴東完 林敬鎬 朴鵬緖 張斗鉉 白寬洙 鄭魯湜 宋鍾愚 朱 翼 辛泰嶽 崔元淳 沈宜成 韓仁鳳	姜 禹 安在鴻 姜仁澤 柳光烈 高龍煥 李甲成 金秉濬 李灌鎔 金炳僖(사) 李大偉 金季洙 李順鐸 金潤秀 李 仁 金泔炳 李載甲 羅景錫(사) 南廷圭(보) 閔丙玉(사) 白寬洙(보) 鮮于全 李鳳洙(보) 宋鍾愚 辛泰嶽	高遠重* 安在鴻 高裕相 李正旭* 金泔炳 李 仁 金俊培* 李鍾麟 金泰和* 趙東植* 朴天秉* 崔元淳 徐佑忠* 韓基岳* 薛泰熙 韓雲敎* 宋鍾愚 玄僖運*

자료: 『朝鮮物産奬勵會報』 1-10, 1930.10, 65~71쪽.
비고: (사)는 사임, (보)는 보궐, 1925년도 *는 신임 이사.

〈표 2〉 1925년도 조선물산장려회 이사진 약력

직 책	성 명	이사경력	약 력
이사장	兪星濬		1860~1934(서울). 兪吉濬의 實弟. 慶應義塾 졸. 한말관리. 明治法律學校 졸. 기독교인. 흥업구락부 회원. 도지사(1926~34). 조선물산장려회 이사장(23~26)

직 책	성 명	이사경력	약 력
상무이사	金匡濬	**25**	미상
	金鍾協	**25,26,27** **28,29**,30 32,**33,34**	상공인(출판업). 조선민흥회 참여. 발명학회 참여
	明濟世	**25,26,27** **28**,29,**30** **31,32,33** 34	1885~?(영변). 한말 블라디보스톡 외국인학교 졸. 만주, 시베리아를 중심으로 민족운동 투신. 上海 臨政 참여. 1919년 4월 天津不變團 조직. 1920년대 초 귀국. 조선민흥회 결성 주도. 신간회 발기인
	鮮于全	24,**25,31** **32**,33	早稻田大 정경학부 졸. 경성방직 · 동아일보 설립 참여. 연전 · 보전 강사. 조선경제회 · 조선사정조사연구회 회원
	蘇哲洙	**25,26**	미상(동아일보?)
	安 奭	**25**	도참사. 평양의 비밀결사 共成團 단장(1920)
이 사	高裕相	23,25	상공인. 회동서관 경영주. 출판 및 서적 · 학용품 판매
	金泔炳	24,25	조선경제회 · 조선민우회 회원
	金泰和	25	공업기술자. 조선철공소 경영주
	朴天秉	25,**28,29** **32**,33,34	1896생(개성). 공업기술자. 上海 대한민국청년단 참여. 서울철공사 경영주
	徐佑忠	25	상공인(인쇄업)
	薛泰熙	**23**,25	1875~1940(단천). 한말 군수. 계몽운동(대한자강회, 서북학회). 조선경제회 이사. 조선민우회 회원. 1920년대 후반 농업(철원)
	宋鍾愚	23,24,25	동아일보
	安在鴻	24,25,28 29,31	1891~1965(평택). 早稻田大 정경학부 졸. 기독교인. 상해 同濟社 참여. 조선일보 주필, 사장. 조선사정조사연구회 · 신간회 참여. 흥업구락부 회원
	李 仁	24,25,30 31,32,**34**	1896~1979(대구). 지주. 明治大 법학부 졸. 변호사(22). 조선물산장려회 회장(33). 과학지식보급회 부회장(34)
	李鍾麟	**23,24**,25 28,29	1883~1950(서산). 한말 계몽운동. 천도교 입교(12). 개벽사 참여. 신간회 경성지회장. 硯農社 조직. 조선물산장려회 이사장(29~32,36). 천도교 敎領(40)
	趙東植	25,32,33 **34**	1887~1969. 지주, 교육가. 同德義塾 설립(09). 同德女學校 교장
	崔元淳	23,25	1896~1934(전남). 동아일보 정치부장. 조선사정조사연구회 · 연정회 · 신간회 참여

직 책	성 명	이사경력	약 력
이 사	韓基岳	25,32	1898~1941(원주). 보전 법과 졸. 上海 臨政 참여. 동아 · 시대 · 조선일보(21~32). 청년연합회 · 노동공제회주도. 중앙고보 교사
	韓雲敎	25	1889생(동래). 東京高工 졸. 三菱電氣 기사. 東亞電氣工業所長
	玄僖運	23,**25**,**26**	영화전문인?

비고: 이사 경력 중 굵은체는 상무이사 역임년도.
이사 중 高遠重(25), 金俊培(25), 李正旭(25) 등은 미상.

그러나 이러한 노력에도 불구하고 물산장려회의 활동은 여전히 부진하였다. 연사를 구하지 못해 선전강연회가 무기연기되고 정례적인 이사회 유지에 급급할 만큼 실무력은 극도로 취약하였다.[20] 말하자면 물산장려회는 일부 이사들만의 조직에 불과하였다. 이러한 실정은 1926년 5월 10일 개최된 제4회 정기총회에서 이사진을 구성하지 못한 채 명제세(경리부), 김종협(조사부), 소철수(선전부), 玄僖運(영화선전부) 등 4명의 상무이사만을 선임한 데에 잘 나타나고 있다.[21]

이러한 난관을 타개하기 위해 간부진은 제4회 총회 직후부터 새로운 활동 방향을 모색하였다. 그것은 물산장려회를 사회운동단체로 전환함으로써 물산장려운동을 강화한다는 것이었다. 곧, 조선민흥회 결성 작업이었다.[22] 명제세의 다음 언급과 같이 물산장려회 간부들은 회의 운영을 중지한 채 조선민흥회 준비에 진력하였다.

20) 「本會沿革 其三」, 『朝鮮物産奬勵會報』 1-3, 1930.3, 44~46쪽.

21) 「本會의 沿革」, 『朝鮮物産奬勵會報』 1-10, 1930.10, 72쪽. 부흥총회 때 이사로 참여한 玄僖運의 경력은 잘 알 수 없으나 映畵 계통에 종사하는 인물로 추정된다.

22) 이하 조선민흥회 성립 과정과 신간회로의 통합 과정에 대해서는 이균영, 『신간회연구』, 역사비평사, 1993, 86~94쪽에 자세하기 때문에, 여기에서는 물산장려회의 재건과정과 관련된 정도에서 언급해 둔다.

丙寅年 五月十日 第四 定期總會를 經過한 후로부터 朝鮮物産奬勵運動을 좀더 힘잇게 하기 爲하야 幹部 一同은 會員 중 十數 同志와 屢次 協議한 結果 京鄕을 통하여 各方面 有志人士를 網羅하여 지금 新幹會의 형님인 朝鮮民興會를 誕生식히난데 産婆役을 하노라고 眼鼻莫開하여서 本會 事業은 臨時 中止狀態에 잇엇던 것이다. 同 五月 十六일부터 公式 非公式 會合이 十數에 達하야 同 七月 八日에 朝鮮天地에 雲霧를 헤티고 朝鮮民興會發起準備會가 正式으로 堂堂하게 나왓다.[23)]

그리하여 1926년 7월 8일 조선민흥회발기준비회가 개최되었고, 명제세·金正琪·權泰錫 등이 발기인 심사위원으로 선임되어 29명의 조선민흥회발기인총회(1926년 10월 30일) 준비위원과 9명의 상무위원을 선출하였다.[24)]

조선민흥회는 신간회 창립에 앞서 서울청년회(前進會) 계열의 사회주의자와 물산장려회 및 종교계의 일부 민족주의자가 결합하여 조직한 제한된 의미의 민족협동전선단체였다. 이 단체의 출현은 1920년대 중엽 국외의 민족유일당 건설 움직임, 코민테른의 식민지 혁명노선의 발전, 국내의 자치운동론 대두 등과 관련하여 민족협동전선을 민족운동의 새로운 돌파구로 파악하기 시작한 조선운동계·사상계의 일반적 추세를 반영하였다.[25)] 서울청년회는 물산장려회 출범기에 물산장려운동

---

23) 「日誌抄錄」, 『朝鮮物産奬勵會報』 1-10, 1930.10, 109쪽.

24) 『東亞日報』 1926년 10월 11일자 ; 『東亞日報』 1926년 11월 3일자. 그 명단은 다음과 같다(고딕체는 물산장려회 현·전이사). 준비위원: 姜鶴東, 權泰錫, 金東轍, 金商圭, 金演重, 金正琪, **金鍾協**, 金駿漢, 明容駿, 明以恒, **明濟世**, 裵憲, 徐世忠, 宋乃浩, 申鉉翼, **沈相玟**, 魚允姬, 吳華英, 柳靑, 李敬鎬, 李秉旭, 李昌煥, 張仁煥, 鄭舜永, 鄭春洙, 趙喆鎬, **朱翼**, 崔耐吳美, 崔益煥. 상무위원: 權泰錫, 金東轍, 金正琪, **明濟世**, 徐世忠, 宋乃浩, 申鉉翼, 柳靑, 崔益煥

25) 水野直樹, 「新幹會運動에 관한 약간의 問題」, 『新幹會硏究』, 동녘, 1983 ; 윤경

을 자본계급육성운동, 소부르주아운동이라 하여 가장 신랄하게 비판한 단체였지만, 위와 같은 운동 추세 속에서 1925년 전후하여 민족협동전선의 필요성을 인정하였고,[26] 이미 이해 4월경부터 물산장려회 등 일부 민족주의 계열과 접촉을 시도하였다.[27] 또한 이 과정에서 서울청년회는 사무실 유지 문제로 극심한 고통을 겪던 물산장려회에 도움을 주어 양 단체가 사무실을 같이 쓰는 특수한 인연을 맺게 되었다.[28] 이를 계기로 유지회를 조직하고 부흥총회를 개최할 여유를 가질 수 있었던 물산장려회는 독자적인 조직 재건이 여의치 않자 서울청년회가 주도하는 민족협동전선 방식으로 재건의 방향을 전환한 것으로 보인다. "朝鮮民族의 共同利益"을 위한다는 조선민흥회 취지나 "朝鮮民族의 當面利益"을 위한 정책 수립 및 실천을 주장한 강령 등[29]은 물산장려회가

호, 「일제하 국내 공산주의자들의 민족문제 인식과 민족협동전선론」, 연세대 석사논문, 1987 ; 이균영, 앞의 책, 1993, 제1장 ; 방기중, 『한국근현대사상사연구』, 역사비평사, 1992, 70~82쪽.

26) 이균영, 위와 같음 ; 李達鎬, 「1920年代 '서울派' 社會主義運動의 組織活動과 路線」, 한양대 석사논문, 1990.

27) 주 28 참조.

28) 명제세는 당시의 사정을 다음과 같이 전하고 있다. "到處에 傷心만 한 나는 長嘆一聲에 말업시 會館으로 돌아와서 눈물을 뿌리고 안젓섯다. 때맛츰 서울靑年會幹部 某某氏가 회관에 무슨 議論이 있어서 왓다가 나의 눈물흔적을 보고 그 緣由를 뭇는다. 내가 다른 일 갓흐면 決코 말티 아니하엿겟디만은 혹 말하여서 有益될가 하야 事情 裏面을 말하엿다. 이 말을 묵묵히 듯던 그들은 무엇보다도 나 個人을 同情하야 자기네 會館(서울靑年會)을 이곳으로 移轉하야 당분간 共同 使用하면서 서서히 對策을 講究함이 엇더하냐 뭇기에 나는 첫말에 고맙다고 致賀하고 會館 共同 使用을 承諾하엿다. 그 條件으로서는 서울靑年會에서 十圓을 부담하고 奬勵會에서는 七圓을 부담하기로 約束하고 當日로 斷行하였다. 이로부터 會館問題는 半이나 安心하게 되엇다". 一記者, 앞의 「朝鮮物産奬勵會의 第一 寂寞하든 그때」, 75쪽.

29) 『東亞日報』 1926년 7월 10일자 ; 京畿道警察部, 『治安狀況』, 朴慶植 編, 『朝鮮

주장하는 조선인 본위의 산업진흥 · 경제자립론과 궤를 같이하는 것이었다. 그리고 이 과정에서 물산장려회의 입장을 주도하고 대변한 것은 명제세, 김종협 등 신임 간부진이었다.[30)]

그러나 이러한 모색은 순탄하게 진행되지 않았다. 우선 조선민흥회 결성 작업이 진행되는 와중에서 물산장려회 이사장 유성준과 상무이사 소철수가 사임하는 등 간부진의 진통이 있었다.[31)] 그러나 더 큰 진통은 조선민흥회발기대회를 앞두고 신간회 결성 문제가 표면화되면서 나타났다. 조선민흥회는 민족협동전선을 표방하였지만 실상 그 참여 세력은 사회주의, 민족주의 양 진영의 일부에 국한되었다. 이러한 가운데 조선공산당(제3차 당)을 이끄는 사회주의자들은 조선민흥회에 참여하지 않은 민족주의자들까지 포함하는 명실상부한 민족협동전선 결성을

問題資料叢書』 6, 1982, 94쪽.

30) 주 24를 보면, 조선민흥회발기준비위원으로 선출된 現理事는 明濟世 · 金鍾協, 前理事는 沈相玟(24년) · 朱翼(23년)이었다. 김천 출신의 기독교운동가 沈相玟은 1923년 革靑團 발기에 참여하였으며, 普天敎 소속의 朱翼은 3 · 1 운동, 상해 임정에 참여한 바 있다. 발기위원 가운데 물산장려회 관련자로 알려진 金正琪, 吳華英, 明容駿 등은 1928~29년에 이사진에 참여하기 때문에 조선민흥회 준비 당시에는 물산장려회를 대표하는 인물들은 아니었고, 오히려 종교계를 대변하였다고 볼 수 있다. 특히 吳華英, 鄭春洙를 중심으로 하는 감리교 계통의 기독교 진영이 조선민흥회 결성에서 물산장려회와 더불어 민족주의를 대표하는 세력이었다고 생각한다. 한편, 명제세와 함께 維持會, 復興總會를 이끌었던 薛泰熙는 조선민흥회 추진 단계부터 일선에서 물러났으며, 이후에도 조직운영에는 관여하지 않고 주로 선전활동에 주력하였다.

31) 兪星濬의 경우 표면적인 사임 이유는 1926년 충청도 도지사 부임이지만 친일파인 그의 입장에서 이러한 물산장려회의 움직임에 부담을 느꼈을 것으로 보며, 蘇哲洙의 경우는 이미 1925년부터 회의 활동방향을 둘러싸고 의견 차이를 보이고 있었던 것으로 파악된다. 「本會 沿革 其三」, 『朝鮮物産奬勵會報』 1-3, 1930.3, 42쪽.

추진하였다.[32] 또한, 다수 민족주의자들 역시 조선민흥회에 참여하지 않고 별도로 신간회 결성을 준비하였다. 특히, 이들 가운데 주요 역할을 한 인물들이 또한 물산장려회 관계 인사들이었다.[33]

조선민흥회 결성을 주도한 물산장려회 간부들은 1927년 1월 19일 신간회가 정식 발기되자 이를 일종의 분파활동으로 간주하였다.[34] 그러나 양 단체의 합동 문제로 갈등이 심화되자, "各 社會團體代表와 個人 志士"가 모두 "朝鮮運動을 위하야 誰是誰非를 勿論하고 新幹會와 合同"할 것을 요구하였고, 신간회 발기인사들도 여러 차례 조선민흥회를 방문하여 합동을 교섭하였다.[35] 조선민흥회는 2월 11일 발기대회에서 신간회와의 무조건 합동을 결정하였고, 이에 따라 조선민흥회 주도 인사들은 신간회에 참여하였다.

그러나 이러한 합동 과정은 다른 한편으로는 물산장려회 재건을 촉진하는 계기가 되었다. 즉, 조선민흥회 측의 물산장려회 간부들은 신간회 참여를 결정하는 동시에 이와 별도로 물산장려회를 재건한다는 방침을 세우고, 1927년 2월 15일 임시총회를 개최하였다.[36] 이 총회에서

32) 이균영, 앞의 책, 1993, 91~93쪽 참조.

33) 예컨대 현 이사인 安在鴻, 李鍾麟, 韓基岳 등과 초창기 물산장려회를 주도한 白寬洙, 朴東完, 李灌鎔, 李順鐸, 崔元淳 등이 그들이다.

34) 다음과 같은 명제세의 회고가 그 정서를 반영하고 있다. "警察當局의 集會不許可로 不得已하야 創立總會는 無期로 延期하고 其 翌日부터 創立準備委員을 增選하야 會員 勸入에 活動을 開始한 바 十一月 十二日 翌年 一月까지에 多數한 會員을 募集하야스며 朝鮮天地에 朝鮮民興會의 潛在勢力은 宏壯하엿섯다. 此時에 이 運動을 分裂하야 自派의 무엇을 滿足케 하랴는 一部人士가 同 一月末에 新幹會를 發起하였다". 「日誌抄錄」, 『朝鮮物産奬勵會報』 1-10, 1930.10, 110쪽.

35) 위와 같음.

36) 위의 글, 110~111쪽. 이 결정이 신간회에 대한 불편한 심기를 반영하는지 아니면 신간회와 같은 정치적 운동조직으로는 물산장려운동을 수행하기 어렵다는

간부진은 한말 일제하 도지사를 지낸 李圭完[37]을 공석 중인 제2대 이사장에 추대하였으며, 상무이사에 명제세(경리부), 김종협(조사부), 玄一運(= 현희운, 영화선전부) 외에 서울고무공사 전무 白泓均(선전부)을 영입하여 실무력을 보강하고 조직 재건을 도모하였다.[38]

2) 조직 기반의 확대와 물산장려사업

(1) 조직재건과 주도층의 확대

물산장려회가 재건의 기틀을 마련한 것은 1927년에서 1929년 전반에 이르는 시기였다. 1927년 4월 27일에 제5회 정기총회를 개최하여 임시총회의 결정 사항을 추인받은 간부진은 무엇보다도 이사진을 강화

판단을 뜻하는지 잘 알 수 없다. 그러나 명제세가 1931년 2월, 신간회 해소 여부에 대한 질문에 "新幹會의 解消運動을 肯定합니다. 理由는 … 朝鮮民族을 위하야 어면 活動이 잇서야 그 使命을 다함이어늘 … 自派의 勢力을 부식함에만 沒頭하야 醜態를 演出하며 …"라 답하고, 신간회 지도부의 이러한 "醜態"와 "派爭"은 "新幹会를 발기하야 朝鮮民興運動을 攪亂하랴고 한" 이후 계속된 것이라고 강조한 사실(「朝鮮運動은 協同乎 對立乎」, 『三千里』 1931.2, 17~18쪽)로 미루어 보아, 신간회 지도부(특히 민족주의 계열의 인사)에 대한 이들의 반감은 상당하였던 것으로 생각한다.

37) 全州 李氏 가문인 李圭完은 朴泳孝 문하를 출입하고 일본 육군학교를 졸업한 후 갑신정변에 참여한 개화파의 일원이었다. 1908년 강원도 관찰사에 부임한 이래 1924년까지 강원도 · 함경도 도장관 · 도지사를 지냈고, 이후 청량리와 춘천을 근거로 농장 개간과 경영에 전념한 인물이었다. 批判出版社 編, 『李圭完翁百年史』, 批判出版社 出版局, 1958.

38) 「本會의 沿革」, 『朝鮮物産獎勵會報』 1-10, 1930.10, 72쪽. 청년기업가 白泓均은 養正高普를 졸업하고 京城高工 재학 중 漢城銀行에 취직하였고, 1924년 서울고무工社를 창립하여 운영하다 같은 해 이를 주식회사로 변경하고 전무로 취임하였다. 明濟世, 金鍾協 등과 더불어 핵심 간부로서, 물산장려회가 해체될 때까지 물산장려운동에 전념한 인물이다.

하는 작업에 전력을 기울였다.[39] 특히 이와 관련해서는 그간 사회적 지명도나 선전 능력을 지닌 초창기 주도 인사들이 다수 조직을 떠났기 때문에 여러 측면이 감안되지 않을 수 없었다. 우선 물산장려운동의 당위성과 방안을 효과적으로 선전할 수 있는 능력 있는 사회운동가나 지식층의 확보가 필요하였다. 또한, 재정문제를 해결하고 물산장려사업을 구체화하기 위해서는 상공인·기술자층의 참여가 요구되었고, 물산장려운동을 후원할 수 있는 영향력을 지닌 각계각층의 사회유지를 동원하지 않으면 안 되었다.

이러한 작업은 크게 두 단계를 통해 추진되었다. 첫 단계는 이론진을 보강하는 작업으로서, 이는 1924년 폐간된 기관지(『産業界』) 복간사업과 관련하여 추진되었다. 정기총회 직후 간부진은 기관지 발간기관인 自活社를 설립하고 저명한 민족주의 문필가인 文一平과 北風會에 참여한 바 있는 경제평론가 鄭秀日 및 金鼎洙 등을 편집 및 실무진으로 영입하였으며,[40] 1927년 7월부터 월간지 『自活』을 간행하였다.[41] 그리고 8월에는 문일평 등 세 사람을 선전부 상무이사에 선임함으로써 간부진을 보강하였다.[42] 곧, 전기 물산장려회 재건은 상무이사인 자활사

---

39) 1927년 총회에서도 전년도와 마찬가지로 이사진을 구성하지 못하였다.

40) 自活社 운영진은 사장 李圭完, 주필 文一平, 편집부장 鄭秀日, 서무부장 겸 발행인 明濟世, 경리부장 金鍾協, 지방부장 白泓均, 외무원 金鼎洙 등이었다. 「本會沿革 其五를 記錄하고서」, 『朝鮮物産奬勵會報』 1-5, 1930.5, 41쪽 ; 『朝鮮日報』 1927년 8월 17일자.

41) 타블로이드판 형식의 『自活』은 계몽 소식지로서, 보통 한 번에 만 부 내지 만 이천 부를 간행하여 무료로 배포하였다. 이러한 형식의 기관지 발간은 『産業界』 시기부터 薛泰熙가 주장한 것으로(「本會沿革 其三」, 『朝鮮物産奬勵會報』 1-3, 1930.3, 42쪽), 자작자급정신을 더욱 강조하는 뜻이 담겨 있다. 이러한 의미에서 명제세는 설태희를 "自活을 창조한 아바지"로 표현하였다. 「本會沿革 其五를 記錄하고서」, 『朝鮮物産奬勵會報』 1-5, 1930.5, 41쪽.

운영진을 중심으로 추진되었는데, 그들의 경력을 간략히 정리하면 〈표 3〉과 같다. 이사장 이규완은 초대 이사장 유성준과 같이 친일인사였던 반면, 상무이사진은 대개 민족운동, 사회운동에 참여한 경험을 가진 반일적 성향이 강한 민족주의자들이었다.

기관지 복간사업에 이은 본격적인 조직 재건은 1928년 4월 30일 열린 제6회 정기총회를 통해서 이루어졌다. 이 총회에서 물산장려회는 감리교 목사로서 명제세 등과 함께 조선민흥회 결성을 주도한 바 있고 신간회 간부로 활동하고 있었던 오화영[43]을 3대 이사장으로 선출함으로써 그간 친일인사를 조직 대표로 내세웠던 관행을 벗어났다. 또한, 부흥총회 이후 이사로 참여한 서울철공사 경영주 朴天秉과 신간회 간부이자 기독교 운동가인 李東旭을 상무이사진에 영입함으로써 재건 주도 그룹을 보강하였다.[44]

---

42) 「本會의 沿革 其五」, 『朝鮮物産奬勵會報』 1-5, 1930.5, 42쪽.

43) 吳華英은 황해도 平山 출신(1879)으로, 한학을 수학한 후 1896년 동학에 입도하여 활동하다 만주에 망명하였고, 이후 기독교에 입문하여 1909년부터 남감리회 소속으로 전도생활을 하다 1914년 목사가 되었다. 3·1 운동 당시 33인의 일인이었으며, 물산장려회 이사장 취임 당시 수표교교회 목사로서 YMCA와 신간회 간부로 활동하였다.

44) 朴天秉은 開城 출신(1896)의 자수성가한 鐵工技師로, 극빈한 가정에서 태어나 어려서 상점 사환으로 지내다 중국 上海로 건너가 철공 기술을 배우고 중국 興發行鐵廠, 日英合辦紡織會社 鐵工場에 근무하였고, 귀국하여 서울철공사를 설립하였다. 李東旭은 1928년 감리교 協成神學校를 졸업하고 1929년 목사 안수를 받았다. 신간회에 참여하는 한편 1931년 남북감리회 합동 때부터 감리교회의 중진으로 활동하였고, 일제 말기 기독교 친일화에 앞장섰다. 한편, 물산장려회 간부진 가운데 玄一運은 1928년부터 이름이 나타나지 않는다.

〈표 3〉 1927년도 조선물산장려회 상무이사

직 책	성 명	이사경력	약 력
이사장	李圭完		1862~1946(廣州). 東京戶山陸軍學校 졸. 한말 관찰사. 도지사(1910~24). 농장 개간 경영(청량리, 춘천)
상무이사	金鍾協	**25**,**26**,**27** **28**,**29**,30 32,**33**,**34**	상공인(출판업). 조선민흥회 참여. 발명학회 참여
	明濟世	**25**,**26**,**27** **28**,29,**30** **31**,**32**,**33** **34**	1885~?(영변). 한말 블라디보스톡 외국인학교 졸. 만주, 시베리아를 중심으로 민족운동 투신. 上海 臨政 참여. 1919년 4월 天津不變團 조직. 1920년대 초 귀국. 조선민흥회 결성 주도. 신간회 발기인
	白泓均	**27**,**28**,**29** **30**,**31**,**32** **33**,**34**	1900생(진남포). 상공인(고무신제조). 京城高工 수학. 학생운동(養明會). 한성은행. 서울고무工社 창립(24), 전무취체역
	玄一運	23,**25**,**26**	(= 玄僖運). 영화전문인?
	金鼎洙	**27**,**28**,29	自活社 外務員
	文一平	**27**,**28**	1888~1936(의주). 明治學院·早稻田大 졸. 중국에서 민족운동. 중동학교 등 근무. 중외일보·조선일보 근무. 신간회 참여
	鄭秀日	**27**,**28**,**32**	경제평론가. 北風會 주도의 경성청년회 창립 참여(24). 신간회 참여

자료: 『朝鮮物産奬勵會報』 1-5, 1930.5, 40~42쪽.
비고: 이사 경력 중 굵은체는 상무이사 역임년도.

총회에서는 또한 "각계 인사를 망라하여 본운동을 적극적으로 한다"는 방침 아래 각 방면의 저명인사들을 영입하여 35명의 이사진을 구성하였다(〈표 4〉).[45] 지식층 사회 유지들로서는 부흥총회 당시 이사였던 安在鴻, 李鍾麟, 沈相玟 외에 종교·사회운동계의 明容駿·兪珏卿·韓龍雲·宋鎭禹·許憲, 교육계의 金美理士·朴勝彬·白基萬·崔奎東·崔斗善 등 잘 알려진 민족주의 인사들과 물산장려회 지방지회(후술) 대

45) 「本會의 沿革 其六」, 『朝鮮物産奬勵會報』 1-6, 1930.6, 34쪽.

표들을 이사로 선임하였으며, 경제계에서는 경성 상공업계의 중진인 朴承稷 · 劉銓 · 李圭元 · 張斗鉉 등과 개성의 黃仲顯을 영입하여 상공인층의 참여를 도모하였다(후술).

〈표 4〉 1928년도 조선물산장려회 이사진(제6회 총회, 1928.4.30)

직 책	성 명	이사경력	약 력
이사장	吳華英		1879~1959(평산). 감리교 목사. 3 · 1 운동시 33인. YMCA 종교부장. 조선민흥회 · 신간회 참여. 흥업구락부. 물산장려회 고문
상무이사	金鼎洙	**27**,**28**,29	自活社 外務員
	金鍾協	**25**,**26**,**27** **28**,**29**,30 32,**33**,**34**	상공인(출판업). 조선민흥회 참여. 발명학회 참여
	明濟世	**25**,**26**,**27** **28**,29,**30** **31**,**32**,**33** 34	1885~?(영변). 한말 블라디보스톡 외국인학교 졸. 만주 시베리아를 중심으로 민족운동 투신. 上海 臨政 참여. 1919년 4월 天津不變團 조직. 1920년대 초 귀국. 조선민흥회 결성 주도. 신간회 발기인
	文一平	**27**,**28**	1888~1936(의주). 明治學院 · 早稻田大 졸. 중국에서 민족운동. 중동학교 등 근무. 중외일보 · 조선일보 근무. 신간회 참여
	朴天秉	25,**28**,**29** **32**,33,34	1896생(개성). 공업기술자. 上海 대한민국청년단 참여. 서울철공사 경영주
	白泓均	**27**,**28**,**29** **30**,**31**,**32** **33**,**34**	1900생(진남포). 상공인(고무신제조). 京城高工 수학. 학생운동(養明會). 한성은행. 서울고무工社 창립(24), 전무취체역
	李東旭	**28**,29,30 31,32,33 34	1897~1948. 감리교 목사. YMCA 간부. 신간회 참여. 조선기독교연합회(38), 혁신교단(43) 참여
	李東燦	**28**	미상
	鄭秀日	**27**,**28**,**32**	경제평론가. 북풍회 주도의 경성청년회 창립 참여(24). 신간회 참여

직 책	성 명	이사경력	약 력
이사	高德煥	28	조선사회단체중앙협의회 창립 참여(26~27)
	金美理士	28	교육가. 근화여학교. 근우회 참여
	明濟英	28,29	조선물산장려회 영변지회 이사
	朴勝彬	28	1880~1943(철원). 中央大 졸. 변호사. 보전 교장. 조선어연구. 신생활사, 연정회, 조선변호사협회 참여
	朴承稷	28,32	1864~1950(廣州). 상공인(布木商). 共益社 사장. 기린맥주, 조선직물주식회사 주주. 중앙번영회 이사장. 경성상공협회 이사장
	朴鍾殷	28,29,30	영흥 출신. 소비조합운동가. 평양 청년당 참여
	白基萬	28	교육가. 조선통신중학관 관장. 『新知識』 발행인
	宋鎭禹	28	1890~1945(담양). 明治大 法科 졸. 동아일보 사장
	沈相玟	**24**,28,29 30,31,32 33,34	1900생(김천). 기독교인. 慶應義塾 졸. 革靑團 참여. 조선민흥회 · 신간회 참여
이사	安在鴻	24,25,28 29,31	1891~1965(평택). 早稻田大 정경학부 졸. 기독교인. 상해 同濟社 참여. 조선일보 주필, 사장. 조선사정조사연구회 · 신간회 참여. 흥업구락부 회원
	劉 銓	28	지주, 상공인. 京都帝大 졸. 朝鮮製絲, 朝鮮絹織 전무
	兪珏卿	28	1892~1966(서울). 교육가. 兪星濬의 女. YWCA 창설. 신간회, 근우회 참여
	李圭元	28	1890생. 상공인. 大陸고무工業株式會社 전무취체역
	李鍾麟	**23**,**24**,25 28,29	1883~1950(서산). 한말 관리, 계몽운동. 천도교 입교(12). 개벽사 참여. 신간회 경성지회장. 硯農社 조직. 조선물산장려회 이사장(29~32,36). 천도교 敎領(40)
	張東燮	28,29,30	신간회 안주지회 참여
	張斗鉉	23,28	1874~1938(서울). 상공인. 기독교인. 한말 관리. 天一銀行 설립. 興一社 창립. 서울고무工社 이사. 흥업구락부 회원. 조선물산장려회 경성지회 이사장(28~31)
	崔奎東	28,32,33	1881~1950(성주). 교육가. 중동학교 교장
	崔斗善	28	교육가. 중앙고보 교장
	韓龍雲	28	1879생(홍성). 승려. 3 · 1 운동시 33인. 신간회 참여
	韓平洙	28,29,30	조선물산장려회 통천지회 이사
	許 憲	28	1885~1951(명천). 보전 법과 졸. 明治大 법학부 졸. 변호사. 한말 계몽운동. 동아일보 참여. 조선인변호사회, 신간회 참여

직 책	성 명	이사경력	약 력
(보궐)	黃仲顯 明容駿	28,29,34 28	상공인. 개성 고려청년회 참여(20~26). 松高實業場 상무. 송도식산주식회사 사장 천도교인. 대한청년단연합회 · 조선민흥회 · 신간회 참여
(미상)	金心畝(28), 明海一(28)		

자료: 『朝鮮物産奬勵會報』 1-6, 1930.6, 34~35쪽.
비고: 이사 경력 중 굵은체는 상무이사 역임년도.

이사진 강화와 함께 간부진이 주력한 사업은 조직기반의 확대였다. 이는 크게 두 방향에서 추진되었다. 하나는, 회원을 확충하여 재원을 확보하고, 지방지회를 조직하여 대중적 기반을 강화하는 동시에 경성 중심의 지역적 한계를 벗어나고자 하였다. 물산장려운동 초기의 열기와 관련하여 기존 가입 회원은 수천 명에 이르렀지만 전술한 유지회 구성 전후의 사정에서 확인되듯이 이들은 극히 일부를 제외하고 명부상의 회원에 불과하였다. 또한, 물산장려운동 초창기에 지방에서는 물산장려회 · 토산장려회 · 자작회 · 소비조합 등 각종 단체들이 자발적으로 조직되어 경성, 평양의 운동에 호응하였으나, 당시 물산장려회는 이를 조직화할 수 있는 적극적인 운동방침을 세우지 못했고 그럴만한 여력도 없었다.[46] 이러한 경험과 관련하여 간부진은 우선 재정문제를 해결하기 위한 한 방편으로 憲則과 細則을 개정하여 일반 통상회원 외에 특별회원제를 신설함으로써 사회 유지의 안정된 후원을 도모하였다.[47]

46) 강영심, 앞의 글, 1993. 1924년 이종린이 1923년의 운동을 조직적 · 실제적 운동이 아닌 "氣分的 運動"에 불과하였다고 자성한 바와 같이, 이 점은 그들 자신도 인식하고 있었다(李鍾麟, 「本會의 第二回 總會를 經過하고서」, 『産業界』 1-4, 1924.7, 5쪽.

47) 특별회원은 연회비 5원 이상을 납입하거나 일시불일 경우 종신회비 30원을 완납하는 회원이었으며, 통상회원은 연회비 3원을 납입하는 회원이었다. 「朝鮮物

나아가 지회 조직[48]에 주력하여, 1927년 9월 永邊을 필두로 安州, 咸興, 通川, 京城, 金泉 등 모두 6곳에 지회를 조직하고 500여 명의 회원을 획득하였다.[49]

다른 하나는 실제적인 물산장려사업을 추진하기 위한 전제로서 상공인층과 기술자집단과의 연계를 강화하는 것이었다. 이식자본주의체제가 확립된 식민지 경제구조하에서 물산장려운동이 의도하는 조선인 본위의 산업진흥운동이 나름대로 설득력과 실천성을 갖기 위해서는 외래자본·상품과 경쟁할 수 있는 조선인 산업의 생산력 증대가 요구되었다. 따라서 상공인층과 기술자집단이 물산장려운동의 한 주체가 되지 않으면 운동은 지식층의 관념적 선전운동에 그칠 수밖에 없었다. 초기 물산장려운동이 급속히 쇠퇴한 원인의 하나도, 그 주창자들 스스로 "일부 지식계급의 이상운동" 또는 "식자층 인사들의 관념운동"이었다고 인정한 바와 같이,[50] 상공인이나 기술자들의 조직적 참여가 이루어지지 않은 점과 밀접한 관련이 있었다.[51]

產奬勵會細則」, 『朝鮮物產奬勵會報』 1-2, 1930.1, 57쪽.

48) 지회는 회원 30명 이상의 규모에 한하여 설치하였다(「朝鮮物產奬勵會細則」, 위와 같음).

49) 「本會沿革 其五를 記錄하고서」, 『朝鮮物產奬勵會報』 1-5, 1930.5, 42쪽 ; 『朝鮮日報』 1927년 9월 22일자 ; 『朝鮮日報』 1928년 1월 18일자 ; 『東亞日報』 1928년 4월 25일자. 영변은 명제세의 연고지였고, 김천은 沈相玫의 연고지였다. 지회 설치에 이르지 못했지만 인천, 개성에서도 회원이 다수 가입하였다고 한다.

50) 「物產奬勵의 新形勢」, 『朝鮮日報』 1926년 8월 31일자 사설 ; 安在鴻, 「物產奬勵運動의 一進展」, 『奬產』 2-2, 1931.2, 3쪽.

51) 물론 초기 물산장려운동에서도 몇몇 자본가의 적극적인 지원과 상공인들의 호응이 있었지만, 그것이 물산장려회를 중심으로 조직화된 것은 아니었다. 오히려 대다수 조선인 상공인은 일시 고조된 물산애용 여론을 이용한 가격 인상 등 중간이득을 얻는 데 더 관심이 많아 물산장려운동이 자본계급·중산계급을 위한 운동이라는 사회주의자들의 비판에 설득력을 주었을 뿐이다. 李星泰, 「中產階級의

상공인층과의 연계 강화는 특히 경성 상공업자의 참여를 위한 조직 마련에 초점을 두었는데, 이는 경성지회 설립으로 구체화되었다. 즉, 경성 경제권을 일차적인 운동 영역으로 하면서도, 다방면의 사업을 다루어야 하는 본부 이사회의 제약성을 벗어나 상공업자의 주도적 참여 속에 경성의 물산장려·산업진흥을 효과적으로 모색한다는 것이 경성지회 설치의 주된 목적이었다. 이 작업에 경성 상공업계의 지도적 인물인 朴承稷, 張斗鉉 등이 적극 참여하고,[52] 또 오산학교 교장을 역임하고 당시 京城製綿所를 운영한 柳永模가 주도적 역할을 함으로써[53] 1928년 1월 16일 경성지회가 설립되었고,[54] 3월 30일 경성지회 제1회 정기총회에서 이사장 張斗鉉을 비롯하여 25명의 이사가 선출되었다(〈표 5〉). 이사진은 본부 이사와 상공인층으로 구성되었고, 경성 상공업계의 발전과 복리증진을 강구하고 상공업자의 물산장려운동 참여를 유도하는 데 사업의 주안점이 두어졌다.[55]

利己的 運動」, 『東亞日報』 1923년 3월 20일자 ; 朱鍾健, 「無産階級과 物産奬勵」, 『東亞日報』 1923년 4월 6~17일자.

52) 朴承稷, 張斗鉉에 대해서는 주 67 참조.

53) 서울 皮革商 집안 출신으로 어려서 YMCA를 통해 기독교에 입교한 柳永模(1890~1981)는 20세에 오산학교 교사로 봉직하면서 무고회주의자가 되었으며, 31세에 오산학교 교장을 지냈다. 1928년 부친 권유로 京城製綿所를 운영하면서 경성지회 설립을 주도하였으나, 1935년 경성제면소를 처분하고 농업에 종사하며 신앙생활에 주력하였다. 류영모에 대해서는 朴永浩, 『씨알 – 多夕 柳永模의 生涯와 思想』, 弘益齋, 1985 참조.

54) 창립 당시 임시의장이었던 柳永模 외에 張斗鉉(興一社), 朴承稷(共益社), 朴德裕(朴德裕洋靴店), 李周龍(德昌兄弟硝子工場) 등 상공인을 포함한 50명이 이사로 선출되었으나(『朝鮮日報』 1928년 1월 18일자), 전체 명단은 확인할 수 없었다.

55) 위와 같음 ; 『朝鮮日報』 1928년 4월 1일자.

〈표 5〉 1928년도 조선물산장려회 경성지회 이사진

이사장 :	**張斗鉉**
이　사 :	**金建杓**, 金鼎洙, **金鍾協**, 明濟世, 文武衡, 閔泰瑗, **朴德裕**, **朴承稷**, **白泓均**, 宋鎭禹, **梁晶植**, 吳華英, **柳永模**, **李圭漢**, 李東旭, 李　仁, 李鍾麟, **李周龍**, 李混惺, **鄭世權**, 鄭秀日, 崔斗漢, 崔義敦, 崔奎東

자료: 『朝鮮日報』 1928년 4월 1일자.
비고: 굵은체는 상공업자로 확인되는 이사.

기술자층과의 연계도 적극 모색하였다. 1920년대에 접어들면서 전문교육을 받은 조선인 공학도나 공업기술자가 증대하자 이들은 일부 상공인의 지원을 받아 1924년 10월, "공업적 지식의 보급과 발명적 정신의 함양"을 목적으로 發明學會를 창립하고 물산장려운동과 상호 맥락을 같이하는 기술진흥운동을 전개하였다.[56] 그러나 이 운동은 조선인 자본가의 소극적인 자세와 물산장려운동의 침체 등과 관련하여 크게 활성화되지 못하였다.[57] 이에 물산장려회는 물산장려사업과 기술진흥운동을 하나의 조직체계 아래 추진한다는 의도에서 1928년 12월 9일 부속사업체인 高麗發明協會를 설립하고, 공산업자들을 대상으로 기술문제와 발명특허에 관한 제반 사업을 담당하도록 하였다.[58] 이사진은

56) 林宗台, 「金容瓘의 發明學會와 1930년대 朝鮮科學運動」, 서울대 석사논문, 1994, 7~12쪽. 발명학회 창립 주도자는 工業傳習所, 京城高等工業學校 졸업생인 咸洪錫, 金容瓘, 朴吉龍, 李駿烈 등이었다.

57) 發明學會 발기인 가운데 주요 후원자인 張斗鉉, 劉銓, 金德昌 등이 물산장려회 회원이었고, 그외에도 물산장려회 임원 또는 회원이 다수 발기인으로 참여하고 있어 발명학회가 물산장려운동과 같은 맥락에서 창립되었음을 알 수 있다. 그러나 조선인 자본가들의 기술 투자에 대한 인식이 극히 낮아 발명학회 활동은 별 성과가 없었는데, 이는 당시 조선 내 일본인 자본과 연결되어 기술제공에 힘쓰고 있었던 朝鮮發明協會의 활동과 비교된다(林宗台, 위의 글 참조).

58) 高麗發明協會는 설립 취지에서 朝鮮發明協會와 대항적인 자세를 천명하여 조

상공인층을 포함한 물산장려회 주요 이사와 金容瓘, 朴吉龍, 劉斗燦, 李駿烈 등 발명학회를 주도한 기술자로 구성되었다(〈표 6〉).

〈표 6〉 1928년도 고려발명협회 이사진

이사장 :	張斗鉉
이 사 :	姜燦格, **金容瓘**, **金鍾協**, **明濟世**, **文完錫**, **朴吉龍**, **朴天秉**, **白泓均**, **梁晶植**, **柳光烈**, **劉斗燦**, 李鎔圭, 李寅榮, 李鍾泰, 李駿烈, **鄭世權**, **鄭秀日**, 周利會

자료: 『朝鮮日報』 1928년 12월 24일자.
비고: 굵음체는 물산장려회 이사.

(2) 재건 배경과 물산장려사업

1920년대 후반 물산장려회의 재건과정은 당시 조성된 사회여건과 밀접한 관련하에 추진되었다. 회사령이 철폐되고 관세제도가 개편된 이후, 1920년대에는 일제 독점자본에 의한 "이식자본주의의 조직화"[59]가 전 기구적으로 진행되어 조선경제는 일정한 양적 성장에도 불구하고 그 내부의 민족적 모순이 심화되었다.[60] 몇몇 규모 있는 자본가를 제외하고 대부분 중소자본의 처지에 놓인 조선인 상공업자들은 총독부의

선인 본위의 민족주의적 입장을 분명히 하기도 하였는데(『朝鮮日報』 1928년 12월 24일자 ; 『東亞日報』 1928년 12월 25일자), 실제 활동은 부진하여 별 성과를 거두지 못하였다. 朴天秉, 「發明界로 본 京城」, 『京城便覽』, 弘文社, 1929, 281쪽.

59) 白南雲, 「朝鮮經濟의 現段階論」, 『思想彙報』 17, 1938.12, 307쪽.

60) 1920년대 공업을 비롯한 조선경제의 이식자본주의 발전과 그 민족별 구성에 대해서는 李如星 · 金世鎔, 『數字朝鮮硏究』 2卷, 世光社, 1932, 제2장 ; 細川嘉六, 『植民史』, 1941(1972년 著作集, 東京: 理論社) 236~249쪽 ; 趙璣濬, 앞의 책, 1977, 제6장 ; 李漢九, 『日帝下 韓國企業設立運動史』, 靑史, 1989, 제5장 ; 白南雲, 「後進追從朝鮮産業傾向」, 『東亞日報』 1930년 4월 2일자 ; 「工業界十年」, 『東亞日報』 1929년 1월 1일자 등 참조.

금융 지원을 받는 일본인 상공업자의 진출에 따라 심각한 타격을 받았으며, 이 양상은 상공업 중심지인 京城의 경우 더욱 심하였다.[61] 상공인 스스로 이러한 경성 상공업 실태를 "총파산", 또는 "돈업는 사람의 외상중개영업"에 불과한 형편이라 지적하였듯이,[62] 총독부 권력과 일제 금융자본에 의존하지 않는 자립적 자본성장의 길은 더욱 어려워지고 있었다.

조선인 상공업자는 그 타개책으로 기회 있을 때마다 총독부에 대해 일본인 위주의 금융정책을 시정할 것과 차별 없는 자금 지원을 촉구하였고,[63] 실제 물산장려회와 일정한 연관을 가진 기업 중에는 조선총독부의 보조금 지원에 의존하여 자본축적을 추구하는 경우도 있었다.[64] 그러나 총독부의 자금 지원은 일반적으로 기대하기 어려웠기 때문에 조선인 상공업자들은 별도의 자구책을 강구하지 않을 수 없었다. 곧, 자신들의 결속을 모색하는 동시에 물산장려운동에 동참하는 것이었다. 그리하여 당시 경성에서 가장 규모가 큰 조선인 상인조직이었던 中央繁榮會는 일본인의 상권 확대에 대항하여 1926년 1월, 조직을 강화하

61) 1930년대를 중심으로 한 것이지만 일제하 京城 상공업 추세와 민족별 구성에 대해서는 堀和生, 「朝鮮人民族資本論」, 『朝鮮近代の歷史像』, 東京: 日本評論社, 1988 참조.

62) 白寬洙 編, 「實業界로 본 京城」, 『京城便覽』, 弘文社, 1929, 271~278쪽의 金潤秀(京城商會), 張斗鉉(興一社), 崔楠(德元商店), 申泰和(和信商會), 李康賢(京城紡織) 등의 언급 참조.

63) 「京城商業界의 新傾向」, 『朝鮮日報』 1925년 12월 20일자 사설 ; 「朝鮮物産奬勵에 就하야」, 『朝鮮日報』 1926년 6월 29일자 ; 『朝鮮日報』 1927년 3월 2일자.

64) 京城紡織(金性洙 · 金季洙), 大昌織物(白樂元), 朝鮮絹織(閔泳徽 · 閔奎植) 등이 그러한 예였다. 金容燮, 앞의 책, 1992, 241~242쪽 ; 權泰檍, 『韓國近代綿業史研究』, 一潮閣, 1989, 266, 272쪽 ; Carter J. Eckert, 앞의 책, 1991, 제3장, 특히 79~84쪽.

고[65] 한편으로는 조선물산장려일을 정하거나 조선물산장려가를 현상 모집하는 등 물산장려운동에 적극 동참하였다.[66] 그 연장에서 이러한 활동을 주도한 박승직, 장두현 등을 비롯한 일부 경성 상공인들의 물산장려회 참여가 이루어지고 있었다.[67]

또한, 물산장려운동이 침체된 가운데에도 1920년대 중반 이래 사회 일각에서는 물산장려에 대한 여론 환기와 활동이 꾸준히 지속되고 있었다. 조선일보사와 조선중앙기독교청년회(YMCA)의 물산장려운동이 그것이었다. 조선일보는 외화배척과 자작자급의 정신을 고취하는 물산장려운동을 약소민족의 부득이한 소극적 자위책으로서 비록 경제법칙

---

65) 中央繁榮會는 1925년 초 경성 상인들이 중심이 되어 공동판매(大聯合賣出)와 조선인산업 장려를 목적으로 조직된 친목회였는데, 1926년 1월 19일 총회에서 이를 정식 경제단체로 발전시키기로 결정하여 신규약과 취의서를 채택하는 한편 "府內 주요 상업가, 상업관계자, 은행관계자 등을 網羅한" 평의원 82명과 이사 12명을 선정하고, 이사장에 朴承稷, 상임이사에 梁在昶, 秦學文, 李世賢, 尹友植, 大昌貿易株式會社(白樂元) 등 5명을 선출하였다. 『朝鮮日報』 1926년 1월 21일자.

66) 「物産奬勵의 新形勢」, 『朝鮮日報』 1926년 8월 31일자 사설. 또 중앙번영회는 경성부 산업장려에 대한 경성부윤의 자문에 대해 ①조선물산 애용사상을 철저적으로 고취할 것, ②소공업을 포함하여 京城生産品品評會를 매년 개최할 것, ③도립공업학교를 설립할 것, ④상공업자에 대한 금융조합의 대부액을 증액하고 특히 소공업자에 대한 이자를 감하할 것 등을 촉구하였다. 『東亞日報』 1927년 3월 2일자.

67) 개항기 이래 자수성가하여 경성 포목상계의 지도적 위치에 오른 박승직(1864~1950)은 共益社(朝日合作)와 朴承稷商店, 朴家粉, 麒麟麥酒 등을 경영하였고, 중앙번영회 이사장, 경성포목상조합 이사장 등을 역임하며 경성 상공인의 조직적 결속을 주도한 리더였다. 대한제국기 농상공부 관리를 지낸 張斗鉉(1874~1938)은 기독교인으로 천일은행(1920), 興一社(1923)를 설립 운영한 경성 상공업계의 중진이었고, 물산장려운동 외에도 각종 민족주의 문화운동의 주요한 재정적 후원자로 활동하였다.

에 위배되는 비현실적 소부르주아운동이지만 이는 우리의 민족적 단결과 현실적 이익을 반영하는 것이라 하여 운동의 부흥과 발전을 역설하였다.[68] YMCA는 조선일보와 물산장려회의 후원으로 여학교연합바자대회, 조선물산장려바자대회 등을 개최하여 자작자급과 조선물산 애용을 선전하였다.[69]

이러한 여건과 더불어 신간회의 후광 역시 물산장려회의 재건작업에 유력한 기반이 되었다. 조직적 열세에도 불구하고 조선민흥회 결성에서 신간회 창립까지 물산장려회가 수행한 역할은 과소평가할 수 없는 것이었고, 신간회 창립 경위가 어떠했든 물산장려회 임원 다수가 신간회 주요 인사로 활동하고 있다는 점은 물산장려회가 재건 기틀을 마련하는 데 유리한 조건으로 작용하였다.[70]

물산장려회는 조직재건과 함께 다각적인 물산장려사업을 모색하였다. 1928년(제6회), 1929년(제7회) 정기총회(대회)를 통해 물산장려회는 애용장려사업, 생산장려책, 생활개선운동 등 크게 세 방면의 물산장려사업 추진을 결정하였다.[71] 애용장려사업으로는 매년 음력 정월 조선물산장려일에 시행하는 정기적인 선전사업 외에 조선물산바자대회

68) 『朝鮮日報』 1925년 1월 25일자 사설 ; 『朝鮮日報』 1926년 8월 31일자 사설 ; 『朝鮮日報』 1927년 8월 19일자 사설.

69) 여학교연합바자대회는 1926년 1월 21~22일 제1회로 시작하여 매년 1~2월 수만 명의 인파가 몰리는 성황 속에 지속되었고, 조선물산장려바자대회는 1928년 4월 20~22일 제1회를 시작으로 1931년까지 매해 개최되었다.

70) 1927~28년 물산장려회 이사로서 신간회 본부 간부로 참여한 인물은 文一平, 安在鴻, 吳華英, 兪珏卿, 李東旭, 李鍾麟 등이었고, 이외에 明濟世, 沈相玟, 鄭秀日, 韓龍雲, 許憲 등이 주요 참여 인사였다. 신간회 간부진에 대해서는 이균영, 앞의 책, 1993, 100~101쪽 참조.

71) 「本會의 沿革 其六」, 『朝鮮物産奬勵會報』 1-6, 1930.6, 33~34쪽 ; 「本會의 沿革」, 『朝鮮物産奬勵會報』 1-10, 1930.10, 78~79쪽.

후원, 물산장려강연회 개최, 가정선전반 조직 등 여러 형태의 선전사업을 전개하였다. 생산장려책으로는 기술자에 대한 정보나 간이한 사업 설계안 소개, 또는 조선내 공산품 수요 및 소비에 관한 통계 제공 등 사업경영자, 소자본경영자의 투자의욕을 고취하고 생산능률을 높이는 방안들을 강구하였으며, 다른 한편 경성 상공인층의 조직적 결속을 지원하는 데 주력하였다.

생활개선운동은 1910년대 근대적 신문화건설운동의 일환이었던 구관습개혁운동이나 1920년대 초 물산장려운동과 병행된 풍속개량운동, 금주단연운동, 절제운동, 소비절약운동 등 민족주의 진영이 전개한 각종 계몽운동의 전통[72] 위에서 제창된 것이었다. 이는 주로 의식주 개선과 矯風에 대한 선전계몽을 통해 대중의 복리를 증진하고 절약정신을 함양한다는 취지 아래 전개되었는데, 물산장려회는 그 방법을 연구하기 위해 생활개선위원회를 조직하였다.[73] 그러나 이 운동은 대중적 선전매체와 조직을 요하였기 때문에 물산장려회는 조선일보사가 1929년 4월부터 전개한 생활개신운동을 지원하는 방식으로 이 운동을 물산장려운동과 연계시켜 나갔다.[74]

---

72) 박찬승, 앞의 책, 1992, 155~165쪽, 217~233쪽 ; 한국기독교역사연구소, 『한국 기독교의 역사 II』, 기독교문사, 1991, 231~241쪽 ; 강영심, 앞의 글, 152~157쪽.

73) 위원은 金東漢, 金明然, 金美理士, 金性洙, 羅元鼎, 朴吉龍, 方信榮, 孫貞圭, 宋鎭禹, 申알베트, 安在鴻, 劉洪鍾, 尹致雨, 李瓊芝, 李光鍾, 李命遠, 李星鎔, 李晟煥, 李升雨, 李鍾麟, 李重華, 李醮雨, 鄭世權, 趙基栞, 秦學文, 崔南善, 崔鎭, 玄一運, 洪命熹 등 29명이었다. 「本會의 沿革 其六」, 『朝鮮物産奬勵會報』 1-6, 1930.6, 36쪽.

74) 「本會의 沿革」, 『朝鮮物産奬勵會報』 1-10, 1930.10, 78쪽. 色衣斷髮, 건강증진, 상식보급, 허례폐지, 소비절약 등 5개 항의 선전구호를 내세운 조선일보사의 생활개신운동과 이에 대한 각계 인사의 평에 대해서는 『朝鮮日報』 1929년 4월 14일자, 5월 18일자 ; 「生活改新問題에 대한 나의 所見」, 『朝鮮之光』 85, 1929.6,

이 시기 물산장려회 활동 가운데 가장 주목되는 사업은 1928년 6월 16일 경성지회가 주최한 전 경성공산업자대회에서 조선물산의 범주를 정한 것이었다.[75] 당시 총독부에서는 일본 자본의 조직적 이식과정이 확립됨에 따라 이를 보호 육성하기 위한 산업정책으로서 일본의 국산장려운동과 보조를 같이하는 기만적인 조선산품장려운동을 전개하였는데,[76] 이러한 총독부 정책에 대응하여 조선물산의 범주를 분명히 하는 것은 물산장려회나 조선인 자본가 모두에게 시급한 문제였다.[77] 또한, 자본제적 공장생산이 보편화되면서 많은 경우 상품생산이 수입 원료에 의존하였기 때문에 단순히 조선인 자본가의 생산품이라는 명목만으로 조선물산이라고 주장하기 어려운 점이 있었고,[78] 그렇다고 수입원료를 사용한 상품을 조선물산의 범주에서 배제하면 물산장려운동은 현실성 없는 토산물장려운동에 국한될 수밖에 없었다. 따라서 이러한

33~39쪽 ; 金斗鎔, 「우리는 엇더케 살가? 朝鮮日報 『生活改新運動』을 駁함」, 『無産者』 3-2, 1929 등 참조.

75) 「本會의 沿革 其六」, 『朝鮮物産奬勵會報』 1-6, 1930.6, 37쪽 ; 「本會의 沿革」, 『朝鮮物産奬勵會報』 1-10, 1930.10, 133쪽 ; 『東亞日報』 1928년 5월 31일자.

76) 朝鮮總督府, 『施政三十年史』, 1940, 184쪽 ; 朴榮喆, 『五十年の回顧』, 1940, 574~576쪽. 총독부가 말하는 '朝鮮産品'은 물론 자본가의 민족별 소속과 관계없이 조선에서 생산되는 상품 일반을 뜻하는 것이다.

77) 『東亞日報』 1926년 9월 5일자 社說(「朝鮮物産과 朝鮮人物産」)에는 총독부의 朝鮮産品奬勵에 대응한 이러한 입장이 잘 나타나 있다.

78) 예컨대 어느 물산장려론자의 다음과 같은 지적이 이 의미를 잘 반영하고 있다. "우리 物産으로 자랑할만한 것이 무엇이뇨? 太極星 不老草와 갓흔 廣木이냐! 올치! 그것은 우리사람이 組織한 京城紡織會社의 製品이다. 그러면 그것이 朝鮮物産이냐? 或은 말하되 '朝鮮人이 經營하는 會社製品이니 朝鮮物産이 아니고 무엇이냐?'라 하고 反問하겟다. 그러나 그 物産을 무엇으로 織造하느냐? 그 사용하는 機械가 外來品이고 其 材料되는 綿絲가 外來品인 것을 엇더케 하느냐?" 金奭中, 「生産奬勵가 急務다」, 『朝鮮物産奬勵會報』 1-3, 1930.3, 17쪽.

두 측면의 문제를 모두 수용할 수 있는 조선물산 범주에 대한 일정한 기준이 필요하였다.

물산장려회와 상공업자 대표는 그 대안으로 조선물산을 순조선물산, 준조선물산, 가공조선물산 등 3종으로 구분하고 이에 해당하는 공산품을 예시하였다. 순조선물산은 조선인 자본과 노동으로 조선에서 산출된 원료에 조선인 자본과 노동으로 제조된 상품인데, 토산직물류·花紋席·細竹品·한지류·문방구 등 지방특산물이 이에 속하였다. 준조선물산은 가공하지 않은 순 원료를 수입하여 조선인 자본과 노동으로 제조된 상품으로, 고무신과 유리제품이 주 대상이었다.[79] 가공조선물산은 약간 가공된 수입 원료를 사용하여 조선인 자본과 노동으로 제조한 상품이었다. 이는 우리 실생활에 필요한 상품 원료에 한하여 임시 인정한 것인데, 직물류를 비롯하여 약품·화장품·유지·잉크 등 당시 조선인 자본가가 생산하는 대다수의 공산품이 모두 이에 해당하였다.[80] 그리고 상품으로 가공된 원료를 수입하여 일부 변조 내지 첨가

---

79) 예시된 상품은 거북선고무신(서울고무工社), 연표고무신, 大陸고무신(대륙고무), 별표고무신(中央商工), 지구표고무신(조선고무), 大同고무신(평양 대동고무), 西京고무신(평양 서경고무), 世昌고무신(세창고무), 平安고무신(평양 평안고무), 正昌고무신, 활표고무신 등과 德昌硝子(德昌兄弟硝子工場), 약병, 식기, 잉크병 등 유리제품, 기타 가구류였다(위와 같음).

80) 직물류로는 廣木·太極星·山蔘票·農具票·三神山·不老草·天桃(京城紡織), 海東木·海東緞·海東苧(興一社), 世昌木·世昌緞·世昌苧(世昌機業社), 瓦斯木·瓦斯緞(朝鮮染織), 松高織·松高洋襪(松高實業場), 東洋苧·東洋緞·東洋木(東洋染織), 德昌苧, 江華苧, 金剛山布, 丹城葛布 등, 잉크류는 東亞잉크, 高麗잉크, 약품류는 靈神丸·淸心保命丹·趙膏藥·大力丸·活命水·不忘膏·胎養調經丸·牛黃抱龍丸·蘇合丸·百應膏·抑肝散·止咳露(朝鮮賣藥), 天一靈神丸, 三星靈神丸, 화장품류는 朴家粉(朴家紛), 三好香水(三星堂), 櫻粉, 美顔水 등과 기타 富標비누(富國商會), 월셩, 美化素 등이 加工朝鮮物産으로 예시되었다(위와 같음).

하여 조선인상호만 붙인 것은 비조선물산으로 간주하여 장려 대상에서 배제하였다.[81] 이같은 방식의 조선물산 설정은 물산장려운동의 성격과 관련하여 여러 의미를 내포하고 있지만, 이는 물산장려운동이 조선인 본위의 경제자립운동인 동시에 공산업자와의 합작운동이기 위해서 견지해야 할 최소한의 원칙을 확인하는 절차였다.

3. 1930년대 조선물산장려회의 주도층과 활동

1) 대공황기 간부진과 이사 구성

신간회 창립 이후 약 2년간 물산장려회는 조직재건의 기초를 마련하였다. 그러나 이러한 노력에도 불구하고 이 시기 물산장려회 사업이 의도만큼 원활히 진행된 것은 아니었다. 회원들의 지속적인 지원이 이루어지지 않아 재정이 악화되었으며, 여기에 원고난·검열난까지 겹쳐 기관지『自活』은 1928년 9월까지 8호를 내고 중단되었고, 대부분의 기획사업은 계획에 그쳤다.[82] 이사들도 많은 경우 신간회나 기타 사회활동에 더 적극적이었기 때문에 명망가 중심의 이사진 구성 역시 별 성과를 거두지 못하였다.[83] 그리고 일부 언론이나 지식층, 상공인층의 지지

---

81) 자동차, 재봉침, 만년필, 시계 등이 그러한 제품이었다.

82) 이러한 실상은 1929년 4월 제7회 정기대회에서 여실히 드러났다. 이 대회는 전체 대의원 170명 가운데 1/10만이 참석하여 대회 성립 여부가 논란이 될 정도였고, 1년간 회비 수입은 112원 50전에 불과하여 1928년도 예산액 1,610원의 1/10도 미치지 못하고 있었다. 一記者,「朝鮮物産奬勵今年大會를 보고서」,『朝鮮物産奬勵會報』1-10, 1930.10, 79~80쪽.

83) 어느 간부도 물산장려회가 부진을 거듭하는 것은 회원들의 무성의나 사회적 냉대에도 원인이 있지만 가장 큰 요인은 간부들의 불찰, 무성의에 있다고 평가하

에도 불구하고 물산장려운동에 대한 일반의 냉소적 반응은 여전하였으며,[84] 물산장려운동을 日貨排斥과 민족의식을 조장하는 불온운동으로 간주하는 총독부의 탄압이 활동을 더욱 어렵게 하였다.[85]

물산장려회가 이러한 문제를 일정하게 해결하면서 물산장려운동을 진흥시킨 것은 1929년 4월 26일 열린 제7회 정기대회 이후 대략 3, 4년간의 대공황기였다. 그 발전에는 이 시기 조성된 정치경제적 변동이라는 시대적 배경과 물산장려회 내부 변화라는 직접적 계기가 모두 작용하였는데, 우선 前者와 관련해서는 물산장려회의 조직적 발전에 유리한 두 측면의 조건이 조성되었다.

하나는 대공황기 운동정세의 변화에 따른 민족주의 지식인층의 동향이었다. 이때에는 노농운동의 고양, 식민지 민족해방운동론의 변화 등과 관련하여 사회주의자들의 방향전환이 시도되고, 자치운동을 추구하는 일부 개량적 민족주의자들이 비타협적 운동진영에 대한 공세를 강화함으로써 운동계·사상계의 갈등이 심화되었다.[86] 신간회 지도부의 개량화가 현저해지자 사회주의자들은 신간회 해소를 추진하였으며,[87] 해소에 반대한 비타협적 민족주의자들의 동요가 증대하였다. 요컨대

였다. 一記者, 앞의 글, 1930.10.

84) 薛泰熙, 「創刊 一周年 紀念에 際하야」, 『朝鮮物産奬勵會報』 1-10, 1930.10, 3~4쪽 ; 薛泰熙, 「新興朝鮮의 創刊을 듯고」, 『新興朝鮮』 1-1, 1933.10, 7쪽 ; 李鍾麟, 「物産奬勵運動의 十年」, 『新興朝鮮』 1, 1933.10, 9쪽. 특히 이식자본주의체제와 지주제 모순의 심화에 따라 농민층이나 도시 민중들이 최저 생활수준도 유지하지 못하고 노농운동이 빈번해지고 있는 상황에서 물산장려론이 설득력을 갖기는 어려웠다.

85) 『東亞日報』 1928년 11월 9일자 ; 『警務局長情報』(문서번호 200-042, 1929) No.1 42권, 11~30쪽 ; 『朝鮮物産奬勵會報』 1-10, 1930.10, 45쪽, 127쪽.

86) 박찬승, 앞의 책, 1992, 343~355쪽.

87) 이균영, 앞의 책, 1993, 제5장.

대공황기 조선의 운동정세는 신간회 성립 단계의 민족개량주의 대 민족협동전선의 대립구도로부터 민족개량주의 대 사회주의의 대립구도로 전환되었다.[88] 이러한 변화 속에서 민족주의자 일반은 여러 형태의 당면이익획득운동, 문화운동에 경주하였고,[89] 그 일환으로 일부 민족주의 인사들의 물산장려운동에 대한 관심이 고조되었다.[90]

다른 하나는 대공황의 도래와 관련한 상공업자의 동향이었다. 1920년대 이식자본주의체제의 강화에 따라 조선인 상공업자의 자립적 성장이 한계에 이르고 있었음은 이미 전술한 바와 같지만, 이러한 양상은 대공황기에 접어들어 더욱 현저해졌다. 일제는 공황타개책으로서 1930년 金解禁과 함께 긴축재정 및 산업합리화정책을 단행하고, 1931년에는 중요산업통제법, 금수출재금지 조치와 함께 인플레이션정책 등을 연이어 추진함으로써 일본자본주의의 국가독점자본주의로의 이행이 진행되었다.[91] 이러한 경제정책은 독점자본의 조선경제 지배력을 더욱 강화시켰으며, 이는 농업공황에 따른 조선농민 몰락 등과 상호 유기적인 관련하에 조선인 상공업자를 극심한 경제적 위기로 몰아넣었다.[92]

---

88) 방기중, 앞의 책, 1992, 95~96쪽.

89) 이러한 민족주의 진영의 동향에 대해서는 「治安狀況(1931년 7월)」, 『朝鮮問題資料叢書』 6 ; 지수걸, 앞의 글, 1994, 274~278쪽 ; 서중석, 『한국현대민족운동연구』, 역사비평사, 1991, 137~143쪽 ; 방기중, 위의 책, 1992, 92~100쪽 ; 이지원, 「1930년대 民族主義系列의 古蹟保存運動」, 『東方學志』 77 · 78 · 79 합집, 1993 ; 李智媛, 「1930년대 前半 民族主義 文化運動論의 性格」, 『國史館論叢』 51, 1994 등 참조.

90) 특히 신간회 해소 전후하여 새로이 물산장려회 이사로 등장하거나 활동에 참여하고 있는 인사들 가운데 다수가 신간회 창립 이전 물산장려회에 관계한 인물들이라는 점이 이를 잘 말해주고 있다(〈표 9〉 참조).

91) 楫西光速 外, 『日本資本主義の沒落』 II · III, 東京: 東京大學出版會, 1963 ; 大石嘉一郎 編, 『日本帝國主義史 2 世界大恐慌期』, 東京: 東京大學出版會, 1987 참조.

이에 대응하여 중앙번영회를 중심으로 한 경성 상공업자들은 일면 총독부의 정책수정과 지원을 지속적으로 요구하는 한편 조직적 결속을 통한 자구책 마련에 부심하여 1930년 12월 27일 京城商工協會를 창립하였다.[93] 협회의 임원 다수가 물산장려회 이사 내지 회원이었다는 점에서도 잘 나타나는 바와 같이(〈표 7〉), 경성상공협회의 주도 인사들은 물산장려회와 긴밀한 관계를 유지하면서 물산장려운동에 의한 조선인 유통시장권의 보존과 자본축적을 모색하였다.

〈표 7〉 1930년도 경성상공협회 임원

회장: **朴承稷**(共益社)　　부회장: **劉銓**(朝鮮絹織) 감사: **金容瓘**(纛島窯業), **金貞烈**(鐵南紙物鋪) 이사: **金德昌**(東洋染織), **金潤秀**(京城商會), **朴興植**(鮮一紙物), 方台卿, 白樂仲, **白泓均**(서울고무공사), 梁世鎭, 梁在昶, 尹宇植, 李東善, 李斗鎔, **李泰魯**(京城紡織), **李賢在**(興一社), 張弘遠, 秦學文, **崔楠**(東亞婦人商會), **崔潤錫**, **洪淳泌**(大同印刷), 洪泰賢

자료: 『東亞日報』 1930년 12월 29일자.
비고: 굵은체는 물산장려회 이사 또는 회원(회원은 1930년도 기준).

이와 더불어 이 시기 물산장려회 발전의 직접적 계기가 된 것은 물산장려회 내부의 변화였다. 물산장려회는 1929년(제7회), 1930년(제8회)

---

92) 다음과 같은 민족주의 계열의 경제논평이 이러한 위기감을 잘 반영하고 있다. 鄭秀日,「朝鮮人의 經濟的 危機」,『別乾坤』 30·31, 1930.7·8 ; 申泰翊,「現朝鮮의 經濟界 概觀」,『別乾坤』 33, 1930.10 ; 金鴻熙,「世界的 財界不況과 朝鮮商工業家의 用意」,『奬産』 2-3, 1931.3 ; 李晶燮,「朝鮮人의 經濟的 活路 - 獨裁政治下의 産業的 總動員」,『東光』 1932년 3월호 ;「朝鮮人經濟의 萎縮相」,『東亞日報』 1932년 5월 16일자.

93) 『東亞日報』 1930년 12월 26일자 ;『東亞日報』 1930년 12월 29일자. 경성상공협회의 창립에 따라 중앙번영회는 해체되었다.

정기대회를 거치면서 일련의 임원 개선과 운영구조 개편을 단행하였다. 이때에는 그간의 운영방식에 대한 반성과 함께 "務實力行의 原則"이 주창되어 이사진을 명망가에서 실무형 인사 중심으로 개편해 나가고, 회계 및 회원 정리를 단행하였다.[94] 이 과정에서 물산장려회는 재정과 기관지 문제를 일거에 해결하고 기획사업을 현실화할 수 있는 중요한 계기를 맞이하였다. 1928년 경성지회 이사로 물산장려회에 참여한 정세권이 1929년 본부 상무이사로 가담한 것이었다.

〈표 8〉 1929~30년도 조선물산장려회 회계 (단위 : 圓.錢)

1929년도(1929.8.9~1930.5.15)				1930년도(1930.5.16~1931.4.5)			
수입		지출		수입		지출	
통상회비	90	회관세	104.30	회비	436.18	수당금	541.78
특별회비	35	수당금	270.60	광고료	1002.49	선전비	1596.23
회보수입	22.18	비품비	7.40	차입금	2450	회관세	524.41
광고료	349.35	회보비	1304.29			(회보비?)	1216
특별수입*	150	소모비	113.21				
차입금	1220	현금	66.73				
합 계	1866.53		1866.53	합 계	3888.67		3878.42

자료: 1929년도 『朝鮮物産奬勵會報』 1-6, 1930.6, 41~42쪽.
1930 년도 『奬産』 2-4, 1931.4, 57쪽.
비고: 1929년도 특별수입(*)은 건양사 사장 김용기의 동정금.
1930년도 회보비 항목은 추정.

건축청부회사 建陽社 전무인 정세권[95]은 1929년 10월부터 이후 약

94) 「本會의 沿革」, 『朝鮮物産奬勵會報』 1-10, 1930.10, 79쪽, 117~118쪽, 135~ 137쪽.
95) 鄭世權(1888~1965)은 일제 초기 향리인 경남 고성군 하이면장을 지내며 金容起(建陽社 사장)와 함께 아동교육, 농사개량사업에 힘쓰다 1919년 토지를 처분하고 상경하여 김용기, 文用奎와 함께 건양사를 설립하였다(정세권의 간략한 이력과 건축활동에 대해서는 金蘭基, 『韓國 近代化過程의 建築制度와 匠人活動에

3년간 물산장려회 경상비와 기관지 발행 등 각종 사업에 필요한 재정의 상당 부분을 전담함으로써 이 시기 물산장려회 발전에 결정적인 역할을 하였다.[96] 〈표 8〉은 1929, 30년 두 해의 물산장려회 회계를 정리한 것이다. 여기에서 양 연도의 회비 및 광고료를 합한 정기 수입은 각각 총 수입의 27%와 37%에 불과하며, 나머지는 차입금과 특별수입(동정금)에 의존하였음을 알 수 있는데, 지출경비의 60~65%에 해당하는 이 부족금(차입금)이 곧 정세권이 부담하는 지원금이었다.

나아가 이와 같이 막대한 재정지원을 바탕으로 정세권은 단순한 재정후원자가 아니라 1930년부터는 물산장려회를 총괄하는 전임상무직을 맡아 사업 전반에 절대적인 영향력을 행사하였다. 특히, 공황에 의한 불경기와 경영진에 대한 股主들의 불만이 겹쳐 건양사 영업이 부진해지자, 그는 1930년 자신의 사적 물산장려사업기관인 獎産社를 설립하여 이를 매개로 물산장려회의 기관지 발행, 소비부 활동, 물산장려회관 건축 및 조선물산진열관 운영 등 각종 사업을 관장하였다.[97] 말하자면 그는 대공황기 물산장려운동을 주도한 대표적인 물산장려운

관한 硏究』, 홍익대 박사논문, 1989, 208~227쪽 참조). 그는 1920년대 건양사가 큰 이윤을 올리며 股主 90여 명, 자본금 20만 원의 기업으로 성장하자 이를 배경으로 물산장려운동에 본격 가담하였고, 김용기가 신간회 회계 · 재정부장(金炳魯 執行部)을 지낼 때 신간회 경성지회 재정부원으로 동참하였다. 건양사 경영진 모두 물산장려회 지원에 적극적이어서 김용기는 물산장려회 명예회원, 고문으로 추대되었다.

96) 이는 다음 여러 글에 잘 나타나듯이 당시 자타가 인정하였다. 鄭世權, 「朝鮮物産獎勵會에 對한 나의 感想」, 『實生活』 3-7, 1932.7, 34 ; 韓龍雲, 「百難中 奮闘하는 鄭世權氏에게 感謝하라」, 『獎産』 2-2, 1931.2, 16쪽 ; 李鍾麟, 「建陽社十周年紀念祝辭」, 『凰山集』, 東洋書籍公社, 1982, 69쪽.

97) 獎産社의 간단한 연혁에 대해서는 「獎産社第九回決算書」, 『實生活』 6-1, 1935.1 참조.

동가였다.

더불어 새로운 인물들이 간부진에 합류하였다. 정세권 외에 이 시기 간부로 등장한 인물은 조선일보의 유광렬과 발명학회의 金容瓘이었다. 1924년 이사를 역임한 바 있는 유광렬은 1929년부터 물산장려회에 본격 가담하여 1931년 기관지 주필을 맡는 등 물산장려의 이념과 논리를 선전하는 핵심 이론가로 활동하였다.[98] 그는 특히 물산장려회에서 정세권의 입장을 대변하며 같이 행동한 측근이었다. 물산장려회 부속기관인 고려발명협회 창립에 참여하면서 주요 인물로 부각된 김용관도 1930년 기관지 초대 주필을 역임한 주요 이론진의 한 사람으로,[99] 특히 생산증식·공업진흥의 기반인 기술과 과학(발명)의 중요성을 선전하고 그 방안을 소개하는 데 주력하였다. 이들 외에 경성방직 지배인 李泰魯도 실무 차원에서 조직 운영에 깊이 관여하였다.

정세권을 중심으로 신간부진이 부각함에 따라 물산장려회의 간부진용도 크게 변하였다. 1920년대 중반 이래 재건을 주도한 간부는 명제세를 비롯하여 김종협, 박천병, 심상민, 백홍균, 정수일, 문일평, 이동욱 등이었으나 이들의 주도력은 축소되었고, 일부 간부는 일선에서 물러났다.[100] 또한 1929년 6월, 이사회는 명제세와 더불어 조선민흥회

98) 극빈한 몰락양반가 출신인 柳光烈(1898~1981)은 정규교육을 받지 못하고 1910년대 후반 고양군 면서기 생활을 하다 1919년 매일신보 기자를 시작으로 언론계에 투신하여 여러 신문사를 전전하였다. 대공황기 물산장려회 내의 타협적인 입장을 취한 대표적인 인물로, 그 연장에서 1932년부터 1940년 해임될 때까지 매일신보 편집국장으로 활동하였다.

99) 金容瓘(1897~1967)은 京城工專, 東京高工을 졸업한 후 1920·30년대 發明學會 창립과 기술진흥운동, 과학대중화운동을 주도하였으며, 1938년 과학대중화운동과 관련하여 투옥되었다. 金容瓘에 대해서는 林宗台, 앞의 글, 1994 ; 한겨레신문사, 『발굴 한국현대사인물』 1, 1991, 217~222쪽 참조.

100) 〈표 9〉에서 확인할 수 있듯이 1929, 30년 두 해에 걸쳐 金鍾協, 朴天秉, 文一

결성을 주도하였던 이사장 오화영 대신 창립 이래 물산장려회 이사였고 신간회 발기를 주도하였던 천도교 구파의 이종린을 이사장으로 보선 추대하였다.[101] 그리하여 대공황기에는 이사장, 전임상무이사 정세권을 중심으로 유광렬·김용관·이태로 등 신간부와 명지세·백홍균 등 일부 구간부가 결합하여 물산장려회를 이끌었다. 이들 신간부 역시 물산장려운동을 일본 독점자본에 대항하여 민족경제를 보존하기 위한 자위운동인 동시에 민족의식을 고취시키는 민족운동의 일환으로 인식한 점에서 구간부와 별 차이가 없었고, 이에 이 운동이 성공하기 위해서는 "전 민족적 경제를 생각하는 민족적 도덕"이 필요하다는 것을 강조하였다.[102] 그러면서도 이들은 지식층 중심의 구 간부에 비해 상대적으로 실제적인 물산장려사업의 추진이나 생산력증대 노력을 중시하는 상공인·기술자의 입장을 반영하고 있었다. 곧, 식민지하에서도 민족기업을 육성하고 자작자급만 실천하면 민족적 자립이 가능하다는, 따라서 조선경제의 민족적 모순을 구조적으로 해결하고자 하는 사회운

平, 鄭秀日 등이 일선에서 물러났다. 이는 물산장려회의 분열과 관련하여 후술한다.

101) 凰山 李鍾麟(1883~1950)은 충남 瑞山 출신으로, 漢學을 수학한 후 成均館 博士를 지냈고, 한말 언론계에 종사하며 계몽운동을 전개하였다. 1912년 천도교에 입교하여 1920년대 구파 입장에서 사회운동·언론계 활동을 전개하고 신간회 창립에 적극 가담하여 1930년 4월 신간회 경성지회 회장에 선출되었다. 신간회 해소에 반대한 그는 물산장려회 내에서 신간회에 비판적인 명제세 그룹보다는 신간회 경성지회 재정을 지원한 정세권과 밀접한 관계였던 것으로 보이는데, 물산장려회 해체(1937.2)를 주도한 이후 친일화하였다.

102) 柳光烈, 「卷頭言」, 『朝鮮物産奬勵會報』 1-9, 1930.9 ; 柳光烈, 「卷頭言」, 『朝鮮物産奬勵會報』 1-10, 1930.10 ; 鄭世權, 「우리 物産奬勵는 倫理的 精神과 企業力의 發達로서만 可能하다」, 『實生活』 3-3, 1932.3 ; 鄭世權, 「朝鮮物産奬勵運動의 進路 (2)·(4)」, 『實生活』 3-5, 3-7, 1932.5, 1932.7.

동적 성격을 가능한 한 배제하고 물산장려운동을 자본축적운동, 생산력증대운동, 의식개조운동(물산애용운동) 등으로 국한시키고자 하는 성향이 강하였다.[103]

이러한 여러 계기와 관련하여 물산장려회가 활성화되면서 대공황기에는 각계의 새로운 인사들이 이사진에 참여하여 주도층도 확대되었다. 1929년 제7회 정기대회 이후 물산장려회가 분기를 맞는 1932년 제10회 정기대회까지 이사진 구성과 개인 약력을 정리하면 〈표 9〉, 〈표 10〉과 같다.

〈표 9〉 1929~1932년도 조선물산장려회 이사진 구성

직책 \ 연도	1929(4.26) (제7회 대회)	1930(5.16) (제8회 대회)	1931(4.24) (제9회 대회)	1932(4.28) (제10회 대회)
이사장	吳華英 李鍾麟	李鍾麟	李鍾麟	李鍾麟
고 문		薛泰熙 金容起 吳華英	薛泰熙 金容起 吳華英 兪星濬	薛泰熙 尹致昊 兪鎭泰 吳華英
상 무 이 사	金鍾協 鄭世權 朴天秉 崔泰永 柳光烈 金振國(제) 白泓均(보)	明濟世 柳光烈 白泓均 李東旭 徐政煥 李泰魯 梁晶植 鄭世權	金容瓘 徐政觀 明濟世 鮮于全 朴有鎭 柳光烈 白泓均 李泰魯 徐 椿 鄭世權	金秉濬 徐 椿 鄭世權 金英喆 鮮于全 鄭秀日 明濟世 柳光烈 韓基岳 朴天秉 李圭顯 玄東完 白泓均 李常雨 洪淳泌

103) 柳光烈, 「自然科學의 街頭化」, 『新朝鮮』 2-8, 1931.9 ; 柳光烈, 「實生活을 爲한 會合의 促成」, 『實生活』 3-1, 1932.1 ; 鄭世權, 「朝鮮物産奬勵運動의 進路(完)」, 『實生活』 3-8, 1932.8. 이는 물산장려운동의 민족경제자립론에 내재하는 본질적 특성으로 구 간부의 입장도 이에서 크게 벗어나지 않았지만 신간부의 경우 그 경향이 상대적으로 더 강하였다.

직책 \ 연도	1929(4.26) (제7회 대회)	1930(5.16) (제8회 대회)	1931(4.24) (제9회 대회)	1932(4.28) (제10회 대회)
이 사	金容瓘 吳華英 金正琪 柳永模 金鼎洙 李圭漢 明濟英 李東旭 文一平 李愚璟 朴鍾殷 張東燮 沈相玟 朱耀翰 安在鴻 韓平洙 梁晶植 黃仲顯 明濟世(보)	金容瓘 李 仁 金正浩 李圭漢 金鍾協 李賢在 文完錫 張東燮 朴吉龍 車南斗 朴鍾殷 崔在旭 朴準龍 韓平洙 沈相玟 玄東完	金鼎燮 沈相玟 金正浩 安在鴻 金宗洙 李 仁 金澤遠 李東旭 朴吉龍 李賢在 朴準龍 趙鍾國 朴興植 玄東完	姜 邁 金澤遠 李 仁 金庚咸 金弼培 李東旭 金德昌 金弘琯 李賢在 金奉根 閔衡基 趙東植 金永龍 朴吉龍 曺晩植 金容瓘 朴承稷 趙鍾國 金容漢 朴準龍 崔 楠 金鼎燮 朴興植 崔奎東 金正浩 沈相玟 崔在煥 金宗洙 元翊常 洪秖裕 金鍾植 劉斗燦 金鍾協 劉命烈

자료: 1929년도 『朝鮮物産獎勵會報』 1-10, 1930.10, 79쪽, 117~118쪽.
1930년도 『朝鮮物産獎勵會報』 1-6, 1930.6, 43쪽.
1931년도 『獎産』 2-5, 1931.5, 51~52쪽.
1932년도 『實生活』 3-6, 1932.6, 42쪽.

비고: (제) 제명, (보) 보궐. 고문은 이사가 아님.

〈표 10〉 1929~1932년도 조선물산장려회 이사진 약력

분류	성 명	이사경력	약 력
지식층 사회 유지	姜 邁	24,32	언론인. 조선노동공제회, 신생활사(22) 참여. 중앙일보 편집부장
	金秉濬	23,24,32,33	천도교인. 청년운동. 조선농민사 참여
	金英喆	**32**,**33**, **34**	경제평론가. 동아상공시보사 사장 동아경제신문사 사장
	金正琪	29	조선민흥회 참여
	金鼎洙	27,**28**,29	自活社 外務員
	金澤遠	31,32,**33**, **34**	의사 · 교육가. 한성의원. 경성여자의학강습소. 한성의사회 회장. 신간회 참여(경성지회)
	金弘琯	32	의사. 물산장려회 경성지회 이사(32, 34)
	明濟世	**25**,**26**,**27**,**28** 29,**30**,**31**,**32** **33**,34	1885~?(영변). 한말 블라디보스톡 외국인학교 졸. 만주, 시베리아를 중심으로 민족운동. 上海臨政 참여. 1919년 4월 天津不變團 조직. 1920년대 초 귀국. 조선민흥회 · 신간회 발기인

분류	성 명	이사경력	약 력
지식층 사회 유지	明濟英	28,29	물산장려회 영변지회 이사
	文一平	**27**,**28**,29	1888~1936(의주). 明治學院 · 早稻田大 졸. 중국에서 민족운동. 중동학교 등 근무. 중외 · 조선일보. 신간회 참여
	朴吉龍	30,31,32	1898~1943(서울). 건축가. 京城工專 졸. 총독부 건축기사. 朴吉龍建築事務所 경영. 발명학회, 고려발명협회, 조선건축회 이사. 과학지식보급회 참여
	朴鍾殷	28,29,30	영흥 출신. 소비조합운동가
	徐 椿	**31**,**32**,**33**,34	1894~1943(定州). 東京高師 재학 중 2 · 8 독립선언. 京都帝大 경제학과 졸. 동아일보 경제부장(27). 조선일보(32~37). 매일신보(42). 발명학회 참여
	鮮于全	**24**,**25**,**31**,**32** 33	早稻田大 정경학부 졸. 경성방직 · 동아일보 설립 참여 연전 · 보전 강사. 조선사정연구회 회원. 발명학회 참여
	沈相玹	**24**,28,29,30 31,32,33,34	1900생(김천). 기독교인. 경응의숙 졸. 革靑團 참여. 조선민흥회 · 신간회 참여
	安在鴻	24,25,28,29 31	1891~1965(평택). 早稻田大 정경학부 졸. 기독교인. 상해 同濟社 참여. 조선일보 사장. 조선사정조사연구회 · 신간회 · 흥업구락부 회원
	吳華英	28,29	1879~1959(평산). 감리교 목사. 3 · 1 운동시 33인. YMCA종교부장. 조선민흥회 · 신간회 참여. 흥업구락부. 물산장려회 고문
	元翊常	32,**33**,**34**	1876~1947(서울). 감리교 목사. 3 · 1운동 주도. YMCA 참여. 발명학회 이사장(38). 조선기독교연합회 참여(38)
	柳光烈	24,**29**,**30**,**31** **32**,**33**,34	1898~1981(파주). 방정환과 함께 『新靑年』 발간(17). 동아 · 조선 · 중외일보(20~32). 매일신보 편집국장(33). 발명학회 참여
	柳永模	29	1890~1981(서울). 교육가. 상공인. 기독교인(無敎會主義). 경신학교 졸. 오산학교 교사 · 교장. 內村鑑三에게 영향. 京城製綿所 운영(28~35)
	李東旭	**28**,**29**,30,31 32,33,34	1897~1948. 감리교 목사. YMCA 간부. 신간회 참여. 조선기독교연합회(38), 혁신교단(43) 참여
	李 仁	24,25,30,31 32,33,**34**	1896~1979(대구). 지주. 明治大 법학부 졸. 변호사(22). 물산장려회 회장(33). 과학지식보급회 부회장(34). 조선어학회 사건 연루
	李鍾麟	**23**, **24**, 25,28 29	1883~1950(서산). 한말 관리, 계몽운동 참여. 천도교 입교(12). 개벽사 참여. 신간회 경성지회장. 물산장려회 이사장, 고문. 과학지식보급회 고문. 천도교 敎領(40)

분류	성 명	이사경력	약 력
지식층사회유지	張東燮	28,29,30	신간회 안주지회 참여
	鄭秀日	**27**,**28**,**32**	경제평론가. 북풍회의 경성청년회 창립 참여(24). 신간회 참여
	趙東植	25,32,33,**34**	1887~1969. 지주. 교육가. 同德義塾 설립(09). 同德女學校 교장. 과학지식보급회 참여
	曺晩植	32,33,34	1882~1946(江西). 明治大. 평양기독교청년회 총무. 평양물산장려회 주도. 장로교 농촌운동 지도. 신간회 참여. 수양동우회
	朱耀翰	29	1900~1979(평양). 언론인 · 상공인. 上海 扈江大 졸. 동아 · 조선일보 편집국장. 和新產業 전무(34). 수양동우회 물산장려회 영변지회 이사. 동아일보 영변지국장
	車南斗	30	
	崔奎東	28,32,33	1881~1950(성주). 교육가. 中東學校 교장. 과학지식보급회 참여
	崔泰永	**29**	1900생(장연). 明治大 법학부 졸. 보전 법과 교수
	韓基岳	25,32	1898~1941(원주). 보전 법과 졸. 上海 臨政 참여. 동아 · 시대 · 조선일보(21~32). 청년연합회 · 노등공제회 주도. 중앙고보 교사
	韓平洙	28,29,30	물산장려회 통천지회 이사
	玄東完	30,31,**32**,**33**,34	1899생(서울). 기독교 목사. 미국 그린빌대학 졸. YMCA 부총무. 흥업구락부, 신간회 참여. 발명학회, 과학지식보급회 참여
상공인·기술자층	金德昌	23,31,32	상공인. 조선산직장려계 참여. 동양염직주식회사 전무
	金永龍	32	상인
	金容瓘	29,30,**31**,32	1897~1967(서울). 상공인 · 기술자. 京城工專, 東京高工 졸. 纛島窯業工場 경영. 발명학회, 고려발명협회, 과학지식보급회 주도. 경성지회 이사(32,34). 트옥(38)
	金容起	31	1876생(固城). 상공인. 건양사 사장. 朝鮮古史 考究. 물산장려회 고문(재정후원). 신간회 참여
	金容漢	31,32	1896생. 상인. 寶光號(新舊雜貨製造販賣) 경영주
	金鼎燮	31,32	상인. 三光商會(금은보석상). 경성지회 이사(32,34)
	金正浩	30,31,32,33,34	1885생(개성). 지주, 상공인. 明治大 졸. 개성 고려청년회 주도(21~25). 松高實業場 사장. 개성전기회사 지배인
	金宗洙	31,32	1887생. 상공인. 寶泉堂(毛筆原料 製造販賣, 貿易) 주임
	金鍾植	32	1895생. 상공인. 三星堂(化粧品製造) 경영주
	金鍾協	**25**,**26**,**27**,**28**,**29**,30,32,**33**,**34**	상공인(출판업). 조선민흥회 참여. 발명학회 참여
	文完錫	30	1902생(경성). 기업가. 한일은행 근무. 건양사 공업부장. 물산장려회 경성지회 이사(31)

분류	성 명	이사경력	약 력
상공인·기술자층	閔衡基	32	상공인. 朝鮮絹織株式會社 지배인
	朴承稷	28,32	1864~1950(廣州). 상공인(포목상). 共益社 사장. 麒麟麥酒, 朝鮮織物株式會社 株主. 중앙번영회 이사장. 경성상공협회 이사장. 경성지회 고문. 과학지식보급회 고문
	朴有鎭	**31**	1900생. 조선산직장려계. 有昌精米所(곡물무역) 경영주
	朴準龍	30,31,32,33 34	상인
	朴天秉	25,**28**,**29**,**32** 33,34	1896생(개성). 공업기술자. 서울鐵工社 경영주. 上海 大韓民國青年團 참여
	朴興植	31,32,33,34	지주, 상공인. 鮮一紙物株式會社, 화신백화점 사장. 발명학회, 과학지식보급회 참여
	白泓均	**27**,**28**,**29**,**30** **31**,**32**,**33**,**34**	1900생(진남포). 상공인(고무신제조업). 京城高工 졸. 학생운동(養明會). 한성은행. 서울고무工社 창립(24), 전무취체역
	徐廷觀	31	장산사 서기
	梁晶植	29,**30**,33,**34**	1897생. 상공인. 開城學堂 수학. 서울고무工社 상무. 과학지식보급회 참여
	劉斗燦	32	기술자. 京城高工 졸. 발명학회, 고려발명협회 참여
	劉命烈	32	1890생. 상인. 종로정미소 경영주
	李圭漢	28,29,30	1889생(수원). 상공인. 富國商會(비누제조업) 경영
	李圭顯	**32**,**33**,34	1883생. 상공인. 不二釀造合名會社 사장. 경성부협의원. 과학지식보급회 참여
	李常雨	32,33	회사원. 경성방직주식회사 지배인
	李愚璟	29	상인. 八珍屋(과자상) 경영. 신간회 참여(경성지회)
	李泰魯	**30**,**31**	1899생. 회사원. 경성방직 지배인대리
	李賢在	30,31,32,33 34	1903생. 상공인. 東洋染織, 興一社 전무. 과학지식보급회 참여
	鄭世權 ·	**29**,**30**,**31**,**32** **34**	1888~1965(固城). 상공인, 건축가, 사회사업가. 晋州樂育學校 졸. 고성군 하이면장. 建陽社 전무. 장산사 사장. 『장산』, 『實生活』 발행인. 신간회 참여(경성지회). 과학지식보급회 참여. 조선어학회 후원
	趙鍾國	31,32	상공인. 朝鮮賣藥株式會社 전무
	崔 楠	32	1895생. 상공인. 조선산업은행. 조선일보. 德元商店, 동아부인상회, 동아백화점 경영. 흥업구락부 회원
	崔在旭	30	상공인. 世昌機業社(布木製造業) 경영주
	崔在煥	32	상공인. 延專 졸. 大昌洋靴店 경영주

분류	성 명	이사경력	약 력
	洪淳泌 洪昶裕 黃仲顯	**32**,33,34 31,32 28,29,34	상공인. 大同印刷株式會社 사장. 신간회 참여 상공인. 서울洋服店 경영주. 조선노등공제회, 조선노동연맹 참여 상공인. 개성 고려청년회 참여(20~26). 松高實業場 상무. 松都殖產 사장
미상	金庚咸(32,**33**,34), 金奉根(32), 金弼培(32), 徐政煥(**30**)		

비고: 이사 경력 중 굵은체는 상무이사 역임년도.

이상과 같이 대공황기 물산장려회 이사진은 각 방면의 지식층 사회 유지와 기술자를 포함한 상공인층 등 크게 두 그룹으로 구성되었다. 우선 1920년대와 비교하여 이 시기 이사진 구성에서 가장 뚜렷이 구별되는 점은 상공인층의 참여가 크게 증가하였다는 사실이었다. 〈표 11〉은 창립 이래 물산장려회 이사의 직업별 구성 추이를 정리한 것인데, 여기에서 쉽게 확인할 수 있듯이 1920년대 후반 이래 상공인층의 참여가 계속 증가하여 1930년부터는 지식층 사회 유지를 앞서기 시작하였다. 요컨대 대공황기 물산장려운동은 지식층 중심이었던 1920년대 전반과 달리 지식층과 상공인층의 합작운동으로 전개되었다.

〈표 11〉 직업별 조선물산장려회 이사진 구성의 추이

연도 / 분류	1923 (창립)	1923 (1회)	1924 (2회)	1925 (3회)	1928 (6회)	1929 (7회)	1930 (8회)	1931 (9회)	1932 (10회)
지 식 층	16	18	17	13	24	16	11	11	19
상공인층	2	6	2	6	8	9	13	14	28
미 상	2	5	6	6	3	0	1	0	3
합 계	20	30	25	25	35	25	25	25	50

비고: 기술자는 상공인에 포함.

이는 전술한바 이 시기 경제변동과 관련한 경성 상공인층의 위기의식과 자구의 노력을 반영하는 것이었고, 동시에 정세권 등 새로운 간부진의 참여와 함께 물산장려회가 자본주의 경제운동단체의 성격을 더욱 분명히 해가는 과정이었다.[104] 당시 물산장려회에 관계한 지식인이나 언론들이 이러한 변화를 물산장려운동의 "필연적 발전"으로 환영하였듯이,[105] 이는 자본주의 경제운동으로서 물산장려운동이 지니는 본질적 속성을 보여주는 것이었고, 그러한 의미에서 이 시기 물산장려운동은 한 단계 발전하고 있었다.[106] 이하 이들 양 그룹 이사진의 동향을 간략히 살펴보고자 한다.

지식층 이사는 종교계 · 언론계 · 학계 · 교육계 · 법조계 등 다양한 영역에서 활동하는 민족주의 계열의 중견인사들이었다. 이들은 물산장

---

104) 1932년 명제세가 그간 물산장려회가 주력한 것은 무엇보다 생산자의 조직적 단합이었다고 언급한 바와 같이(「民族的 大統一黨 結成 前提로 現有諸團体解体 提議」, 『三千里』 1932년 8월호, 4쪽), 이는 물산장려회 간부들이 공통적으로 추구한 일차적인 활동 목표였다.

105) 安在鴻, 「朝鮮物産奬勵運動의 一進展」, 『奬産』 2-2, 1931.2, 2~3쪽 ; 「物産奬勵運動의 進展」, 『東亞日報』 1931년 6월 16일자 ; 「物産奬勵運動十年」, 『東亞日報』 1932년 1월 13일자.

106) 그리고 이와 같이 中央理事會에 상공인층의 참여가 본격화되는 데 따라서 경성지회의 지위와 역할은 축소되었다. 1931~32년 경성지회 이사 명단을 소개하면 다음과 같다.

제4회 정기총회(1931.4.24) 金德昌, 金容瓘, 金容漢, 金鼎燮, 明濟世, 白泓均, 李仁, 李鍾麟, 李賢在, 鄭世權, 趙鍾國, 洪祀裕
제4년 제2회 이사회(1931.5.15) 이사장: 明濟世, 고문: 張斗鉉, 朴承稷 文完錫, 白泓均, 徐廷觀, 李英柱, 鄭世權, 洪祀裕
제5회 정기총회(1932.4.28) 金德昌, 金容瓘, 金鼎燮, 金鍾協, 金弘琯, 鮮于全, 劉斗燦, 李鍾麟, 李鎭五

려운동의 정신을 고취하는 이론진이나 일선에서 그것을 실천하는 실무자·후원자로 활동하였다. 언론계와 학계 인사들은 주로 전자의 역할을 담당하였는데, 조선일보의 안재홍, 동아일보의 서춘(경제학), 연전 강사 선우전(경제학), 경제평론가 정수일 등을 비롯하여 보전 교수 최태영(법학), 동아상공시보사 사장 김영철[107] 등이 활동하였다. 여기에 이사는 아니지만 물산장려회 고문 설태희와 동아상공시보사의 김홍희[108]가 열렬한 물산장려운동 이론가로 선전활동에 가세하였다. 그 밖에도 현상윤(역사학, 보전 교수), 한치진(사회학), 김봉집(공학, 연전 교수) 등과, 특히 조선어연구회·조선어학회 핵심 인물들인 이극로(국어학, 경제학), 이만규(국어학, 교육학), 최현배(국어학, 연전 교수) 등 다수 민족주의 계열의 학자들이 논설을 통해 물산장려의 당위성과 그것이 갖는 민족적 의의를 강조하며 물산장려회를 지원하였다.[109]

종교계, 교육계, 법조계 인사들은 주로 후자의 역할을 담당하였다. 종교계에서는 기독교의 오화영·이동욱·심상민·현동완·원익상·불교의 한용운, 천도교의 이종린·김병준 등이 적극 참여하였고, 교육계에서는 조동식·최규동·김택원 등, 법조계에서는 변호사 이인이 주요한 후원자였다. 이 가운데 물산장려운동에 가장 열성적인 이들은 기독교 인사였다. 1920년대 후반 조선민흥회, 신간회 운동이나 여타 사회운동에 적극적이었던 이들은 모두 장로교에 비해 현실참여 성향이 강한

---

107) 정세권 그룹의 一人인 金英喆은 적극적인 소비조합주의자로서(金英喆, 「協同組合一般論」, 『新興朝鮮』 1-1, 1933.10), 1934년 정세권이 주도한 實生活社 창립에 참여하였다. 「社告 實生活社 創立」, 『實生活』 5-3, 1934.3.

108) 金鴻熙 역시 정세권 측근의 한사람으로 실생활사 기자로 활동하였다.

109) 그러나 이러한 공통된 주장 저변에 이들 사이에도 물산장려운동을 바라보는 입장과 경제자립운동으로서의 그 효율성에 대한 인식은 다양한 편차를 보이고 있다.

감리교 계통의 인물이었고, YMCA의 간부 또는 그 계열에서 활동하였다.[110] 특히 주목할 만한 사실은 물산장려회에서 주요한 위치에 있는 기독교 인사들 가운데 다수가 홍업구락부 회원이라는 점이었다.[111] 주지하듯이 홍업구락부는 이승만의 정치조직인 동지회의 정강과 방침에 따라 1925년 3월, 경성 YMCA를 기반으로 국내에 조직된 단체였다.[112] 홍업구락부는 정치적으로 민족관념의 보급과 민족적 대동단결을, 경제적으로는 산업발전과 자작자급의 실천이라는 경제적 실력양성론을 운동방침으로 삼고 있었다. 이러한 입장에서 홍업구락부 회원들은 1920년대 민족협동전선운동(조선민흥회 · 신간회)에 적극 참여하고 농촌운동 등 민족주의 경제운동을 전개하였는데, 이들의 물산장려운동 참여도 그러한 활동의 일환이었다.[113]

---

110) 일제하 기독교 내부의 이념적 성향과 기독교 사회운동의 동향 및 기독교청년회에 대해서는 한국기독교역사연구소, 『한국기독교의 역사 II』, 기독교문사, 1990, 148~176쪽, 209~241쪽 ; 전택부, 『한국기독교청년회운동사』, 정음사, 1978, 제7, 8부 등 참조.

111) 물산장려회 고문인 吳華英 · 尹致昊 · 兪星濬과 이사 安在鴻 · 張斗鉉이 홍업구락부 창립회원이었고, 이사 玄東完 · 金潤秀 · 崔楠과 열렬한 물산장려론자인 李萬珪 · 崔鉉培 등도 회원이었다.

112) 興業俱樂部에 대해서는 전택부, 앞의 책, 1978 ; 金相泰, 「1920~30년대 同友會 · 興業俱樂部 硏究」, 서울대 석사논문, 1991 ; 고정휴, 「태평양문제연구회 조선지회와 조선사정연구회」, 『역사와 현실』 6, 1991 등 참조.

113) 이렇게 보면 경성 물산장려회와 홍업구락부 사이에는 일정한 인적 · 사상적 연계성이 찾아지는데, 이는 다음 예에서도 엿볼 수 있다. 즉, 同志會 · 홍업구락부가 경제적 실력양성론(자본주의근대화론)에 더욱 경사되고 있었던 1930년, 李承晩은 北美留學生總會 10주년 기념사에서 조선민족의 최대 급무로서 경제발전을 내세우고, 그 방법으로 물산장려회의 운동일반론이라 할 수 있는 자작자급의 물산장려와 조선인 자본 · 기업의 합동의 중요성을 특별히 강조하였으며(李承晩, 「朝鮮學生에게 寄함」, 『우라키』 1930년 特大號, 1~2쪽), 또한 물산장려회 역시 1932년 8월 이승만의 이 논설을 기관지에 특별게재하여 물산장려

이와 같이 대공황기 물산장려회에는 1920년대 후반 신간회, 종교단체에 관여하면서 비타협적 민족협동전선운동에 적극적이었던 일부 인사들의 참여가 지속되는 가운데 새로이 학계 및 교육계 인사들의 참여가 증대하였다. 이들의 성향은 전술한 바와 같이 이 시기 운동계·사상계의 동향을 반영하여 적극적인 비타협운동자로부터 타협적·개량적 지식인에 이르기까지 다양하였다. 특히, 조선어학회 주도자들의 참여에 잘 나타나듯이, 이 시기 민족주의 지식인·학자들은 물산장려운동을 단순한 경제자립운동이 아니라 민족의식·자주정신을 고취하고 민족단합을 촉진하는 데 기여하는 문화운동이나 사상운동의 일환으로 파악하여 물산장려회에 동참하였다.[114]

상공인층 이사는 규모 있는 자본가부터 기업인, 소규모 제조업자, 상인에 이르기까지 다양한 분포를 보이고 있다. 이들의 간략한 경영관계를 소개하면 〈표 12〉와 같은데, 이로부터 다음과 같은 몇 가지 일반적 특징을 살필 수 있다.

운동의 취지를 선전하였다(李承晩, 「全體를 爲하야 合同하고 衣食住 日用品의 自作自給」, 『實生活』 3-8, 1932.8). 추론하면, 경성 물산장려회가 장로교를 기반으로 安昌浩의 흥사단·동우회에 연결된 평양 물산장려회와 조직적 연관을 맺지 않고 상호 분립하여 활동한 것도 이와 무관하지 않을 것이다.

114) 小城草夫, 「우리 物産奬勵運動의 序曲」, 『朝鮮物産奬勵會報』 1-11, 1930.11 ; 崔鉉培, 「朝鮮物産奬勵會의 任務」, 『朝鮮物産奬勵會報』 1-12, 1930.12 ; 金昶濟, 「物産奬勵의 兩方面」, 『奬産』 2-2, 1931.2 ; 韓稚振, 「物産奬勵의 必然的 趨勢」, 『新朝鮮』 2-8, 1931.9.

〈표 12〉 조선물산장려회 상공인 이사(1928~1932)의 경영관계 일람

성 명	회사·상호	취급품	직책	창립	자본금	불입금	기타
金德昌	東洋染織	포목	전무	1920	5만(22)	17,500(22)	사장 李德裕
金正浩	松高實業場	면직물	사장	1929	20만	5만	양말 포함
同	高麗蔘業社	인삼	전무	1913	20만		사장 孫鳳祥
同	開城電氣	전기	사장	1916	50만(31)		
同	松都殖產	농산물	사장	1927	10만	5만	
黃仲顯	松高實業場	면직물	상무				
同	松都殖產	농산물	취체역				
閔衡基	朝鮮絹織	견직물	지배인	1923	20만	7만5천	사장 閔奎植
同	朝鮮製絲	견직물	취체역	1920	100만(31)		사장 閔丙奭
劉 銓	朝鮮絹織	견직물	전무				
同	朝鮮製絲	견직물	전무				
朴承稷	朴承稷商店	포목	사장	1897	6만		
同	共益社	일반	사장	1914	20만(31)	87,500(31)	朝日共同
張斗鉉	興一社	면직물	사장	1924	10만(30)		
李賢在	興一社	면직물	전무				
李泰魯	京城紡織	면직물	지배인	1919	100만(31)	75만(31)	경영주 金季洙
李常雨	京城紡織	면직물	지배인				전무 李康賢
李圭元	大陸고무	고무신	전무	1922	50만	12만5천(31)	사장 李允用
白泓均	서울고무工	고무신	전무	1924	18만(30)	10만5천(30)	사장 鄭完圭
梁晶植	서울고무工	고무신	상무				
朴興植	鮮一紙物	지물	사장	1926	25만	62,500	
同	和信百貨店	일반	사장				
趙鍾國	朝鮮賣藥	약품	전무	1912	5만		사장 李石謨
崔 楠	德元商店	일반	사장	1916	5만		
同	東亞婦人商	일반	사장	1919	5만		1926년 인수
同	東亞百貨店	일반	사장	1931			
洪淳泌	大同印刷	출판	사장	1920	30만(31)	87,500(31)	대주주 盧益亨
同	朝鮮圖書	도서	전무	1919	25만		사장 盧益亨
金容起	建陽社	건축	사장	1920	20만		
鄭世權	建陽社	건축	전무				
	奬產社	토산품	사장	1930	66,110(35)	『奬產』,『實生活』 발행기관	
金容漢	寶光號	잡화	경영주		18,800(31)		제조판매
金宗洙	寶泉堂	모필	주임				제조판매
金鼎燮	三光商會	금은	주임				
金鍾植	三星堂	화장품	경영주				제조판매
朴承稷	朴家粉	화장품	사장	1913	1만		제조판매

성 명	회사 · 상호	취급품	직책	창립	자본금	불입금	기타
朴有鎭	有昌精米所	곡물	경영주				
劉命烈	鐘路精米所	곡물	경영주				
柳永模	京城製綿所	면직물	주임	1928			제조판매
李圭漢	富國商會	비누	경영주				제조판매
李圭顯	不二釀造	주류	사장	1927	1만		제조판매
李愚璟	八珍屋	과자	경영주	1918			
崔在旭	世昌機業社	포목	경영주				제조판매
崔在煥	大昌洋靴店	제화	경영주	1918			
洪昌裕	서울洋服店	양복	경영주				

자료: 京城副業世界社 編, 『朝鮮人會社 · 大商店辭典』, 副業世界社, 1927 ; 中村資良 編, 『朝鮮銀行會社要錄』, 東亞經濟時報社, 1931 ; 『朝鮮物産奬勵會報』 1-1~12. 1929.10~1930.12.

비고: 상단은 資本金 5만 원 이상의 會社 · 商會, 하단은 小規模 製造業 · 商會.

첫째, 박승직을 제외하면 이들 상공인 이사들은 대부분 1910년대 후반에서 1920년대 起業한 30 · 40대 신진 자본가 · 기업인이었다.[115] 말하자면 자본의 규모를 불문하고 이들의 기업 · 상업활동은 일제 이식자본과 심각한 경쟁 속에서 전개되었고, 가장 중요한 성장기에 경제공황과 직면하였던 셈이다. 둘째, 이들 가운데 자본금 50만 원 이상의 규모 있는 자본가는 이른바 '관료 · 양반 · 지주형' 상공인이라 할 수 있는 閔泳徽家의 閔衡基(朝鮮絹織), 李夏榮의 아들 李圭元(대륙고무), 개성의 대지주 金正浩(松高實業場) 정도였고, 대다수는 이른바 '서민형' 중소자본가로서 특히 상인(상업자본) 출신이 많았다.[116] 셋째, 창립기 물산장려운동을 주도하고 물산장려회 운영에 깊이 관여한 동아일보 · 경성방직의 김씨가는 1925년 부흥총회 이후 일선에서 물러났지만 대리인을

115) 원로 그룹에 속하는 張斗鉉, 金德昌 등도 1920년대에 접어들어 공장제 기업 운영에 참가하였다.

116) 1920 · 30년대 조선인 상공업자의 類型別 정리에 대해서는 李漢九, 앞의 책, 1989, 178~179쪽, 226~227쪽 참조.

이사진에 참여시키거나 정기적인 재정 지원을 통해 지속해서 관련을 맺고 있었다.[117] 넷째, 업종을 중심으로 보면 각종 생활용품 제조·판매업자들이 참여하고 있지만, 대종을 이루는 것은 의류, 고무신, 약품 등을 취급하는 상공업자였다. 특히 경성의 의류와 고무신 제조업은 1920년대 공장제 방식을 채택한 조선인 자본이 진출하여 일본 자본과 경쟁한 대표적인 업종으로,[118] 물산장려 대상 중 가장 중요한 품목이었다.[119] 앞에서 살펴본바 물산장려회가 준조선물산, 가공조선물산으로 예시한 공산품의 대다수는 결국 이들 상공인 이사나 회원들이 생산한 제품이었다.

물산장려회에서 상공인 이사의 역할은 재정 지원과 물산장려사업에의 동참 등 크게 두 가지였다. 재정 지원은 주로 광고 게재, 동정금, 회비 등의 형태로 이루어졌는데, 이 가운데 가장 큰 비중을 차지한 것은 광고 게재였다(〈표 8〉 참조).[120] 이 외에 이들 이사가 관여하는 몇

---

117) 김성수(특별회원)와 김연수(통상회원)는 동정금 출연이나 광고 게재 등 여러 방법으로 물산장려회를 지원하였고(주 119, 120 참조), 특히 경성방직 전무 李康賢(특별회원)은 이사는 아니지만 재정 운영에 간여할 정도로 긴밀한 관계에 있었다.

118) 趙璣濬, 앞의 책, 1977, 제11장 ; 權泰櫶, 『韓國近代綿業史硏究』, 一潮閣, 1989, 243~273쪽 ; 이승렬, 「일제하 조선인 고무공업자본」, 『역사와 현실』 3, 1990.

119) 따라서 이 계통의 조선인 기업 가운데 경영주가 직접 물산장려회 이사로 참여하지 않은 경우에는 간접적인 방식으로 관계를 맺는 경우가 많았다. 京城紡織·中央商工의 金氏家는 전술한 바와 같고, 그 밖에 大昌고무의 吉炳德이 특별회원, 조선고무의 朴永根, 京鮮고무, 內外고무 등이 통상회원이었다. 또한 朴承稷에 앞서 1927년까지 포목상조합을 이끌었던 大昌織物의 白樂元 역시 정기적인 광고 게재를 통해 물산장려회를 후원하였다.

120) 광고료는 일률적인 것은 아니나 대체로 표지 전면 30원, 이면인 경우 전면 20원, 반면 11원, 1/4면 6원으로 책정되었다. 1930년도 회계를 예로 들면 수입의 25%가 광고료였다(〈표 8〉).

몇 회사가 동정금 형식으로 정기적 지원을 하였으며,[121] 회비는 이사진의 재정지원으로서 큰 비중을 차지하지 않았다. 물산장려사업에의 동참은 바자회, 廉賣市, 卽賣會 등 조선물산을 소개하고 염가로 판매하는 각종 소비사업에 협조하는 것이었다.[122]

이렇게 보면 상공인층의 물산장려회 참여는, 그들이 경성상공협회 창립을 주도했던 그 배경과 마찬가지로 이식자본주의 강화 · 재편기 일본인 자본과 상권 확대에 대응하고 자본축적을 도모하기 위한 자구책의 일환이었음을 살필 수 있다. 물산장려회 상공인 이사나 회원 가운데 일부는 현실적으로 총독부 권력과 일본 독점자본의 지원을 기대하고 나아가 실제 예속화의 과정을 밟고 있었지만, 그러면서도 적어도 1930년대 초까지 조선인 본위의 경제자립, 민족경제유통권의 유지라는 명분과 관념을 완전히 포기하지 않은 이중적 양상을 보이고 있었다.[123] 말하자면 대공황기는 일제하 조선인 자본가의 자본축적운동이 민족경제 자립이라는 관념과 결부되어 전개된 마지막 시기였고, 그러한 과도기의 동요 속에서 상공인층의 물산장려회 참여가 증대하였다.

이상 살펴본 바와 같이 대공황기 물산장려회는 그 조직 규모와 정치적 위상의 취약성에도 불구하고, 지식인층과 상공인층의 합작운동체로

121) 1930년 7월부터 1931년 4월까지 매월 정기적으로 동정금을 납부한 것으로 확인되는 주요 회사와 동정금액은 建陽社(30~35원), 서울고무工社(20원), 京城紡織(9원 99전~10원), 興一社(5원) 등이었다(〈표 8〉의 자료).

122) 이에 대해서는 후술.

123) 李郁夏(東洋染織), 「生産業者와 朝鮮物産獎勵」, 『朝鮮物産獎勵會報』 1-2, 1930.2 ; 金容起(建陽社), 「獎産을 發行하는 本義」, 『獎産』 2-1, 1931.1 ; 鄭世權(獎産社), 「朝鮮物産獎勵運動의 進路 (2) · (4)」, 『實生活』 3-5, 3-7, 1932.5, 7 ; 李康賢(京城紡織), 「自作自給運動의 强大化」, 『新興朝鮮』 1, 1933.10 ; 朴興植(鮮一紙物), 「經濟的 新興의 責任을 다하라」, 『新興朝鮮』 1, 1933.10.

발전하면서 이 시기 경제적 실력양성운동을 전면에서 주도한 주요한 민족주의 경제단체였다. 이러한 조직적 발전은 당시 운동정세 및 경제 동향과 관련하여 민족·자본주의 계열이 각종 당면이익획득운동, 개량적 실력양성운동으로 결집하고 있는 사정을 반영하였다.[124] 이 시기 물산장려회는 1920년대 비타협적 운동에 참여한 종교계 인사, 학계·교육계의 일부 지식인, 경성상공협회를 주도하는 일부 자본가와 중소 상공인층이 저변을 이루는 가운데, 실천적 경제운동으로서의 물산장려 운동을 중시하는 지식인과 상공인층이 조직을 주도하였다. 그리하여 대공황기 물산장려운동은 조선인 본위의 민족경제 자립이라는 관념 하에 자본축적운동의 본질을 구체적으로 체현하고 있었다.

2) 물산장려운동의 전개와 해체

(1) 기관지 발행과 물산장려사업

물산장려회는 재정문제가 해결되고 인적 기반이 확대되면서 각종 물산장려사업을 추진하였다. 정세권의 재정지원과 이론진의 확대로 기관지 간행의 난관이 일거에 해결되었기 때문에 간부진은 우선 중단된 기관지를 복간하였다. 1929년 8월, 기관지 문제를 위임받은 정세권, 명제세, 김종협이 계몽 소식지였던 『자활』과 달리 잡지 형식의 기관지 발간을 결정함으로써 1929년 10월 『조선물산장려회보』 창간호를 간행하였으며,[125] 1930년부터는 월간으로 증간하였다.[126] 기관지는 물산장려회

124) 이러한 의미에서 물산장려회 이사 안재홍은 신간회가 해소된 후인 1932년 3월 물산장려회를 "(民族主義) 政治運動의 한 部門的 勢力"으로 간주하였다. 安在鴻, 「民族主義 勢力의 系列」, 『三千里』 1932년 3월호, 2~3쪽.

125) 「本會의 沿革」, 『朝鮮物産獎勵會報』 1-10, 1930.10, 135~136쪽. 이러한 의미에서 이사장 이종린은 창간사를 통해 "一轉二轉의 간접적이든 産業界와 自活을

내부 갈등과 관련하여 1931년 이후『奬産』,『新朝鮮』,『實生活』,『新興朝鮮』등 여러 차례 제호가 바뀌면서 1934년 초까지 간행되었다.[127]

기관지 복간과 함께 간부진은 물산장려회의 운동이념을 재점검하는 작업에 착수하였다. 물론, 창립 이래 물산장려회가 주장하는 물산장려운동 일반론은 다음과 같이 일관되고 있었다.

> 新春에 당하야 本會는 一層 광범하게 會員을 획득하는 동시에 從來에 내려오든 主旨에 더욱 철저하려 한다. 積極的으로는 資本家의 團結促進, 技術者의 증가와 이에 따른 生産能力의 향상, 이러케 생산된 商品의 宣傳이오. 消極的으로는 農村사람의 收入이 나아디기까지 相對的으로 自作自給의 復活 즉 商品의 消費節約을 高調하려 한다.[128]

외래 대자본에 대항하기 위한 적극적 방안으로 자본가의 단결(자본규합)과 기술자의 양성을 통해 기업을 발흥시키자는 생산장려책과, 소극적 방안으로 토산애용 장려 · 가내수공업 부활 · 농가부업 등으로 소

던져치우고", "本會의 正體를 드러내노코 進하야 運命과 決戰"하려는 데『會報』발간의 의의가 있음을 강조하였다. 李鍾麟,「創刊辭」,『朝鮮物産奬勵會報』1-1, 1929.10, 1쪽.

126) 정확히 말하면『會報』2호는 1930년 1월에 간행되었고, 3월(3호)부터 월간화되었는데, 월간지로 전환하면서 主筆制를 도입하였다.

127) 그 내면 사정은 후술하기로 하고 기관지 변동 상황만 정리하면 다음과 같다.
①『朝鮮物産奬勵會報』1-1호~1-12호(1929.10~1930.12, 발행인 明濟世, 주필 金容瓘)
②『奬産』2-1호~2-6호(1931.1~1931.6, 발행인 鄭世權, 주필 柳光烈)
③『新朝鮮』2-7호~2-8호(1931.7 · 8~1931.9, 발행인 明濟世)
④『實生活』2-9호~3-11호(1931.10~1932.11, 발행인 鄭世權, 주필 柳光烈)
⑤『新興朝鮮』1호~3호(1933.10~1934.1, 발행인 李仁)

128) 柳光烈,「卷頭辭」,『朝鮮物産奬勵會報』1-2, 1930.2, 3쪽.

비절약과 수입 증대를 도모하자는 애용장려책·자작자급론이 물산장려운동의 기본 방침이었다. 이 가운데 물산장려회가 창립기 이래 주력한 것은 소극적 방법인 애용장려책이었다.[129]

그러나 1920년대 말부터 상공인층과 기술자의 참여가 증대하면서 애용장려 위주의 물산장려운동에 대한 비판이 제기되었다. 정세권은 1929년 10월, "朝鮮物産奬勵會가 今日까지 振興되지 못한 것도 其 原因이 愛用에 置重하고 生産에 置重티 아니한 데 있다"고 지적하였고,[130] 1929년 12월에는 "날로 破滅되는 우리 經濟界를 助長하랴면 무엇보다도 生産을 勵行하여야 하리라"는 취지에서 조선물산선전대강연회를 개최하기도 하였다.[131] 이 주장은 애용장려를 부정하는 것이 아니라 더불어 생산장려도 적극 모색하자는 것이었지만, 물산장려운동의 당면 급무가 무엇인가 하는 논의로 확대되었다. 물산장려회는 그 해결 방안으로 애용과 생산을 주제로 '신춘현상지상웅변고시'를 실시하였고, 여기에서도 결말이 나지 않자 일반인의 의견을 현상모집하여 애용장려를 물산장려의 '급무'로 정리함으로써 애용장려를 우선 방침으로 하되 생산장려를 병행한다는 기존 입장을 재확인하였다.[132]

---

129) 李鍾麟, 「本會의 第二回 總會를 經過하고서」, 『産業界』 4, 1924.7, 3~4쪽.

130) 鄭世權, 「朝鮮物産生産奬勵」, 『朝鮮物産奬勵會報』 1-1, 1929.10, 4쪽.

131) 「主義宣傳」, 『朝鮮物産奬勵會報』 1-2, 1930.1, 3쪽. 강연자는 李郁夏(東洋染織), 鄭世澤(京城紡織), 崔泰永(普專敎授), 李克魯(經濟學者) 등이었다.

132) 1930년 2월 실시된 '新春懸賞誌上雄辯考試'(심사위원은 薛泰熙, 安在鴻, 李克魯, 李鍾麟, 柳光烈)에서는 논문 당선자가 同數가 되어 우열을 가리지 못하였고(그 경위와 당선 논문은 『朝鮮物産奬勵會報』 1-3, 1930.3 참조), 동년 5월 물산장려 급무에 관한 현상 투표를 실시한 결과, 애용 284표, 생산 80표로 애용장려 지지가 다수였다(「懸賞投票開票光景」, 『朝鮮物産奬勵會報』 1-5, 1930.5, 48~49쪽). 그러나 이후에도 생산장려 급무론이 계속 제기되자, 1930년 10월 李克魯가 물산장려회의 '주의'는 생산과 애용의 조화에 있다고 정리함으로써 일단 논의는 종결되

물산장려회가 각종 선전사업 외에 이 시기 진력한 애용장려사업은 조선물산을 수집하여 소비자에게 소개하고 염가로 공급할 수 있는 상설적 소비기관, 곧 조선물산진열관을 설립하는 문제였다. 이는 물산장려운동 초창기 경성소비조합설립안이 좌절된 이래 물산장려회의 숙원사업으로서, 물산장려운동이 지식인의 관념적 선전운동에서 상공업자와 결합된 실천적 산업진흥운동으로 발전할 수 있는 교두보로 간주되었다.[133] 이 사업 역시 정세권의 주도로 구체화되어 물산장려회는 1930년 5월 16일 제8회 정기대회에서 소비사업을 전담할 소비부를 증설하고 물산장려회관 건축과 진열관 설치를 결정하였다.[134] 그리고 1931년 9월, 물산장려회관이 준공되고 조선물산진열관이 개설됨으로써 물산장려회는 비로소 상설적인 소비기관을 갖추게 되었다.[135]

조선물산진열관은 조선물산 전람과 판매를 겸하는 상품전시관이자

었다. 李克魯, 「生産과 愛用의 調和」, 『朝鮮物産奬勵會報』 1-10, 1930.11, 5쪽.

133) 鄭世權, 「消費組合의 必要를 感함」, 『朝鮮物産奬勵會報』 1-2, 1930.1, 14~15쪽 ; 薛泰熙, 「本會의 今後 運動方針」, 『奬産』 2-1, 1931.1, 3~5쪽 ; 安在鴻, 「朝鮮物産奬勵運動의 一進展」, 『奬産』 2-2, 1931.2, 2~3쪽 ; 交河過客, 「會館은 우리 産業戰의 陣營」, 『奬産』 2-2, 1931.2, 4~5쪽 ; 一記者, 「朝鮮物産奬勵會館의 新築起工式을 보고서」, 『奬産』 2-5, 1931.5, 34~38쪽.

134) 「最近朝鮮物産奬勵會事情」, 『朝鮮物産奬勵會報』 1-6, 1930.6, 42~44쪽 ; 一記者, 「會館建築과 朝鮮物産陳列館의 實現方針을 보고」, 『朝鮮物産奬勵會報』 1-12, 1930.12, 10~11쪽. 회관 건축과 조선물산진열관 개설에 관한 일체의 준비작업은 鄭世權과 李泰魯에게 위임되었는데, 그 방침에 대해서는 經理部, 「會館建築과 朝鮮物産陳列館 設置에 對한 方針內容」, 『朝鮮物産奬勵會報』 1-12, 1930.12, 17~18쪽 참조.

135) 종로구 낙원동 소재의 회관(3층)은 1931년 4월 20일 기공하여 9월 20일 낙성을 보았으며, 시공업체는 건양사였다. 회관 1층은 물산장려회 · 건양사 · 장산사 사무실, 2층은 조선물산진열관으로 사용되었다. 一記者, 「朝鮮物産奬勵會館의 新築起工式을 보고서」, 『奬産』 2-5, 1931.5, 34~38쪽.

위탁매매기관이었다.[136] 곧, 진열관은 물산장려회가 자립적 민족경제 유통권 형성의 주요한 방안으로 주장하는 소비조합을 전망한 영업적 소비기관이었다.[137] 진열관에 상품을 출품하고자 하는 생산업자는 승인을 받아 소정의 진열료를 납부하도록 하였고, 간사를 두어 진열관 운영을 책임지게 하였다.[138] 그리하여 애용장려를 고취하는 진열관의 첫 사업으로 1931년 11월 4일부터 다음해 1월까지 7회에 걸쳐 조선물산염매시가 개설되었다.[139]

생산장려와 관련해서는 소자본 합동방법의 개발, 소공업진흥을 위한 상공업자들의 기업투자와 기술진흥을 역설하고, 자작자급 정신에 입각한 농촌수공업 · 다각농업 · 농가부업의 개발을 선전하는 한편,[140] 이를

---

136) 진열관 사업은 ①진열물산은 상시로 일반대중의 관람에 供함 ②진열된 물산은 何時든지 願買人에게 此를 卽賣함을 得함 ③진열물산 중 若干種을 선택하야 都賣 혹은 散賣함을 得함 ④수시로 빠사회 · 廉賣市 · 전람회 · 품평회 등을 開함 ⑤진열품은 수시로 심사하야 優者는 선전장려하고 劣者는 개량하도록 지도함 등 크게 5가지였다. 「陳列館規定」, 『朝鮮物産奬勵會報』 1-11, 1930.11, 24쪽.

137) 鄭世權, 「消費組合實現方法」, 『朝鮮物産奬勵會報』 1-3, 1930.3.

138) 위와 같음. 이사회에서 선임하도록 한 임기 3년의 간사는 상품 출품과 판매 운영을 총괄하는 지배인인데, 이는 일종의 이권이었기 때문에 상당한 신원보증금을 납입할 수 있는 자로 규정하였다. 1931년 4월 李鎭五가 간사로 선임되었는데(「朝鮮物産奬勵會最近事情」, 『奬産』 2-5, 1931.5, 49쪽), 그의 이력은 파악하지 못하였다.

139) 할인판매장을 말하는 廉賣市는 매주 수요일부터 일주일간을 1회로 개설되었는데, 할인율은 시가의 5~15%로 규정하고, 출품업자는 소정의 진열료와 위탁수수료(판매가 이루어졌을 경우 판매가의 5~10%)를 내도록 하였다(「朝鮮物産廉賣市規定」, 『實生活』 2-10, 1931.11, 43~44쪽). 염매시에 출품된 상품 내력과 판매 동향에 대해서는 雪友學人, 「朝鮮物産廉賣市印像記」, 『實生活』 2-11, 1931.12, 49~57쪽 참조.

140) 鄭世權, 「朝鮮物産生産奬勵」, 『朝鮮物産奬勵會報』 1-1, 1929.10 ; 金容瓘, 「工業硏究所의 設立을 提唱함」, 『朝鮮物産奬勵會報』 1-2, 1930.1 ; 李克魯, 「自作

위해 기획된 생산장려사업을 구체화하는 데 주력하였다. 곧, 조선인 기술자를 조사하여 상공업자와 연결시키고, 小工業에 관한 정보를 제공하여 소자본경영자의 기업투자를 돕고, 각종 생산과 소비에 관한 통계조사를 소개한다는 것이었는데, 이 작업들은 기관지가 복간되면서 실천에 옮겨졌다.[141] 또한, 물산장려회 부속기관으로 설립된 고려발명협회에 전임상무를 두는 등 조직과 업무를 확장하여, 사업가나 기술자의 생산장려를 독려하였다.[142] 그리고 1930년 8월에는 이 시기 고조되고 있었던 광업 열기와 관련하여 광업에 관한 일체를 지도장려하고 광업투자에 관심이 있는 자본가와 광업기술자를 연계시킨다는 취지 아래 물산장려회에 鑛務部를 설치 운영하였다.[143]

自給의 本義」, 『朝鮮物産奬勵會報』 1-2, 1930.1 ; 柳光烈, 「卷頭言」, 『朝鮮物産奬勵會報』 1-10, 1930.10 ; 薛泰熙, 「朝鮮人 商工業者덜에게」, 『奬産』 2-3, 1931.3.

141) 물산장려회는 『朝鮮物産奬勵會報』 1-1호부터 「生産統計로 본 朝鮮人의 現況」이라는 통계자료를 연재하였고, 1-2호부터는 기업가가 안심하고 사업에 투자할 수 있도록 한다는 취지 아래 매호 「朝鮮人技術者 紹介」란을 두어 기술자 인명록을 게재하였으며, 「生産指南」·「産業指南」란을 통해 소규모 제조업 기술과 사업 방법에 관한 정보를 제공하였다.

142) 1931년 고려발명협회 임원은 이사장 張斗鉉, 경리부 明濟世, 기술부 朴吉龍, 법리부 白泓均, 선전부 柳光烈, 변호사·변리사 李升雨 전임상무 金容瓘, 李英柱, 徐廷觀 등 물산장려회 핵심인사들이 겸직하고 있었으며, 주요 사업은 ①특허국 관계 법규에 대한 질의응답, ②기술에 관한 질의응답, ③특허 실용신안 의장 및 상표에 관한 출원수속 代務, ④상표 의장 및 기타 도면의 作製 등이었다. 「謹告 高麗發明協會」, 『新朝鮮』 2-7, 1931.8.

143) 「朝鮮物産奬勵會最近事情」, 『朝鮮物産奬勵會報』 1-9, 1930.9, 45쪽. 鑛務部 전임상무에는 명제세가 임명되었고, 업무는 ①광업 출원수속 알선, ②광업 출원자금 알선, ③광석 감정, ④광산 감정, ⑤채광설계, ⑥제련설계, ⑦광산 경영자금 알선, ⑧광산광석 매매 알선 등이었다.

(2) 장산사와 조선물산장려회의 해체

대공황기 물산장려회는 각종 선전사업과 더불어 애용·생산장려사업을 추진하는 등 활기를 띠었다. 그러나 이 과정과 병행해서 물산장려회는 내적으로 심각한 변화를 겪고 있었다. 1920년대 중반 이래 조직 재건을 주도한 구 간부들과 정세권 사이에 회의 운영방침을 둘러싸고 不和가 일어났기 때문이었다.[144] 갈등은 1929년 4월 정세권의 이사회 참여 당시부터 이미 싹튼 것으로 보이지만, 1930년 5월 정기대회에서 조선물산진열관 주무간사 선정을 둘러싸고 의견 차이를 보이면서 본격화되기 시작하였다. 당시 정세권은 진열관 운영은 상품에 대한 심사와 지도가 요구되므로 경험과 수완이 있는 전문가, 곧 상공인을 간사로 선정해야 한다고 주장한 반면, 구 간부들은 물산장려회 인사가 직접 운영할 수 있다고 하여 서로 충돌하였다.[145]

반목은 정세권이 장산사를 설립하여 물산장려회 사업 전반을 관장하게 되면서 심화되었다. 정세권은 1931년 1월에 기관지 발행인으로 취임하는 동시에 제호를 『장산』으로 변경하였고, 같은 해 4월 열린 이사회에서는 이종린의 제안으로 기관지 발행권을 장산사에 이관함으로써 편집권은 완전히 정세권 수중에 장악되었다.[146] 구 간부의 불만이 편

144) 이에 대해서는 일방의 의견이기는 하지만 정세권이 직접 그간의 사정을 요약하고 자신의 입장을 천명한 글이 있어 그 대강을 알 수 있다. 鄭世權, 「朝鮮物産奬勵會에 對한 나의 感想」, 『實生活』 3-7, 1932.7, 34~37쪽.

145) 이 문제는 구 간부 측이 양보하여 정세권이 소개한 金友琴(友琴洋行 경영주)이 간사로 선임되었으나 김우금이 중도에 계약을 취소하게 되어 구 간부가 추천한 간사가 선임되었다. 특히 정세권은 이와 같이 경험 없는 진열관 간사가 朝鮮物産廉賣市를 관장하게 되어 廉賣市까지 대실패하였다고 주장하였다. 鄭世權, 위의 글, 34~35쪽.

146) 「朝鮮物産奬勵會最近事情」, 『奬産』 2-6, 1931.6, 32쪽.

집권에 대한 갈등으로 나타나자 정세권은 1931년 7월, 기관지 발행권을 명제세에게 넘겨주고 독자적인 장산사 기관지 『실생활』을 간행하였다.[147] 그리고 물산장려회는 명제세 명의로 『신조선』을 간행함으로써 간부 간의 불화는 기관지의 분열로 표면화되었다. 그리고 이러한 내분은 세간의 이목을 집중시킨 물산장려회관이 물산장려회와 무관하게 시공업체인 건양사 소유로 넘어감으로써 더욱 확대되었다.[148]

그러나 물산장려회는 재정압박이 심해지자 장산사와 타협하여 기관지를 『실생활』로 합병하기로 합의하고, 1931년 9월, 물산장려회관 낙성식과 함께 물산장려회관에 입주함에 따라 양측의 불화는 일시 무마되었다.[149] 그렇지만 장산사는 이 이후에도 독자적인 조직 기반을 확

---

147) 정세권은 『奬産』 1931년 7월호 인쇄 중에 간부 두 사람이 會告 기재를 요구하기에 본부 이사장 및 경성지회 이사장의 승인을 받으라고 요청하였음에도 간부들은 이사장을 만나지 않고 계속 기재를 강요하였기 때문에 기관지 발행을 명제세에게 양도하였다고 주장하였다(鄭世權, 앞의 글, 1932.7, 36쪽). 기관지에 대한 구간부들의 불만은 기관지 제호를 『장산』으로 결정할 때부터 있었던 것 같은데, 이를 대변하여 1931년 4월 24일 제9회 정기대회에서 이사 李仁이 『장산』의 제호는 "神通奧妙하고 鮮明한 느낌이 없으니 改題할 것을 附議"하여 이사회에 이 문제가 위임되었다(「朝鮮物産奬勵會最近事情」, 『奬産』 2-5, 1931.5, 52쪽). 그러나 전술한바 이사회에서는 『장산』을 정세권에게 전담시키는 방향으로 정리되었다.

148) 물산장려회는 1931년 5월 회관 건축비는 회원이나 유지의 동정금으로 충당하기로 결정하고, 정세권의 제의에 의해 회관 소유권은 50원 이상의 동정금을 낸 기부자 공동명의로 할 것이 합의되었다. 그런데 정세권은 책임간부가 이 결정을 공식 발표하지 않고 건축비를 지불하지 않음으로써 회관이 건양사 소유로 넘어갔다고 주장하였다(鄭世權, 위의 글, 35쪽). 이러한 사정으로 회관 준공 이후 물산장려회는 일시 회관에 입주하지 못하였고, 건양사·장산사만 먼저 입주하였다.

149) 물산장려회와 장산사는 양 잡지를 합병하되 제호는 『實生活』, 발행 호수는 『新朝鮮』을 따르도록 하였고, 편집 겸 발행인 정세권, 주필 유광렬, 기자 김홍희

대하면서 물산장려회와는 무관하게 물산장려사업을 벌여 나갔다. 『실생활』 독자를 중심으로 각 지방에 지사를 설립하여 이를 운동 기반으로 활용하였고,[150] 조선물산염매시가 끝난 직후인 1932년 2월, 소비부(토산판매부)를 개설하여 조선물산 위탁판매를 시작하였다. 그리고 3월에는 건양사를 합병하여 물산장려회 이사이자 발명학회 주도 인물인 건축기사 朴吉龍을 기술부 책임자로 영입하는 등 영리사업(건축청부업, 부동산매매업)을 강화하였다.[151]

이러한 사정은 간부 간의 불화가 물산장려회 사업방식에 대한 입장 차이에서 비롯된 주도권 분쟁임을 의미하는 것으로, 따라서 분쟁은 재연되지 않을 수 없었다. 그것은 정세권의 다음 언급과 같이, 1932년 4

외 3인 등 정세권 인맥으로 편집진을 구성하였다. 그리고 별도로 『실생활』을 전담하는 실생활사를 설립하기로 하고, 사장 李鍾麟, 이사 明濟世 · 李仁 · 金澤遠 · 白泓均 등 구 간부 중심의 임원을 선임하였다. 그러나 실생활사 설립안은 곧 취소되고 장산사에서 기관지 간행을 계속하였다. 「朝鮮物産奬勵會最近事情」, 『實生活』 2-10, 1931.11, 43쪽 ; 「社告」, 『實生活』 2-11, 1931.12.

150) 예컨대 정세권의 측근인 주필 유광렬은 1932년 1월 신년호에서 "農村의 自作自給의 復活은 離散을 방지하는 唯一 救急策이요 도시 小商工業者의 방대한 全朝鮮的 團結은 外來資本의 專橫을 방지하는 唯一한 救急策이다. 本 實生活 讀者는 각 지방에서 時時로 會合을 주최하야 이 方面에 관한 討議 座談 등을 거듭하고 進하야는 民衆運動에까지 나가도록 함이 조흘 것이다"라 하여 『實生活』 讀者들의 조직화를 촉구하였다. 柳光烈, 「實生活을 爲한 會合의 促成」, 『實生活』 3-1, 1931.1, 11쪽.

151) 「社告」, 『實生活』 3-3, 1932.3 ; 「本社營業案內」, 『實生活』 3-5, 1932.3 ; 「社告」, 『實生活』 3-6, 1932.6 ; 「奬産社第九回決算書」, 『實生活』 6-1, 1935.1. 전술한바 장산사 설립 전후 건양사의 경영은 더욱 악화되어 1932년 2월까지 股主의 탈퇴가 계속되어 자본금은 8만 원으로 줄어든 반면 부채액은 10여만 원에 이르고 있었다. 장산사의 영리사업 강화는 이러한 경영난에 대한 대응이라 할 수 있는데, 정세권은 이 작업을 물산장려사업과 연결시켜 추진하고 있었던 것이다.

월 28일 개최된 제10회 정기대회에서 전면 노정되었다.

> 一. 會員 중 朝鮮物産 生産 혹은 消費業者로서 自願이 잇으면 會의 生産部 혹은 消費部로 지정하고 會에서 指導 奬勵하자는 것(提案). 會의 目的은 朝鮮人 産業振興 經濟自立이오, 右 目的을 실현하는 方法은 消費供給, 生産增殖에 필요한 機關을 설치한다는 文句가 會의 憲則 3, 4條에 明記한 바, 此는 會의 유일한 事業이다. 此를 불구하고 創立 이래에 一次 시행한 일이 없엇든 바 陳列館 前提의 廉賣市를 開하엿다가 실패한 경험에 의하야 筆者가 今年 大會에 제의한 것인데, 本案은 會의 精神을 汚損할 염려가 잇다하야 否決되엇다. … 前記各項을 체험한 나의 感想은 幹部 諸氏의 果斷과 일반의 鞭撻이 부족하다는 것을 지적하는 바입니다.[152]

즉, 이 대회에서 정세권은 상공업자 회원 중 자원자가 있으면 그 영업체를 물산장려회 헌칙에 규정된 소비·생산기관의 의미로서 소비부 또는 생산부로 지정하여 물산장려 실행기관으로 삼자는 의견을 제의하였다. 요컨대 그의 주장은 물산장려회의 사업기구를 영업기관(또한 상공업자) 중심으로 개편하여 사업을 활성화하자는 것이었고, 그 본지는 장산사를 물산장려회의 공식 기관으로 전환시켜 명실공히 물산장려운동의 전위대로 공인받고자 하는 데 있었다. 그러나 물산장려회는 상공업자가 물산장려회 간판을 달고 외화를 취급하여 회의 정신을 훼손시킬 우려가 있다는 이유로 이 제안을 거부하였다.[153] 나아가 정세권의 참여와 함께 설치된 소비부 역시 폐지하고,[154] 이사진도 대폭 조정하였

152) 鄭世權, 「朝鮮物産奬勵會에 對한 나의 感想」, 37쪽.

153) 위와 같음.

154) 「朝鮮物産奬勵會最近事情紹介」, 『實生活』 3-6, 1932.6, 43쪽. 이와 더불어 명제세가 관장하던 광무부도 폐지하였다.

다. 일선에서 물러났던 구 간부들이 복귀하였고, 이사를 대폭 늘려 상공인층과 민족주의 인사들을 대거 영입하였다.[155)]

물산장려회가 이러한 결정을 한 배경은 구 간부들의 반발 뿐만 아니라 물산장려회의 일반 여론 역시 정세권의 독주에 대해 호의적이지 않았기 때문이다. 물산장려운동의 발전을 위해서 지식인과 상공인의 합작이 필수적이라고 보면서도, 물산장려회를 자립정신과 민족의식을 고취시키는 순수한 운동단체로 간주하는 다수 이사들의 정서는 영업기관인 장산사 중심으로 회를 운영하려는 정세권의 주장을 수용할 수 없었다.[156)] 또한, 이 시기에는 자작농창정계획안 등 총독부의 각종 통제경제정책이 추진되면서 이에 타협하는 경향이 증대하였는데, 물산장려회 내에서는 정세권 그룹이 한발 앞서 이러한 경향을 보이고 있었다는 점도 일정하게 작용하였다.[157)] 이러한 물산장려회의 결정에 대응하여 정세권은 1932년 7월, 그간 내분의 속사정을 밝히고 자신의 주장을 다시

---

155) 앞의 〈표 9〉 참조. 1932년에 朴天秉, 鄭秀日이 상무이사로 복귀하였고, 金鍾協도 다시 이사진에 가담하였다.

156) 이후 설태희는 장산사의 물산장려회 이탈에 대해 "그들이 純粹한 公心과 지속할 熱情이 부족하야 互相 人非我是를 주장하야 畢竟 남북그러운 破綻을 나타내고 만 것"이라 술회하였다. 梧村, 「新興朝鮮의 創刊을 듯고」, 『新興朝鮮』 1, 1933.10, 6쪽.

157) 유광렬은 전술한 1932년 1월 신년사에서 『實生活』 독자들의 조직화를 촉구하기에 앞서 총독부의 각종 정책은 "어느 것이나 모다 우리에게 직접 關係되는 일이라 그 일이 있을 때마다 우리는 朝鮮民衆에게 利로웁게 전개케 하기 위하야 活動하지 안으면 안된다. 節介를 직힐 때도 아니고 自暴自棄할 때도 아니다"라 하여 일제에 대한 타협적 자세를 촉구하였다(柳光烈, 주 150의 글, 10~11쪽). 설태희가 정세권에 대해 "그렇다고 나는 그들에게만 不滿을 가지는 것이 아니라 그들을 둘러싸고 있는 純粹치 못한 環境 즉 말하자면 (19字略) 社會的 方面의 冷視 漫嘲가 그 當局者로 하야금 誠과 熱을 지속하지 못하도록 햇다고 斷案한다"고 지적한 점(梧村, 위의 글, 6쪽)도 이와 무관한 것이 아닐 것이다.

공개적으로 요구하였다.158) 그러나 요구가 관철되지 않자 8월에 柳光烈을 내세워 장산사를 독자적인 물산장려운동 조직으로 운영한다는 입장을 천명하였고,159) 결국 12월 장산사와 물산장려회의 관계 단절을 공식 선언하였다.160)

물산장려회는 장산사 이탈과 함께 일거에 기관지와 물산장려회관을 상실한 채 일시 정돈상태에 봉착하였으나, 1933년 5월 17일 제11회 정기대회를 개최하여 변호사 이인을 회장에 선출하고 이사진을 보강하는 등 조직을 재정비하였다.161) 〈표 13〉, 〈표 14〉는 1933, 1934년의 이사진 구성과 새로 이사진에 가담한 인사들의 약력을 정리한 것이다.162)

---

158) 鄭世權, 앞의 「朝鮮物産奬勵會에 對한 나의 感想」.

159) 柳光烈, 「實力朝鮮 建設을 爲하야 本社가 標榜하는 三大 社是」, 『實生活』 3-8, 1932.8, 2~3쪽. 장산사가 천명한 물산장려사업의 3대 목표는 ①산업건설(소규모 상공업경영 개발, 특용작물 재배 등), ②교육개발(문맹퇴치, 실업교육), ③생활개량 등이었는데, 유광렬은 『實生活』을 "이 理想을 실현할 前衛隊"라 하였다.

160) 「社告 讀者必讀」, 『實生活』 3-12, 1932.12. 이는 장산사의 물산장려회 이탈, 곧 재정관계의 단절을 뜻하는 것이며, 정세권 그룹이 물산장려회에서 완전 탈퇴한 것은 아니었다. 이후에도 그들은 물산장려회 이사회에 계속 참여하였다.

161) 대구 출신(1896)으로 明治大를 졸업한 李仁은 조선상업은행에 근무한 바 있고, 1922년 변호사 시험에 합격한 후 민족운동과 관련된 다수 사건을 변론하였다. 1930년대부터 물산장려회, 발명학회, 과학지식보급회 등에 적극 관여하여 물산장려운동과 과학진흥운동에 주도적인 역할을 하였다. 그런데 이인은 "物産奬勵會長으로 있기 五년만에 회장을 다시 李鍾麟에게 넘겼는데 그 一년 뒤 奬勵會는 아예 해산되고 말았다"고 하여 1936년까지 자신이 물산장려회 회장을 맡고 있었다고 회고하였는데(李仁, 『半世紀의 證言』, 明知大學出版部, 1974, 87쪽), 1934년도 제12회 정기대회에서 선출된 임원진에 대한 『東亞日報』 기사에는 이종린이 회장이었고 이인은 상무이사로 소개되어 있다. 『東亞日報』 1934년 4월 30일자.

162) 1935, 1936년의 이사 명단은 확인할 수 없었다.

〈표 13〉 1933~1934년도 조선물산장려회 이사진 구성

연 도 / 직 책	1933(5.17) (제11회 대회)	1934(4.27) (제12회 대회)
회 장	李 仁	李 鍾 麟
고 문	薛泰熙 吳華英 兪鎭泰 尹致昊 李鍾麟	薛泰熙 尹致昊
상무이사	金庚咸 明濟世 柳光烈 金度演 白泓均 李敬善 金英喆 徐 椿 李圭顯 金鍾協 鮮于全 趙台鎬 金澤遠 元翊常 玄東完	金鍾協 梁晶植 李克魯 金澤遠 元翊常 鄭世權 白泓均 李 仁 趙東植
이 사	具芝書 朴興植 趙東植 金秉濬 朴喜德 曺晩植 金炳憲 薛義植 趙秉學 金良洙 辛泰嶽 崔奎東 金正浩 沈相玟 崔善益 金鍾善 梁晶植 玄相允 金喜洙 李東旭 洪淳泌 盧益亨 李常雨 李克魯 朴準龍 李益相 張錫祐 朴天秉 李賢在	金庚咸 沈相玟 曺晩植 金度演 安東源 玄東完 金正浩 柳光烈 玄相允 明濟世 李圭顯 洪淳泌 朴準龍 李東旭 黃仲顯 朴天秉 李常雨 金鍾喆 朴興植 李賢在 吳鉉埈 徐 椿 張錫祐

자료: 제11회대회 『東亞日報』 1933년 5월 17일자. 『新興朝鮮』 1(1933.10), 60쪽.
제12회대회 『東亞日報』 1934년 4월 30일자.

간부진의 경우 일선에 복귀한 전임상무 김종협 등 구 간부(명제세, 백홍균)를 중심으로 서춘 · 선우전 · 이규현 · 현동완 등 기존 상무이사, 그리고 김택원 · 원익상 · 이극로 · 이인 · 조동식 · 현상윤 등 그간 주변에서 물산장려회를 지원하던 지식층 인사들이 사업 일선에 나섰고, 정세권 그룹(김영철, 유광렬)도 일부 잔류하였다. 또한, 미국에서 자본주의경제학을 전공한 김도연이 돌아와 주요 이론가로 활동하였고, 조만식이 1932년 이래 계속 이사에 선임되었다.[163] 이들 간부진을 포함하

〈표 14〉 조선물산장려회 신임 이사진 약력 일람(1933~1934)

분류	성 명	이사경력	약 력
지식층 사회유지	金度演	33,34	1894~1967(김포). 경제학자 · 기업가. 慶應大 졸. 美 아메리칸 대 졸(經濟學博士). 연전 강사. 조선흥업주식회사 사장. 조선어학회 연루
	金良洙	33	1896~1971(서울). 언론인. 早稻田大 졸 범태평양회의 참여(25). 조선일보. 미국 유학(파크 대). 조선흥업 참여. 조선어학회 연루
	薛義植	33	1900~1954(단천). 설태희의 子. 日本大 史學科 졸. 동아일보. 『신동아』 편집국장
	辛泰嶽	23,24,33	1902~1980(부령). 변호사. 早稻田大, 中央大 졸. 청년운동, 사상운동 참여. 조선일보 취체역.
	安東源	34	교육학자. 美 노스웨스턴 대 졸. 이화여전 교수
	吳鉉埈	35	신간회 참여(복대표). 선천기독청년회
	李克魯	33,**34**	1893~1978(의령). 경제학자 · 국어학자. 中 同濟社大學 졸. 獨 베를린 대 졸(경제학박사). 朝鮮語學會 간사
	李益相	33	동우회 참여
	玄相允	33,34	1893생(정주). 교육가. 早稻田大 史學科 졸. 중앙고보 교장. 보전 교수
상공인층	金鍾善	33	지주, 상공인
	金喜洙	33	상공인
	盧益亨	33	상공인. 박문서관 경영. 조선도서주식회사 사장. 대동인쇄 취체역. 경성서적조합장
	朴喜德	33	상인. 朴喜德商店(紬緞布木) 경영주
	張錫祐	33,34	1871생(인천). 지주, 금융가, 자본가. 인천금융조합장. 共益社 취체역
	曺秉學	33	지주, 상인. 한성정미소(곡물, 무역위탁) 경영주
	崔善益	33	지주, 상공인. 개성상사 사장. 松都고무 취체역. 松高實業場 감사역. 신간회 발기인
미상	具芝書(33), 金炳憲(33), 金鍾喆(34), 李敬善(33)		

비고: 이사경력 중 굵은체는 상무이사 역임년도.
이들 외의 이사 약력은 〈표 10〉 참조.

163) 참고로 1934년도 京城支會 이사진을 소개하면, 전임상무이사에 金容瓘, 상무이사에 金英喆, 金容瓘, 金鼎燮, 金鍾協, 金弘琯, 鮮于仝, 梁晶植, 柳寅元, 崔正煥 등이었다. 『東亞日報』 1934년 5월 15일자.

여 전체 이사진의 동향을 총괄할 때 이전과 구별되는 점은, 기본적으로 지식인과 상공인의 합작이 유지되는 가운데 지식인층 사회 유지의 참여와 역할이 상대적으로 증대한 점이었다.[164)]

이러한 조직 재정비를 바탕으로 간부진은 기관지 복간을 서둘러 1933년 10월, 6번째이자 마지막 기관지가 된『신흥조선』을 간행하였고,[165)] 1930년대 중반에 이르기까지 물산장려사업을 지속해서 전개하였다. 이동좌담회, 경제강연회 등의 선전활동[166)]과 朝鮮物産卽賣會와 같은 소비사업을 추진하였고,[167)] 조선물산 애용과 생산장려를 도모하기 위한 방안으로 학생복지의 조선물산 이용운동을 추진하거나,[168)] 상공업자간친회를 개최하기도 하였다.[169)] 또한 이 시기 비상하게 고조된 과학운동에 적극 참여하여 이를 물산장려운동과 연계시키고자 하였다.[170)] 이 운동은 과거 기술진흥운동보다 상대적으로 광범위한 의미의

---

164) 이사진의 직업별 구성을 보면, 1933년은 총 44명 가운데 지식인 사회 유지 21명 · 상공인 19명 · 미상 4명이고, 1934년은 총 32명 가운데 지식인 사회 유지 16명 · 상공인 14명 · 미상 2명 등으로, 지식인층의 비율이 약간 높아졌음을 알 수 있다.

165) 편집진은 이 작업을 "會의 幹部 一同은 會의 內部를 大改革하는 동시에 乾坤一擲의 大決心 下에" 추진하였다고 술회하였다(「編輯後記」, 『新興朝鮮』 1-1, 1933.10). 그러나『新興朝鮮』은 곧 재정난에 당면하여 1934년 전반 이후로 간행되지 못한 것으로 보인다. 필자가 확인한 마지막 호는 1934년 1월에 간행된 2-1호(통권 3호)이다.

166)『東亞日報』1933년 2월 18일자 ;『新興朝鮮』1-1, 1933.10, 60쪽 ;『新興朝鮮』1-2, 1933. 11, 65쪽 ;『東亞日報』1936년 4월 20일자.

167)『東亞日報』1934년 8월 11일자.

168)『東亞日報』1934년 2월 28일자 ;『朝鮮日報』1934년 3월 1일자

169)『東亞日報』1935년 2월 10일자.

170) 과학운동은 발명학회 인사들과 물산장려회 이사들이 주도한 과학데이 행사(1934년 4월 19일)와 그 성과로서 조직된 과학지식보급회(1934년 7월 5일)를

과학의 생활화와 자연과학의 진흥을 목표로 한 일종의 문화운동의 성격을 갖는 과학진흥운동이었다.

그러나 이러한 활동에도 불구하고 이 시기 물산장려회는 전반적으로 지식인이 중심이 되는 계몽선전단체로 회귀되는 가운데 위축되었다. 이는 당시 조선의 정치경제적 변화와 관련하여 문화운동에 치중하거나 개량화 내지 해체되어 가는 민족주의운동의 일반적 동향을 반영하는 것이었다. 주지하듯이 이 시기에는 제국주의 국가들의 경제블록화와 경제통제가 추진됨으로써 세계적 규모의 국가독점자본주의체제 이행이 진행되었고, 이는 1933년 6월 개최된 런던 세계경제회의의 실패와 함께 정치군사적 긴장으로 발전하였다.171) 일제 역시 공황에 따른 체제적 위기를 일만블록의 구축과 경제통제에서 찾고자 하였으며,172) 이에 따라 조선 강점정책도 변화하였다. 이른바 자력갱생 이데올로기를 내걸고 농촌진흥운동을 비롯한 각종 기만적인 농촌통제정책을 추진하고 사상통제를 강화하였다.173) 또한 일만블록 구축, 단주개발과 관련하

중심으로 전개되었는데, 물산장려회 관계 인사 거의 대부분이 과학지식보급회의 각종 임원으로 참여하였다. 이 시기 과학운동의 추이와 과학지식보급회 임원 구성에 대해서는 林宗台, 앞의 주 56의 논문, 28~53쪽 ; 玄源福, 「1930年代의 科學·技術學 振興運動」, 『民族文化硏究』 12, 1977, 244~263쪽 참조.

171) 방기중, 앞의 책, 1992, 186~201쪽 ; 鈴木正四, 「大恐慌とその影響」, 『岩波講座 世界歷史』 27, 東京: 岩波書店, 1971, 4~16쪽, 24~35쪽.

172) 楫西光速 外, 『日本資本主義の沒落 III』, 東京: 東京大學出版會, 1963 ; 大石嘉一郎 編, 『日本帝國主義史 2 世界大恐慌期』, 東京: 東京大學出版會, 1987, 第二章 「經濟政策」.

173) 富田晶子, 「準戰時下朝鮮の農村振興運動」, 『歷史評論』 377, 1981 ; 池秀傑, 「1932~1935年間의 朝鮮農村振興運動」, 『韓國史硏究』 46, 1984 ; 朴慶植, 『日本帝國主義의 朝鮮支配』, 청아출판사, 1986, 제3부 ; 金容燮, 앞의 책, 1992, 374~398쪽 ; 방기중, 앞의 책, 1992, 208~216쪽 ; 鄭然泰, 『日帝의 韓國 農地政策』, 서울대 박사학위논문, 1994, 3장 등 참조.

여 조선공업화가 촉진됨에 따라 일제 독점자본의 조선경제 지배가 한층 강화되고 조선인 상공업의 양극분해 현상도 심화되었다.[174)]

이러한 일련의 통제정책, 경제정책은 물산장려운동의 추이에 큰 영향을 주었다. 표리관계에 있는 조선공업화와 독점자본의 지배 강화라는 경제적 변동에 직면하여, 총독부·독점자본과의 유착관계를 더욱 강화하면서 자본축적을 모색한 일부 자본가를 제외하면,[175)] 대다수 조선인 상공업자는 성장의 근본적인 한계를 맞이하였고, 이에 따라 식민지 조건 속에서도 민족경제의 자립이 가능하다고 주장하는 물산장려운동의 허구성이 전면 노정되었다.[176)] 또한, 물산장려운동은 조선인 상공인층의 계급적 이익을 대변하는 자본축적운동의 본질을 가지고 있었지

---

174) 小林英夫, 『大東亞共榮圈の形成と展開』, 東京: 御茶の水書房, 1975 ; 梶村秀樹, 『朝鮮における資本主義の形成と展開』, 龍溪書舍, 1977 ; 堀和生, 앞의 글 : 許粹烈, 「日帝下 朝鮮人會社 및 朝鮮人重役의 分析」, 『近代朝鮮의 經濟構造』, 飛峰出版社, 1989 ; 全遇容, 「1930년대 '朝鮮工業化'와 中小工業」, 『韓國史論』 23, 1990 ; 安秉直·中村哲 編, 『近代朝鮮工業化의 研究』, 一潮閣, 1993, 제2장, 제4장.

175) 1930년대 전반기 이후의 경제적 변동에 직면하여 물산장려회 상공인 이사들의 동요와 일제와의 유착관계가 증대하였는데, 간접적 사례이긴 하나 이 양상은 실업계의 내선융화를 목적으로 결성된 조선실업구락부에 물산장려회 이사들의 참여가 늘어난 데에서 확인할 수 있다(韓相龍이 회장인 조선실업구락부의 성격과 연혁에 대해서는 韓相龍, 「實業俱樂部의 沿革」, 『朝鮮實業俱樂部』 7-9, 1929.9) 참조. 1929년 당시 조선실업구락부 회원 가운데 물산장려회 관련 인사는 劉銓 한 사람이었으나 1930년대 중반이 되면 급증하여, 고문 尹致昊와 前現職 이사인 朴興植, 金正浩, 朴承稷, 崔楠, 李圭元, 李圭顯, 劉銓, 洪祉裕, 金英喆 등이 회원으로 가입하였고, 물산장려회 주요 후원자인 金季洙, 閔奎植, 朴永根, 白樂元, 李肯鍾, 崔南善 등도 이 시기에 조선실업구락부에 참여하였다(『朝鮮實業俱樂部』 각 권 말미의 會員名簿 참조).

176) 1930년대의 경제적 변동과 이에 대응한 민족경제자립론의 추이에 대해서는 물산장려운동론을 다루는 별고에서 함께 검토할 예정이다.

만, 전술한바 지식인 주도층들은 이를 민족의식과 민족단결을 고취하는 민족운동의 일환으로 생각하였다. 따라서 물산장려운동은 내선일체론에 입각한 자력갱생운동과 상호 배치되지 않을 수 없었고, 이에 일제는 통제경제정책 실시와 함께 鮮産奬勵와 자급자족 정신을 대대적으로 선전하면서도 오히려 물산장려회 활동을 탄압하였다.[177]

이러한 조건 속에서 물산장려회가 취할 수 있는 길은, 이 시기 민족적 기치를 내세운 여타 경제운동단체가 그러했듯이, 운동 자체를 포기하거나 아니면 자력갱생운동에 편입되는 것 이외에는 존재하지 않았다. 결국 황민화정책이 본격화하는 1937년 2월 하순 물산장려회는 해체를 결정하였고,[178] 그 주도 인사 가운데 일부는 황민화정책의 하수인으로 변신하였다.[179] 반면, 독자적으로 물산장려사업을 전개한 정세권과 장산사는 1930년대 중반 일제 통제경제정책에 경제자립의 실현을 기대하며 자력갱생운동·농촌진흥운동에 편입되어 갔고,[180] 물산장려

177) 『朝鮮日報』 1935년 2월 10일자.

178) 『朝鮮日報』 1937년 3월 6일자. 회장 이종린은 이에 대해 "그보다 더 큰 단체도 해산되고 마는데 조선물산장려회의 해산된 것이 무엇이 그리 애석하랴!"라 하여 당시 분위기를 말해주고 있다.

179) 유광렬 외에 특히 1937년을 분기로 친일화한 물산장려회의 지식층 인사로는 李鍾麟, 李東旭, 金英喆, 徐椿, 辛泰嶽, 元翊常 등을 들 수 있으며, 전술한 바 자본 규모가 큰 상공인들은 이미 1930년대 중엽 타협과 친일의 길을 걸었다.

180) 鄭世權, 「農村振興會에 對한 批判」, 『實生活』 4-7, 1933.7 ; 一記者, 「內外情勢總評」, 『實生活』 5-3, 1934.3. 정세권과 장산사가 일제와의 타협성을 본격적으로 드러내기 시작하는 것은 장산사 부속기관으로 실생활사를 설립하고 『實生活』 간행(발행인 林之鎬)을 전담케 한 1934년 3월부터이다. 그러면서도 이 시기 정세권은 물산장려회 이사로 계속 활동하면서, 1935년 朝鮮圖書出版館(회장 金性洙) 이사진에 참여하거나(『東亞日報』 1935년 3월 16일자) 養士院 설립 계획을 후원하였으며(李仁, 앞의 책, 122쪽), 朝鮮語學會에 회관을 기증하고 재정적 지원을 아끼지 않는 등(『東亞日報』 1935년 7월 23일자 ; 『朝鮮日報』

회가 해체된 1937년 이후 여전히 허구적인 경제자립을 주장하면서 황민화정책의 선전기관으로 전락하였다.[181]

4. 결어

이상 1920 · 30년대 일제 강점기 민족 · 자본주의 계열의 경제운동단체인 조선물산장려회의 재건과 해체과정을 민족운동의 동향 및 경제적 변동과 관련하여 정리해 보았다. 특히, 본고에서는 물산장려회 주도층인 이사진의 추이와 물산장려사업 등을 중심으로 물산장려회의 조직적 특질을 살피는 데 주안점을 두었다. 이들 주도층의 경제인식과 물산장려운동론, 그리고 그 내면의 인식 차이나 운동론의 변화과정에 대한 분석이 병행되지 못함으로써 물산장려운동의 성격 전체를 논하기에는 이르지만, 이로써 본고가 본래 의도한 목표에는 대체로 접근하였다고 생각된다. 이하 본고에서 확인된 내용을 간략히 정리함으로써 결론에 대신하고자 한다.

1920년대 전반 물산장려운동이 조기에 침체에 빠진 이후, 물산장려회는 1925년부터 조직을 재건하기 위한 지속적인 활동을 전개하였다. 물산장려회의 재건 주도자들은 1920년대 중반 이후 조성된 민족협동전선운동의 요구에 적극 부응하고, 이 시기 이식자본주의체제의 강화에 대응하여 자구책 마련에 부심하는 조선인 상공업자와 조직적 연계를 모색함으로써 신간회 활동 초기인 1927, 1928년 조직 재건의 기틀을

1936년 10월 29일자), 민족주의 진영의 문화운동을 지속적으로 후원하였다.

181) 編輯部, 「未曾有의 大豊作과 農村振興運動의 意義」, 『實生活』 8-12, 1937.12 ; 鄭世權, 「國民總力發揮」, 『實生活』 11-4, 1939.4.

마련하였다. 재건을 이끈 주도 인사는 물산장려회 창립을 주도했던 일부 인사도 포함되어 있었지만 대개는 이 시기 새로이 이사진에 가담한 인물들로서, 민족주의적 성향이 강한 지식인, 종교계 인사, 상공인 · 기술자 등이었다. 여기에 명망 있는 민족주의 계열의 지식인과 경성 상공인층이 후원세력으로 이사진에 가담하였다. 곧, 물산장려회는 초창기 지식인 중심의 계몽운동단체로부터 지식인과 상공인이 결합된 경제운동단체로 전환되고 있었고, 그것이 조직 재건의 기본 방향이었다.

이러한 작업을 바탕으로 물산장려회가 물산장려운동을 활발히 전개한 것은 1929년 후반에서 1932년에 이르는 대공황기였다. 특히 이때에는 건축업자인 정세권이 자신의 독자적인 물산장려사업기관인 장산사를 기반으로 물산장려회 재정과 사업 전반을 관장하게 됨으로써 물산장려운동은 크게 활성화되었다. 또한, 민족주의 진영 일반이 당면이익획득운동, 실력양성운동에 경주한 이 시기 운동정세의 변화와 관련하여 물산장려운동에 대한 관심이 고조되었고, 대공황기 조선경제에 대한 일제 독점자본의 지배력이 강화되면서 경성 상공인층의 경제적 위기의식이 더욱 현저해짐에 따라 이들의 물산장려회 참여도 증대하였다. 이와 같이 대공황기에는 내적 · 외적으로 여러 계기가 마련되는 가운데 상설적 소비기관인 조선물산진열관을 갖추고 소비사업을 전개하는 등 물산장려회는 부분적이긴 하나 그들이 민족경제의 자립방안으로 주장하는 물산장려사업을 구체적으로 실천해 나갔다.

이 시기에는 물산장려회 주도층인 이사진의 구성도 크게 변동하였다. 그 추이로부터 다음과 같은 여러 사실을 확인할 수 있었다. 첫째, 재건기 이래 진행된 상공인층의 참여가 더욱 증대하여 이 시기 물산장려회는 명실공히 지식인과 상공인의 합작운동단체로 전환되었다. 둘째, 핵심 간부진도 변하여 순수 경제운동으로서의 물산장려운동을 중시하는 상공인과 일부 지식인이 조직 운영을 주도하였다. 셋째, 상공인 이사는 1910년대 후반~1920년대 기업한 서민형 중소자본가 · 상인이 다수였으며, 이들은 많은 경우 직물이나 고무신 등 일제 이식자본과 경쟁관계에 있는 업종에 종사하였다. 넷째, 총독부나 일제 독점자본과 일정한 관계를 갖고 있는 일부 규모 있는 관료 · 지주형 자본가의 참여도 지속되었다. 다섯째, 지식인 이사는 그 성향을 일률적으로 말하기 어려우나, 대개 1920년대 비타협적 입장을 견지한 종교계 인사와 경제학 및 국학을 전공한 학계 인사 및 교육계 인사들로서, 이들은 경제자립의 측면과 함께 물산장려운동을 민족의식 고취와 민족단합에 부응하는 사상계몽운동의 일환으로 간주하는 경향이 강하였다. 여섯째, 지식인 이사 중에서도 특히 열성적이었던 기독교 인사들은 감리교와 YMCA 계열의 인사들이었고, 이들을 포함한 몇몇 주요 이사들은 이승만과 연계된 흥업구락부 회원이었다.

요컨대 대공황기 물산장려회는, 물산장려사업의 구체적 실천을 중시하는 일부 상공인과 지식인이 조직을 주도하고, 한편으로 1920년대 비타협적 입장을 견지한 종교계 인사와 민족주의 성향이 강한 학계 및 교육계 인사, 다른 한편으로 대공황기 일제 이식자본의 독점적 지배 강화에 위기의식을 갖는 경성 상공인층이 저변을 이루는 가운데 경제적 실력양성운동을 전면에서 주도한 자본주의 경제운동단체였다. 그리하여 이 시기 물산장려운동은 조선인 본위의 민족경제의 자립이라는 관념을 바탕으로 자본축적운동의 본질을 구체적으로 체현하고 있었다.

그러나 이러한 발전과정과 병행하여, 사업방식을 둘러싸고 간부 내부에 형성된 주도권 분쟁이 장산사의 물산장려회 이탈로 귀결되면서 물산장려운동은 쇠퇴기를 맞이하였다. 특히, 1930년대 전반 일제의 통제경제정책 · 자력갱생운동이 본격화되는 가운데 물산장려회에 대한 탄압이 심해지고, 조선공업화정책에 따른 독점조직의 강화와 조선인 자본가의 양극분해 현상이 노골화되자, 민족경제의 자립 가능성을 주장한 물산장려운동은 더이상 설득력을 가질 수 없게 되었다. 결국 1937년 2월 물산장려회는 스스로 해체를 결정하였고, 반면 물산장려회와 분립하여 독자적으로 물산장려사업을 전개한 장산사는 자력갱생운동의 선전기관으로 전락하였다. 이와 같은 물산장려회와 장산사의 상이한 길은 단순한 현실대응의 차이가 아니라, 물산장려운동의 계급적 기반과 논리에 이미 그 가능성 모두가 내재되어 있었다.

(출전: 『國史館論叢』 67, 국사편찬위원회, 1996.)

1930년대 물산장려운동과 민족·자본주의 경제사상

1. 서론

이 연구는 대공황 이후 일제 파쇼적 식민지배체제가 형성되기 시작하였던 1930년대 한국 민족·자본주의 경제사상의 인식구조와 변화상을 살펴보기 위하여 물산장려운동의 민족경제자립론과 그 변용 과정을 검토한 것이다. 주지하듯이 1923년 조선물산장려회 조직과 함께 전국적인 호응 속에 발흥했던 물산장려운동은 일년도 안되어 침체에 빠지고 말았지만, 당시 민족운동 추이와 민족주의 진영의 동향을 이해하는데 중요한 연구 소재로서 학계의 주목을 받았고 그간 적지 않은 연구성과가 축적되었다.[1] 특히 최근에는 물산장려운동을 인도의 스와데시운

1) 물산장려운동에 관한 연구성과는 方基中의 연구사정리(方基中, 「1920·30年代 朝鮮物産奬勵會 硏究 – 再建過程과 主導層 分析을 중심으로」, 『國史館論叢』 67, 국사편찬위원회, 1996)가 참조되며, 이외에 홍성찬, 「한국근현대 李順鐸의 政治經濟思想 연구」, 『역사문제연구』 1, 역사문제연구소, 1996 ; 유시현, 「나경석의 '생산증식론'과 물산장려운동」, 『역사문제연구』 2, 1997 ; 이애숙, 「1922~1924년 국내의 민족통일전선운동」, 『역사와 현실』 28, 한국역사연구회, 1998 ; 吳美一, 「1920년대 부르주아민족주의 계열의 物産奬勵運動論」, 『韓國史硏究』 112, 한국사연구회, 2001 등 최근의 연구 참조.

동과 비교 검토하는 가운데 물산장려운동의 특성을 해명하고자 한 비교사적 연구도 제출됨으로써 운동의 실체와 성격을 해명하기 위한 작업이 한층 확대되고 있다.[2)]

그런데 물산장려운동은 1920년대 후반 물산장려회 재건과 함께 전기 운동에 비해 정치적 비중이 현저히 축소되었음에도 불구하고 대공황기 민족주의운동의 한 부문운동으로 자리잡으면서 1937년 2월 물산장려회 해체 시까지 지속해서 전개되었다.[3)] 따라서 재건 이후 운동 주도층이 추구했던 민족경제 자립의 논리와, 일제 강점정책과 관련하여 그것이 해체되어 나가는 양상 등은 이 시기 민족주의자들의 경제인식과 사상동향을 이해하는 데 의미 있는 연구 주제가 된다. 그러나 현재 이 후기 물산장려운동에 대한 사상사적 분석은 전혀 이루어져 있지 않다. 이러한 점과 관련하여 필자는 여러 해 전 후기 물산장려운동의 경제사상을 분석하기 위한 기초작업으로서 물산장려회 재건 과정과 주도층 구성을 정리한 바 있으나,[4)] 이들의 운동론과 경제사상에 대한 해명은 후일의 과제로 남겨 놓았었다.

1930년대는 '내선융화'와 '내선일체'를 앞세운 일제의 경제통제와 사상탄압이 강화되는 가운데 '민족경제자립'을 표방하며 전개되었던

---

2) 이윤희, 「韓國 民族主義運動과 印度 民族主義運動의 比較 檢討」, 『慶熙史學』 22, 경희사학회, 1998 ; 박섭, 『식민지의 경제변동: 한국과 인도』, 문학과지성사, 2001.

3) 安在鴻은 1932년 물산장려회를 "(民族主義) 政治運動의 한 部門的 勢力"으로 간주하였고(安在鴻, 「民族主義 勢力의 系列」, 『三千里』 1932년 3월호, 2~3쪽), 총독부 경찰도 1930년대 전반 물산장려운동을 교육진흥운동과 함께 대표적인 민족주의 실력양성운동으로 파악하였다(朝鮮總督府警務局, 『最近に於ける朝鮮治安狀況 – 昭和八年 · 十三年』, 東京: 巖南堂書店(復刻本), 1966, 68쪽).

4) 方基中, 앞의 글, 1996.

각종 민족 · 자본주의 경제자립운동이 굴절과 해체의 길을 걸은 시기이다. 그리고 이 과정에서 많은 인사들이 일제 정책에 경제자립 · 산업진흥을 기대하는 예속화 · 황민화의 길을 선택하였다. 따라서 이 시기 민족 · 자본주의 진영의 민족경제자립운동의 논리와 인식구조, 체제 편입 과정에 대한 사상사적 해명은 일제하 민족 · 자본주의 사상의 전체상을 파악하는 데 중요한 연구과제가 된다. 이러한 점에서 최근 1930년대를 대상으로 한 민족 · 자본주의 지식인의 경제인식과 경제자립론에 대한 연구성과가 괄목할 만하게 축적된 것은 적극적인 연구사적 의미를 갖는 것으로,[5] 이 연구 역시 이러한 경제사상사 연구의 일환으로서 준비된 것이다.

이상과 같은 연구사적 의미와 관련하여 본 연구 소재와 연관된 기존의 몇 가지 인식방식 문제를 언급해 둘 필요가 있을 것 같다. 하나는, 일제하 민족 · 자본주의 진영의 경제적 실력양성운동 논리라고 할 수 있는 '민족경제자립론' 체계에 대한 이해 문제이다. 이는 민족 · 자본주의 진영의 경제운동 · 실천노선을 설명하는 입론으로 상당히 일반화되

---

5) 金容燮, 「日帝强占期의 農業問題와 그 打開方案」, 『증보판 韓國近現代農業史研究』, 지식산업사, 2000 ; 홍성찬, 「일제하 延專商科의 經濟學風과 '經濟研究會事件'」, 『연세경제연구』 1-1, 연세대학교 경제연구소, 1994 ; 池秀傑, 「1930년대 前半期 부르주아 民族主義者의 '民族經濟建設戰略'」, 『國史館論叢』 51, 1994 ; 방기중, 「일제하 李勳求의 農業論과 經濟自立思想」, 『역사문제연구』 1, 1996 ; 홍성찬, 「한국근현대 李順鐸의 政治經濟思想 연구」, 『역사문제연구』 1, 1996 ; 김상태, 「일제하 申興雨의 '社會福音主義'와 民族運動論」, 『역사문제연구』 1, 1996 ; 方基中, 「日帝末期 大同事業體의 經濟自立運動과 理念」, 『韓國史研究』 95, 1996 ; 鄭用書, 「日帝下 天道教青年黨의 政治 · 經濟思想 研究」, 연세대 석사학위논문, 1997 ; 李秀日, 「1920~30년대 韓國의 經濟學風과 經濟研究의 動向」, 『연세경제연구』 4-2, 1997 ; 方基中, 『裵敏洙의 農村運動과 基督教思想』, 연세대학교 출판부, 1999 ; 장규식, 『일제하 한국 기독교민족주의 연구』, 혜안, 2001.

어 있는 前期 물산장려운동 논리에 대한 이분법적 이해방식과 연관된 것이다. 곧, 물산장려운동 논리를 중소자본의 입장을 대변한 '토산장려론'과 토착자본 상층의 입장을 대변한 '생산증식론'으로 구분하고, 전자를 자립적 민족경제 발전을 도모한 '자립적 민족경제건설론', 후자를 일제에 타협적인 '자본계급육성론' 또는 '종속적 민족경제건설론'으로 파악하면서 그것을 운동노선을 달리하는 민족주의 유파 분류와 결부시키고 있는 견해가 그것이다.[6] 결론적으로 말하면 물산장려운동의 두 논리는 계급적 입장이나 운동노선과 직결시켜 구별할 수 있는 것이 아니라 하나의 민족경제자립론으로서, 상호 보완관계에 있는 민족경제자립의 두 실천 방안이다. 따라서 토산장려론을 중소자본 입장을 대변한 자립적 민족경제건설의 논리, 생산증식론을 상층자본 입장을 대변한 종속적 민족경제건설의 논리로 구분한 것은 사실과 맞지 않을 뿐 아니라, '토산장려'의 의미를 지나치게 진보적 · 자주적인 것으로 과장할 우려가 있다.[7] 또, 민족 · 자본주의 내부에 자본주의 경제관의 차이

---

6) 박찬승, 『한국근대정치사상사연구』, 역사비평사, 1992 ; 尹海東, 「日帝下 物産奬勵運動의 背景과 그 理念」, 『韓國史論』 27, 서울대 국사학과, 1992. 두 연구자 간에는 논지 구성과 표현 방식에 약간 차이가 있지만 그 요지를 도식화하면, ① 土産奬勵(愛用奬勵)論 = 자립적 민족경제건설(외화배척운동)론 = 민족자본 하층 · 소생산자를 대변한 소공업진흥론 = 민족주의 좌파의 물산장려론 = 조선일보 노선(신간회운동), ②生産增殖(生産奬勵)論 = 종속적 민족경제건설(자본계급육성)론 = 민족자본 상층을 대변한 대공업진흥론 = 민족주의 우파의 물산장려론 = 동아일보 노선(자치운동)으로 요약된다.

7) 뒤에서 정리되겠지만 물산장려운동의 민족경제자립론의 기조는 '生産力增大論'으로, 생산증식과 토산장려의 두 슬로건은 기본적으로 상호 보완관계에 있는 생산력 증대의 실천 방침이다. 이를 일종의 대척 논리로 구분한 것은 각 슬로건의 일면을 과도하게 부각시킨 데 기인한다. 따라서 민족경제 자립을 표방한 물산장려운동론 자체의 논리와 계급성 여부를 논할 수 있어도 두 슬로건을 구분하여 각기 실천적 · 계급적 입장을 달리하는 경제논리나 민족주의 유파와 결부시키는

나 운동노선의 차이는 분명 존재하지만 그것을 물산장려운동론과 연관시켜 설명하려는 시도 역시 위험하다고 생각한다.

다른 하나는, 1930년대 전반 민족·자본주의 진영의 개량화 내지 종속화 과정을 당연히 정해진 코스로 파악하거나 과도하게 강조하는 인식 경향이다. 곧, 신간회 해체를 계기로 촉진된 민족·자본주의 진영의 개량화 동향을 과도하게 부각시킴으로써 1930년대 민족·자본주의의 역사상을 이미 예상된 타협과 종속의 틀 속에서 쉽게 처리하는 경향이 그것이다. 이는 그간 일제시기 연구의 최대 성과라 할 수 있는 민족해방운동사 연구의 진전에 따라 형성된 보편화된 이해방식이라 할 수 있다.[8] 이 시기 민족·자본주의 진영이 기본적으로 개량화의 길을 걸은 것은 필자 역시 동의하고 있지만, 문제는 이 측면이 사실 이상으로 과장되고 부조화됨으로써 민족·자본주의 진영이 어떠한 계기와 논리를 통해서, 어떠한 사상적 혼돈과 경과를 통해 체제에 편입되는가 하는 그 과정에 대한 생생한 추적이 잘 이루어지지 않게 되고, 특히 지식인을 대상으로 한 민족·자본주의 사상의 변용 실상과 내면을 풍부하게 드

것은 사실과 다른 물산장려운동론 인식이다. 더욱이 대표적 생산증식론자로 거론한 인물(羅景錫·李順鐸)의 실제 사상적 성향이 '민족주의 우파'와 다르다는 점은 이미 지적된 바와 같다(주 1의 홍성찬·유시현·이애숙 등의 글 참조). 전기 물산장려운동론의 기조가 생산력 증대에 있다는 점은 최근의 한 연구가 잘 지적하였는데(吳美一, 앞의 글, 2001), 이 연구는 생산력증대론의 성격을 1920년대 사회주의 진영에 대응한 전략론으로 파악하는 등 물산장려운동론의 체계 구성에 문제가 있다.

8) 1980·90년대 연구사를 통해 쉽게 확인할 수 있듯이, 특히 이는 주로 사회주의운동사 연구성과의 축적과정에서 배태된 일반적 인식 경향이다(한국역사연구회, 『한국역사입문 ③』, 풀빛, 1996, 445~450쪽). 말하자면 당시 사회주의 운동가·지식인들이 신간회 해소를 주장하면서 집중 거론했던 '민족주의 개량화론'을 같은 시각과 관점에서 재생산한 측면이 많다는 의미이다.

러내기 어려웠다는 점이다.

마지막 하나는, 위의 두 인식 경향을 바탕에 깔면서 1930년대 민족경제자립론의 종속화 과정의 기본 동인을 '滿洲景氣'로 설명하는 현상적 인식 방식이다. 곧, 일제가 日滿블록 구축과 관련하여 추진한 조선공업화정책 · 만주개발정책에 의한 경기특수, 특히 만주경기에 대한 조선인 자본가와 '그 이데올로그'들의 추수에 의해 토산장려에 입각한 '자립적 근대화전략'은 급격히 지지기반을 잃고 '종속적 근대화전략'만이 맹렬히 대두됨으로써 만주사변 이후 자립적 경제발전 전략의 존립 근거는 사라지고 남은 길은 오로지 '日本化戰略' 뿐이었다는 견해가 그것이다.[9] 그러나 이 견해는 전술한 민족경제자립론 개념에 대한 혼란과 함께, 무엇보다 민족경제자립론의 체제 편입의 동인을 경제통제의 식민지적 전개라는 이 시기 경제지배구조의 기구적 특질이나 사상통제 등과 관련하여 전체적으로 파악하지 않고 만주 특수경기와 이에 대응한 자본가 동향을 가지고 설명하려는 문제점을 안고 있다. 이에 따라 물산장려운동을 포함한 여러 계통의 민족경제자립운동이 체제에 편입되어 가는 다양한 양상과 경로를 시야에 넣지 못하게 되고, 1930년대 전반 민족경제자립론이 일거에 해체된 채 공업발전 · 만주 개발이익에 추수한 낙관적인 종속화론만이 남은 것처럼 과장함으로써 민족 · 자본주의 경제사상상을 극히 왜소하게 인식하게 되었다.[10]

9) 池秀傑, 앞의 글, 1994.

10) 물산장려회 주도층에서도 나타나듯이 당시 경기회복과 만주특수에 의해 조선인 자본가의 진출에 유리한 조건이 형성되고 이에 따라 민족경제 자립을 고민한 자본가의 종속화 과정이 본격화되고 있는 양상은 사실이다(方基中, 앞의 「1920 · 30年代 朝鮮物産獎勵會 研究」, 141쪽). 그러나 그것을 바로 민족경제자립론의 해체로 연결시키는 것은 그 해체의 동인을 경제논리로 단순화시켜 파악한 것이고, 또한 '민족경제건설전략'이라는 용법에 함축되어 있듯이 이 시기 다양하게 전개

민족경제자립론 체계와 그 변화에 대한 이와 같은 기존 인식의 문제점은 결국, 1920·30년대 다양하게 전개된 민족·자본주의 진영의 경제자립운동의 논리와 그 인식구조를 면밀히 검토하여 역사적 사실에 부합하는 그 사상의 일반성과 특수성을 체계적으로 추출하지 못한 데 기인한 것이다. 1920년대 전기 운동에 대한 재검토를 과제로 남기고 있지만 이러한 점에서 1930년대 물산장려운동의 민족경제자립론에 대한 사상사적 분석은 일제하 민족·자본주의 경제사상을 새롭게 재인식할 수 있는 중요한 단서를 제공할 것이다. 이에 본 연구에서는 우선 1920년대 후반 이후 대공황기에 이르기까지 물산장려회 재건 주도층의 운동노선을 정리하여 후기 물산장려운동의 정치적 실천관을 살펴보고, 이어 이들 주도층의 입론을 중심으로 민족경제자립론의 경제인식과 실천논리를 이들의 민족·자본주의 경제관의 특질과 관련하여 검토한다.[11] 그리고 일제의 일만블록 구축을 위한 경제통제가 본격화되는 가

된 민족경제자립운동 논리를 자본가와 이를 대변한 특정 세력의 운동논리로 환치시켜 이해한 것이다. 이러한 부조적 인식 배경에는 특히 민족·자본주의 계열의 지식인을 자본가에 종속된 존재, 자본의 논리에 복무하는 '이데올로그' 정도로 간주하는 계급주의적 선입관이 강하게 자리잡고 있다고 생각한다. 그러나 이 견해의 주장과 달리 당시 민족·자본주의 지식인 가운데 많은 인사가 공업화정책과 만수특수와 관련한 '조선인 공업'의 전망을 그렇게 낙관적으로 인식하지 않았으며, 실제 이 견해가 현실적 '몽상'의 사례로 거론한 지식인의 경우에도 그 논지의 결론은 대개 '조선인 공업'에 대한 비관적 전망이었다(주 144 참조).

11) 본 연구에서는 물산장려회 주도층 가운데 특히 물산장려운동론을 주도한 인물들을 중심으로 논의를 전개한다. 이들은 크게 세 그룹으로 나뉜다. 첫째 그룹은 재건 초기 이래의 이론진이자 전업적인 물산장려운동가인 明濟世, 薛泰熙(筆名: 梧村·反求子·是人·憂憂子·小城草夫·小城)와 鄭秀日(경제평론가) 등으로 이들은 1927년 간행된 두 번째 기관지 『自活』 운영진이라는 점에서 '자활그룹'이라 칭한다. 둘째 그룹은 1929년 이후 활동한 鄭世權(奬産社·實生活社), 柳光烈(中外日報·每日新報), 金鴻熙(경제평론가, 東亞商工時報社), 金英喆(東亞商工時報社

운데 전면 노정되기 시작한 민족경제자립론의 동요 과정과 그 사상구조를 살펴보고, 크게 세 방향에서 경제통제에 편입되어 가는 민족경제자립론의 변용과 그 사상적 내면을 정리하는 것으로써 본 연구의 결론을 삼고자 한다.

2. 조선물산장려회의 재건기 운동노선

전기 물산장려운동이 급격히 쇠퇴한 뒤 그것이 민족운동의 부문운동으로 다시 진용을 갖추기 시작한 것은 1920년대 후반 새로운 면면의 물산장려회 핵심 주도층이 형성되면서였다. 明濟世를 중심으로 한 이른바 '自活그룹'이었다.[12] 이들은 신간회 성립기의 민족운동 동향이나

사장) 등으로 이들은 대공황기 물산장려회 운영을 주도한 정세권의 사적 영업기관 '獎産社'와 연계된 인물들이기 때문에 '장산그룹'으로 부른다. 셋째 그룹은 대공황기 이론진으로 활동한 잘 알려진 민족주의 지식인으로서 양 그룹으로 분류하기 힘든 金容瓘(과학자, 纛島窯業), 徐椿(경제평론가, 東亞・朝鮮日報), 鮮于全(경제학자, 延專・普專 강사), 安在鴻(朝鮮日報), 李克魯(경제학자, 朝鮮語學會), 李鍾麟(천도교 구파), 崔鉉培(국어학자, 延專), 玄相允(역사학자, 普專), 韓稚振(사회학자) 등과 1933과 34년 참여한 金度演(경제학자, 延專 강사), 韓昇寅(경제학자, 協成學校) 등이다. 이와 같이 이론 주도층은 그 면면이 다양하고, 특히 셋째 그룹의 지식인들은 각 방면의 중견인사들이다. 본 연구에서는 이들의 논설을 통해 물산장려운동의 경제사상에 접근하고 있다는 점에서 당연히 개개인의 사상 성향에 대한 별도의 분석이 필요하지만 그러한 여유가 없기 때문에 전체적인 국면에서 이들의 물산장려운동론을 다루고자 한다. 이들의 개별적인 물산장려운동론과 본 연구에서 논외로 하고 있는 평양 물산장려운동에 대해서는 별도의 검토 기회를 가질 예정이다. 각 그룹이나 개인의 물산장려회와의 연관성 및 간략한 이력에 대해서는 方基中, 위의 「1920・30年代 朝鮮物産獎勵會 研究」를 참조하기 바란다.

이식자본주의체제의 강화에 따른 조선인 자본가의 동향과 긴밀한 연관성을 가지며 재건을 위한 조직 확대를 모색하였다. 특히 전기 운동에 동참하였던 방대한 규모의 회원이나 지방의 각종 물산장려운동 단체가 유명무실해지고 지도부인 물산장려회 이사회까지 와해된 상황이었기 때문에, 이들은 중앙 이사회 재건과 지방 지회 확보에 주력하면서 운동 활성화를 위한 방향 모색에 부심하였다.

자활그룹은 전기 운동의 실패 원인에 대한 대책을 강구하는 가운데 재건 방향을 모색하였다. 물산장려운동은 물산장려회 창립 취지서와 憲則에 잘 나타나는 바와 같이 "조선인의 産業振興"과 "조선인의 經濟自立"을 목표로 한 산업진흥운동·경제자립운동이었다.[13] 이 운동은 3·1 운동 이후 조성된 총독부의 유화정책과 민족주의 진영의 개량화 동향을 반영한 경제적 실력양성운동으로서, 운동의 속성상 소비조합운동을 지향하면서 소비자의 조선물산 애용과 생산자의 생산장려를 고취하는 선전계몽활동을 중심으로 전개되었다. 따라서 물산장려운동은 조선인 본위라는 민족적 기치를 분명히 하였지만 운동 주안점이 '조선물산 애용'에 있는 한 당시 일본 금융·독점자본의 압도적 지배를 받고 있는 식민지 경제구조의 성격과 관련하여 태생적으로 관념적 경제운동이라는 본질을 지니고 있었다.[14] 더욱이 이 운동은 총독부의 탄압에도 불구하고 인도나 중국의 外貨排斥運動과 달리 정치투쟁적 성격을 결여

12) 方基中, 위의 「1920·30年代 朝鮮物産奬勵會 硏究」, 105~106쪽. 이하 재건 과정에 대해 특별히 인용하지 않은 사실은 方基中, 같은 글 참조.

13) 「朝鮮物産奬勵會 趣旨書」·「朝鮮物産奬勵會 憲則」, 『産業界』 1, 1923.12, 55·57쪽.

14) 이는 운동 후원 진영은 물론(「土産奬勵運動」, 『朝鮮日報』 1927.8.19 ; 「物産奬勵運動의 今後」, 『朝鮮日報』 1929년 12월 3일), 총독부 경찰도 그렇게 파악하고 있었다(朝鮮總督府警務局, 앞의 책, 67쪽).

하였고, 실제 운동 과정도 상공업자 · 토착자본의 계급적 이해를 강하게 반영하였다.[15] 이것이 3 · 1 운동에서 분출된 민족의식 · 독립의식의 연장에서 전국적 반향과 대중적 참여를 이끌었음에도 불구하고 물산장려운동이 사회주의자에게 자본계급운동 · 소부르주아운동으로 비판받고 결국 대중의 이반을 보게 된 주된 이유였다.

재건 주도층은 이러한 전기 운동의 한계를 일정 부분 인정하면서, 또 변화된 주변 조건을 감안하면서 크게 두 방향에서 재건을 모색하였다. 하나는, 민족운동으로서의 정체성과 당위성을 재정립하는 문제였다. 전기 운동 당시부터 집중적인 비판을 받아온 물산장려운동의 비현실성과 정치적 개량성을 현실로서 인정하면서도 그것이 민족적 당면요구에 부응한 민족운동으로서의 정체성과 당위성을 가지고 있다는 것을 실천적으로나 이론적으로 재정립하지 않고서는 운동의 조직 확대와 대중적 참여를 기대할 수 없었다.[16] 이들은 이 문제를 민족협동전선운동, 곧 신간회운동에 참여함으로써 타개하고자 하였다. 민족협동전선운동 참

---

15) '植民地 物産奬勵運動'이 민족운동의 일환으로 주목받게 된 현실적 배경은 인도의 스와데시운동이지만, 주지하듯이 외화배척에 주안점이 있는 스와데시운동은 인도 민족부르주아지의 계급적 이익과 민중경제의 자립이라는 경제적 요구를 반영하면서도 기본적으로 영국에 대한 정치적 당면이익과 권리를 쟁취하기 위한 國民會議와 간디의 정치투쟁 전술의 일환이었다(A. R. Desai, Social Background of Indian Nationalism, Bombay : Popular Prakashan, 1966, pp. 328~336, pp. 369~372 ; 曺吉泰, 『印度民族主義運動史』, 신서원, 1993, 제4장 ; 박섭, 앞의 책, 제3장). 조선의 경우 외화배척론이 개별 차원에서 제기되는 경우는 있었으나 조직 차원의 기본 입장은 경제자립운동의 관점을 견지하였다. 총독부에서는 이 점을 감안하면서도 이 운동이 민족의식을 고취한다는 점에서 日貨排斥運動의 일환으로 간주하여 탄압하고 경계하였다.

16) 「土産奬勵運動」, 『朝鮮日報』 1927년 8월 19일 ; 「物産奬勵運動의 今後」, 『朝鮮日報』 1929년 12월 3일.

여는 이미 자활그룹이 형성되기 전부터 추진되어, 주지하듯이 물산장려회는 신간회 결성에 앞서 서울파 사회주의자가 주도한 朝鮮民興會 결성에 민족주의 진영의 구심점 역할을 하였다.[17] 그러나 신간회 발기와 함께 조선민흥회 측이 신간회와 합동함으로써 물산장려회의 협동전선운동은 신간회를 통해 전개되었다.

이러한 방향 설정은 민족운동의 중심기관인 민족협동전선에 적극 참여함으로써 물산장려운동을 민족적 공동이익·당면이익을 위한 민족운동의 한 부문운동이라는 정치적 위상을 확보하고자 한 것이었다. 그리하여 이를 통해 총독부 산업정책에 대한 정치적 공동대응을 모색함으로써 물산장려운동의 민족적 정체성을 정립하고자 하였다.[18] 이는 와해된 지도부 조직을 재건하고 조직기반을 확대할 수 있는 방안이기도 했다. 그리하여 명제세가 "이때가 본회의 제일 全盛時代"라고 회고한 바와 같이 자활그룹은 1927~28년에 걸쳐 운동 재건의 조직 기반을

---

17) 水野直樹, 「新幹會の創立をめぐって」, 『近代朝鮮の社會と思想』, 東京: 未來社, 1981 ; 이균영, 『신간회연구』, 역사비평사, 1993, 73~94쪽 ; 朴贊勝, 「1920년대 중반~1930년대초 민족주의 좌파의 신간회운동론」, 『韓國史研究』 80, 1993 ; 方基中, 앞의 「1920·30年代 朝鮮物産獎勵會 研究」, 101~104쪽 ; 全明赫, 「1920年代 國內 社會主義運動 研究 - 서울派를 中心으로」, 성균관대 박사학위논문, 1998, 176~186쪽. 물산장려회는 조선민흥회 준비 과정에서 민족주의 진영의 구심점 역할을 하였지만 인적 기반이 극히 취약했기 때문에 주도할 위치에는 있지 못했다. 오히려 조선민흥회 준비를 계기로 특히 기독교 계열의 인사들이 신간회와 합동한 이후 물산장려회에 참여함으로써 주도층의 확대가 가능하였다.

18) 명제세는 후일 물산장려회가 조선민흥회와 신간회 같은 "大統一團體"에 참여한 배경에 대해 조선인산업의 보호를 위해서는 관세정책 등 총독부 정책에 대한 정치적 대응이 필요한데 이러한 정치문제 해결은 물산장려회 힘만으로 어렵기 때문이었다고 언급하였다(「民族的 大統一黨 結成 前提로 現有 諸團體 解體 提議 - 六千의 會員을 擁한 朝鮮物産獎勵會에 對하야」, 『三千里』 1932년 8월호, 4~5쪽).

확보할 수 있었다.[19)]

다른 하나는 산업진흥운동·경제자립운동으로서, 실제적인 물산장려책을 확보하는 문제였다. 이들은 과거 운동이 실패한 가장 큰 이유가 조선물산의 생산 증대와 소비에 대한 구체적 대안없이 애용정신 고취에만 급급했던 지식인 중심의 관념적 선전운동에 그쳤기 때문이라고 파악하였다.[20)] 특히, 문제는 조선물산의 절대적 부족에 있었다. 비록 물산장려운동이 당시 경제구조상 현실성이 부족하더라도 대중에게 호소력을 갖기 위해서는 일본상품과 경쟁할 수 있는 다양한 물산이 존재해야 했고, 따라서 조선인 상공업의 생산력 증대가 요구되었다. 그러나 일본 자본 중심적인 일제 산업정책에 의해 대개 중소자본 처지에 있는 조선인 상공업자의 경영 위기가 심화되었고, 특히 일본의 국산장려운동과 보조를 맞추어 조선 내의 일본 자본을 지원하는 총독부의 '鮮産奬勵運動'이 추진되었기 때문에 대책 마련이 시급하였다.[21)] 이에 대해 주도층이 주력한 것은 상공업자와의 조직적 연대·합작이었다. 소비자 대중, 특히 농민층의 생활안정과 구매력 확보도 중요하다는 것을 인식하고 있었지만,[22)] 이들은 당면한 생산력 증대와 물산장려운동의 활성화를 위해서는 무엇보다 상공업자가 일본 자본에 대응하여 조직적으로

19) 「本會沿革 其五를 記錄하고서」, 『朝鮮物産奬勵會報』 1-10, 1930.10, 113~115쪽.

20) 李鍾麟, 「本會의 第二回 總會를 經過하고서」, 『産業界』 4, 1924.7, 5쪽 ; 李鍾麟, 「創刊辭」, 『朝鮮物産奬勵會報』 1-1, 1929.10, 1쪽 ; 安在鴻, 「朝鮮物産奬勵運動의 一進展」, 『奬産』 2-2, 1931.2, 3쪽.

21) 朝鮮總督府, 『朝鮮産品充用に關する調書』, 1925 ; 『東亞日報』 1926년 9월 5일 ; 『東亞日報』 1927년 6월 29일.

22) 물산장려회는 1928년 6회 정기대회에서 농민운동에 대한 적극적인 지원을 결정하였다(「本會의 沿革」, 『朝鮮物産奬勵會報』 1-10, 1930.10, 74쪽). 그러나 이는 당시 신간회 활동과 연계한 입장 천명에 그치는 것이었고, 구체적인 활동 방침을 강구한 것은 아니었다.

단결하고 물산장려운동의 주도층으로 참여하여 산업진흥에 나서야 한다고 판단하였다.[23] 특히, 1928년 경성 상공업자가 대거 참여한 물산장려회 경성지회가 결성되면서 상공업자의 참여가 증대하였다. 그리하여 같은 해 경성지회가 주최한 全京城工産業者大會에서 총독부의 '선산장려운동'에 대응하여 조선물산의 범주를 정하고 조선물산진열관 설치를 결정하였으며, 1929년 물산장려회 정기대회에서는 경성상공협회와 전조선상공연합회 창립촉진운동을 결의함으로써 상공업자와의 합작과 연대를 강화하였다.[24]

그러나 이러한 성과에도 불구하고 민족협동전선을 대개로 한 이들의 노력은 전체적으로 성공적이지 못하였다. 명제세 등이 조선민흥회 발기에 가담한 것이나 신간회 합동에 동의한 것은 물산장려운동을 민족적 당면이익획득을 위한 부문운동으로 정립시키면서 총독부에 대한 정치적 공동대응을 도모한다는 목적을 위한 것이었고, 또한 신간회 합동 당시 이에 대해서는 일정한 양해가 있었던 것으로 보인다.[25] 그렇지만 이러한 의도는 신간회 발기를 주도한 인사들이 지도부를 이끈 1929년까지의 신간회 운동에서 거의 관철되지 않았다. 자활그룹과 조선민흥회 관계자들은 신간회에서 주변화되어 있었으며, 더욱이 물산장려운동의 슬로건과 취지도 신간회 강령이나 운동에 명시적으로 반영되지 않았다.[26] 이러한 결과는 朝鮮社會運動團體中央協議會 결성을 배경으로

---

23) 이는 그간 물산장려회가 소비자 대중보다 상공업자 단합에 주력했다는 명제세의 언급을 통해 잘 확인된다(「民族的 大統一黨 結成 前提로 現有 諸團體 解體 提議 - 六千의 會員을 擁한 朝鮮物産奬勵會에 對하야」, 『三千里』 1932.8, 4쪽).

24) 方基中, 앞의 「1920 · 30年代 朝鮮物産奬勵會 硏究」, 114~117쪽.

25) 주 26의 明濟世 언급 참조.

26) 이균영에 의하면, 신간회 운동은 대개 생활개선운동, 소비조합운동, 농민운동, 노동운동 등 민중 중심의 생존권수호운동에 치중되었고, 공식적으로 물산장려

부문운동 단체의 조직적 연합을 전제한 조선민흥회와, 개인가입제로 상징되듯이 중앙집중적 민족단일당을 지향한 신간회 사이의 조직·운동노선의 차이와 밀접히 연관된 것이었다.[27] 따라서 당시 신간회 조직과 운영구조의 성격상 민족협동전선운동을 통해 자활그룹이 얻고자 한 것은 기대하기 어려웠다.

이러한 문제들이 일정하게 해결되면서 재건 과정에 활력을 얻게 된 것은 1929년 이후였다. 이해 물산장려회 정기대회 이후 '奬産그룹'이 새로운 핵심 주도층으로 등장하고, 대공황기 경성 상공업계와 민족운동의 동향과 관련하여 물산장려운동에 대한 관심과 주도층의 저변이 확대되었기 때문이었다. 장산그룹은 상공업자와 합작을 강화하는 과정에서 물산장려운동에 투신한 건축자본가이자 사회사업가인 鄭世權을 중심으로 이사회에 새로이 가담한 간부진으로서, 대공황기 자활그룹과 함께 실천과 이론 양면에서 물산장려운동을 주도하였다.[28] 장산그룹과

운동을 지지한 경우는 金泉支會와 安城支會 두 군데였다(이균영, 앞의 책, 262쪽, 287~291쪽, 297쪽). 자활그룹은 신간회 지도부의 이러한 입장에 상당한 불만을 가졌던 것으로 보인다. 예컨대 명제세가 1931년 2월 신간회 해소에 동의하면서 과거 조선민흥회가 해체하고 신간회에 합동한 것은 조선민흥회 강령을 수용한다는 조건부였음에도 신간회 지도부가 조선민족의 이익을 위한 어떤 활동도 하지 않고 세력 부식에만 몰두하고 있다고 격하게 비난한 것이 그것이다(明濟世, 「無事業이면 解體도 無妨」, 『三千里』 1931년 2월호, 17~18쪽). 이들이 특히 중시한 강령 조항은 '우리는 朝鮮民族의 當面利益을 위하야 現下 實情에 적당한 政策의 樹立 及 實行을 期함'이라 되어 있는 제3항이었다.

27) 서울파의 '전진회 검토문'과 ML파의 '정우회 선언'으로 상징되는 사회주의자들의 민족통일전선론과 긴밀한 연관이 있는 조선민흥회와 신간회 사이의 운동노선·조직노선의 비교검토에 대해서는 水野直樹, 「新幹會運動に關する若干の問題」, 『朝鮮史硏究會論文集』 14, 東京: 朝鮮史硏究會, 1977 ; 이균영, 앞의 책, 제2장 ; 全明赫, 앞의 글, 제4장 참조.

28) 方基中, 앞의 「1920·30年代 朝鮮物産奬勵會 硏究」, 118~120쪽.

자활그룹 사이에는 운동 방침에 대한 일정한 입장 차이와 조직 주도권을 둘러싼 갈등이 존재하였지만, 물산장려운동의 민족적 정체성 인식과 전체적인 조직 · 운동노선 설정에서는 자활그룹이 추진해 온 기조와 입장을 같이 하였다.

이들 주도층은 1930년에 접어들어, 자치운동론의 대두와 관련하여 신간회 운동노선과 해소를 둘러싼 민족운동 진영의 갈등이 심화되자 그간 추구한 노선을 강화하였다. 주지하듯이 민중동맹사건으로 붕괴한 許憲 집행부에 이어 신간회 운영을 맡은 金炳魯 집행부는 자치운동을 지향하는 천도교 신파 및 동아일보 간부진 등과 긴밀한 관계 아래 신간회 운동의 합법화를 추구함으로써 신간회 해소 논의를 촉발시켰다.[29] 그간 신간회에서 주변화되어 있었던 물산장려회 주도층은 이때 조선민흥회 계열의 민족주의자 및 서울청년회의 온건파 사회주의자와 함께 김병로 지도부에 진출하여 신간회의 온건화 · 합법화 노선에 동참하였다.[30] 이 시기 물산장려회 주도층이 자치운동론과 어떠한 관계에 있었

29) 이에 대해서는 이균영, 앞의 책, 381~397쪽 참조.

30) 물산장려회 간부로 1930년 11월 신간회 집행부에 참여한 인물을 보면, 장산그룹 후원자인 建陽社 사장 金容起(고문)가 중앙집행위원 겸 재정부장, 자활그룹의 일원으로 김천지방에 근거한 沈相玟(이사)이 중앙집행위원, 물산장려운동의 가장 열렬한 기독교 지원세력인 YMCA 부총무 玄東完(이사)이 검사위원으로 선임되었다. 또한 당시 물산장려회 이사장으로서 장산그룹을 후원한 천도교 구파의 李鍾麟이 신간회 경성지회 회장이었고 정세권이 집행위원, 김용기가 검사위원을 겸하였다. 경성지회는 김병로 집행부의 온건노선에 가장 강하게 반대한 지회로 알려져 있는데, 한 연구에 의하면 1930년 10월 이후 천도교 신 · 구파의 합동 논의를 계기로 한 회장 이종린의 태도 변화와 함께 경성지회에 내분이 생기고 집행부의 온건노선에 동조하는 세력이 형성되었다고 한다(조규태, 「신간회 경성지회의 조직과 활동」, 『國史館論叢』 89, 2000, 255~256쪽). 그러나 정세권, 김용기 등은 아마도 처음부터 온건노선 입장이었을 것으로 추측되며, 이종린의 경우에도 검토할 점이 더 있다고 생각된다.

는가 그 실상을 확인하기는 어렵지만,[31] 당시 제기된 온건·합법노선의 이면에 물산장려회 주도층이 민족협동전선운동을 통해 관철시키고자 했던 조선민족의 당면이익을 위한 각 부문운동과 운동단체의 존재의의의 인정, 그리고 각 부문운동이 추구하는 독자적인 정책의 수렴이라는 요구가 상통하고 있는 것은 사실이었다.[32] 그러나 그 내면이 여하하든 이러한 온건노선이 신간회 해소로 귀결되는 과정에서 확산된 민족주의 진영의 동요와 개량화 양상은 상대적으로 물산장려운동의 위상 강화에 유리한 여건으로 작용하였다. 여기에 국내 운동진영에 큰 영향을 주고 있는 재미 운동세력, 특히 李承晩이 대공황기의 산업진흥·경제자립 문제를 가장 시급한 당면 사안으로 설정하면서 물산장려운동을 측면 지원하자 민족주의 지식인의 물산장려운동에 대한 관심과 참여가 증대하였다.[33]

---

31) 당시 신간회의 합법화 경향을 천도교 신파, 동아일보의 자치운동론과 결부시키고 있었던 총독부 경찰은 천도교 신파의 "運動精神"이 점차 물산장려회에도 침윤하고 있으며, 기독교 민족주의자의 경우에도 信友會를 중심으로 각파가 "合同戰線"을 전개하고 있다고 하여 물산장려회가 자치운동 일각에 편입되고 있는 것으로 파악하였다(朝鮮總督府警務局, 앞의 책, 71~72쪽). 이것이 물산장려회의 온건노선 입장을 지칭한 일반적 언급인지 아니면 앞 주에서 언급한 바와 같이 천도교 신구파의 합동과 관련한 경성지회 회장 이종린의 입장 변화를 가르키는 것인지 확인하기 어렵지만, 특히 장산그룹을 중심으로 신간회 지도부에 참여하고 있는 물산장려회 주도층의 온건노선 입장은 충분히 확인된다.

32) 이는 김병로 집행부의 온건화·합법화 노선을 대변한 좌익 측 인사로서 자치론을 주장하여 파문을 일으킨 朴文熹의 민족협동전선 재조직론의 내용(朴文熹, 「全國的 解消와 時期」, 『三千里』 1931년 1월호)과 전술한 물산장려회의 민족협동전선 입장을 비교해 보면 쉽게 확인할 수 있다.

33) 李承晩, 徐載弼이 北美留學生總會 10주년을 맞이하여 발표한 기념사가 그것이다(李承晩, 「朝鮮學生에게 寄함」, 『우라키』 4, 1930 ; 徐載弼, 「朝鮮의 將來」, 같은 책). 이승만의 국내 운동 조직의 성격을 띠고 1925년 결성된 興業俱樂部의

민족협동전선운동과 더불어 재건 주도층이 주력한 상공인과의 합작 운동 역시 대공황기의 경제동향과 관련하여 본격화되었다. 물산장려회의 후원과 함께 공황 이전부터 조직적 단결과 물산장려운동과의 합작을 도모한 일부 경성 상공업자들은 대공황의 여파 속에 1930년 12월, 京城商工協會를 결성하고 본격적으로 물산장려운동과 결합하였다. 그리하여 이 시기에는 상공인이 물산장려회 이사진 구성에서 지식인을 능가하고 있듯이,[34] 물산장려운동은 자본가계급을 운동 기반의 한 축으로 삼는 민족·자본주의 경제자립운동의 성격을 명확히 하였다. 그리고 지식인 주도층이나 운동을 후원하는 언론에서는 이 양상을 물산장려운동의 "必然的 發展", 지식계급의 사상운동으로부터 상공계급의 실제적 운동으로의 발전이라고 적극 환영하였다.[35] 물산장려회 주도층이 민족협동전선운동을 통한 부문운동으로서의 위상 확보와 더불어 재건 방향의 기조로 설정했던 민족산업진흥운동·경제자립운동의 '實際化 方針'의 구체적인 운동상은 이러한 것이었다.

이와 같이 1920년대 후반에서 대공황기에 걸친 물산장려회 재건 주도층의 운동노선은 민족협동전선운동의 참여를 통한 부문운동의 위상 확립과 자본가계급과의 합작을 통한 물산장려운동의 활성화 등 크게

회원 가운데 다수가 물산장려회와 깊은 인연을 가지고 있었고, 또한 이승만의 영향력이 강한 YMCA도 매년 물산장려 바자회를 개최하는 등 기독교 운동단체 가운데 물산장려운동에 가장 열성적이었다(장규식, 앞의 책, 제3장). 물산장려회와 이승만의 관련성에 대해서는 方基中, 앞의 「1920·30年代 朝鮮物産獎勵會 研究」, 126~127쪽 참조.

34) 方基中, 위의 「1920·30年代 朝鮮物産獎勵會 研究」, 125쪽.

35) 安在鴻, 「朝鮮物産獎勵運動의 一進展」, 『獎産』 2-2, 1931.2, 2~3쪽 ; 「物産獎勵運動의 進展」, 『東亞日報』 1931년 6월 16일 ; 「物産獎勵運動十年」, 『東亞日報』 1932년 1월 13일.

두 방향에서 전개되었다. 이 노선을 관통하고 있는 운동관은 조선인 본위의 산업진흥 · 경제자립이 가장 시급한 민족적 당면 과제라는 입장에서 물산장려운동을 조선민족 전체의 생존과 공동이익에 봉사하는 민족적 경제운동 · 사상운동으로 발전시키는 것이었고, 그 이념적 토대는 민족주의였다.[36] 운동의 개량성 여부를 떠나 이들 주도층에게 기본적인 운동전선은 일본 자본 · 상품과 그 배후의 총독부였고, 좌우대립 문제나 민족 내부의 계급적 대립 문제는 부차적이거나 중요한 문제가 아니었다.[37] 이들은 이러한 전선구도의 설정과 주관적 몰계급성에 입각하여 민족협동전선에 참여하면서 신간회의 온건노선이라는 개량적 코스를 걸었고, 또한 생산력 증대의 현실적 주체가 자본가계급임을 인정하고 상공인과의 합작을 적극 도모하였다. 물산장려운동을 자본가계급을 위한 운동이 아니라고 주장할 수 있었던 이들의 '物産奬勵運動觀'의 내면은 이러한 것이었다. 이상과 같은 운동노선과 운동관은 이들의 경제현실 인식과 민족경제 자립의 논리와 사상에 기반을 둔 것이었다.

3. 조선인 경제 위기론과 민족경제자립론

1923년 창립 당시 물산장려회가 제창한 조선인의 산업진흥과 경제자

36) 鄭秀日, 「朝鮮經濟와 朝鮮人」, 『新民』 33, 1928.1, 10쪽 ; 梧村, 「創刊 一週年 紀念을 際하야」, 『朝鮮物産奬勵會報』 1-10, 1930.10, 4쪽 ; 金容起, 「解消運動은 非時機」, 『三千里』 1931년 2월호, 96쪽 ; 鄭世權, 「朝鮮物産奬勵運動의 進路(2)」, 『實生活』 3-5, 1932.5.

37) 小城草夫, 「우리 物産運動의 序曲」, 『朝鮮物産奬勵會報』 1-11, 1930.11 ; 崔鉉培, 「朝鮮物産奬勵會의 任務」, 『朝鮮物産奬勵會報』 1-12, 1930.12 ; 鄭世權, 「朝鮮物産奬勵運動의 進路(4)」, 『實生活』 3-7, 1932.7.

립이라는 운동 취지와 목표는 재건 이후 대공황기에 이르기까지 변함없이 견지되었다. 그러나 1920년대를 거치면서 식민지 이식자본주의의 조직화 과정이 더욱 강화되면서 조선경제의 모순구조가 한층 악화되었기 때문에, 주도층은 이러한 경제적 변화의 성격을 분석하여 변화된 상황에 적절히 대처하면서 운동의 구체적인 실천 방안을 강구하지 않을 수 없었다.

재건기 주도층의 조선경제에 대한 기본 인식은 '조선인 경제 총체적 위기론'에 입각해 있었다. 이들은 1920년대에 진행된 이식자본주의화 과정과 일본 금융·독점자본의 진출에 따른 조선경제의 변화상을 과거 조선이 경험하지 못한 비약적인 자본주의 발전, 곧 "산업혁명" 과정이라고 이해하였다.[38] 이러한 조선경제 이해는 당시 일제 관학자나 역사학파 경제학자들이 국민경제학적 방법론과 실증적 통계분석론에 입각하여 이 시기 조선경제의 변화를 흔히 '산업혁명' 과정으로 규정한 것과 큰 차이가 없는 것이었다.[39] 그러나 그 자본주의 발전의 구조와 성격 이해에 있어서 이들의 조선경제론은 일본인과 입장을 전혀 달리하였다. 조선경제의 발전은 일본인경제·일본인 자본의 발전을 뜻하는 것이지 조선인 경제의 발전을 의미하는 것이 아니며, 조선경제의 발전과 함께 오히려 조선인 경제는 몰락하고 있다는 것이었다. 곧, 조선경제는 조선인의 경제가 아니고 모든 것을 독점하고 있는 일본인의 경제이기 때문에 조선경제가 발전하면 할수록 조선인 경제는 총체적으로

---

38) 鄭秀日, 「朝鮮經濟와 朝鮮人」, 『新民』 33, 1928.1 ; 柳光烈, 「卷頭言」, 『朝鮮物産奬勵會報』 1-2, 1930.1 ; 柳光烈, 「卷頭言」, 『朝鮮物産奬勵會報』 1-10, 1930.10.

39) 猪谷善一, 「朝鮮に於ける産業革命」, 『朝鮮經濟史』, 1928 ; 四方博, 「市場を通じ見たる朝鮮の經濟」, 『朝鮮經濟の硏究』, 1929 ; 四方博, 「朝鮮に於ける近代資本主義の成立過程」, 『朝鮮社會經濟史硏究』, 1933.

파멸하게 되어 있다는 것이 총체적 위기론의 기본 논지였다.[40)]

총체적 위기의 핵심 사안은 조선인 자본의 위기와 농촌경제 · 농민생활의 파탄이었다. 일본 독점자본의 조선 시장지배 · 농촌지배는 식민지 강점 전후부터 추진된 연원이 오래된 문제였다. 일제 강점 초기부터 조선인 자본의 구성비는 일본 자본의 10%도 되지 않았고, 전래의 농촌수공업이 거의 해체될 정도로 일본 자본의 시장지배는 농촌까지 침투해 있었다. 전기 물산장려운동은 바로 이러한 압도적인 자본 · 생산력 차이에 기초한 민족적 경제지배 · 예속관계를 타개하기 위한 생산력증대운동이었다. 문제는 1920년대를 거치면서 조선인 자본의 일정한 성장과 기대에도 불구하고 자본구성의 민족적 불균등과 일본 자본의 상품시장 지배가 더욱 강화되어 조선인 경제의 소외와 몰락이 심화되었고, 이 양상은 공황과 함께 전면화하고 있다는 것이었다.[41)] 이들은 '金解禁'에 의한 금본위제 복귀와 긴축재정정책, 산업합리화 등 일제가 추진한 일련의 정책이 '조선인 경제' 전반에 심각한 영향을 미쳐 일본 독점자본의 조선경제에 대한 지배력을 더욱 강화시키고 물가저락 · 임금저하 · 실업증대를 초래함으로써 중소상공업과 농민층 몰락을 동시 촉진시키고 있다고 강조하였다.[42)] 徐椿은 이러한 경제현실을 "1929년부터

40) 鄭秀日, 앞의 「朝鮮經濟와 朝鮮人」; 鄭秀日, 「朝鮮經濟와 朝鮮人經濟의 回顧와 展望」, 『大衆公論』 2, 1930; 鄭秀日, 「朝鮮人의 經濟的 危機 (上) · (下)」, 『別乾坤』 30 · 31, 1930.7 · 8; 柳光烈, 「卷頭言」, 『朝鮮物産奬勵會報』 1-2, 1930.1; 金英喆, 「産業振興에 對한 覺悟」, 『奬産』 2-6, 1931.6.

41) 鄭秀日, 위의 「朝鮮經濟와 朝鮮人」; 鄭秀日, 위의 「朝鮮經濟와 朝鮮人經濟의 回顧와 展望」. 특히 이들은 이 양상이 자신들의 운동 기반인 경성에서 가장 심각하게 진행되고 있음을 중시하여 安在鴻은 경성 중소상공업의 피폐를 "全 朝鮮의 장래를 縮寫함"과 같다고 지적하였다(安在鴻, 「京城便覽에 書함」, 『京城便覽』, 1929, 11쪽).

42) 鄭秀日, 앞의 「朝鮮人의 經濟的 危機」; 徐椿, 「産業合理化」, 『別乾坤』 28, 1930.

조선인은 독점자본의 「힘의 법칙」에 의해 영구히 빈곤화의 길을 밟게 되었다"고 한마디로 요약한바, 이는 대공황기 주도층의 일반적인 경제 인식을 집약해서 보여주는 것이었다.[43]

이와 같이 물산장려회 주도층이 파악한 대공황기 조선경제의 기본적인 모순구조는 일본 독점자본의 시장지배·농촌지배의 확대재생산 과정에 기인한 조선인 경제의 총체적 위기와 몰락이었고, 그 위기의 핵심은 민족별 자본구성·생산력의 절대적 불균등 문제였다. 그리고 이러한 조선경제의 구조적 모순이 야기된 근원적 배경은 결국 정치적 주권의 상실과 조선경제를 일본 독점자본의 이식지대로 강제 편성하고 있는 일제·총독부의 민족 차별적 경제정책·산업정책에 있었고,[44] 이에 따라 조선경제가 조선인과 분리되고 조선인 경제가 파멸의 길을 밟게 되었다는 것이 이들의 경제현실 인식이었다.

> 政治的 背景이 없고 그 勢力圈 내에서 逐出을 당한 우리로서는 依例 經濟的 破滅과 權力을 剝奪당함이 常例이오 따라 모든 産業的 統制 生産機能의 侵害를 蒙하는 것이니 이것이 今日의 朝鮮經濟와 朝鮮人經濟 상태가 判然한 緣故이다.[45]

이들이 이러한 정치적·정책적 문제와 더불어 조선인 경제의 총체적 몰락이 촉진되고 있는 또 다른 요인으로 중시한 것은 조선인 경제의 내적 한계였다. 그 하나는 조선인 자본 및 기술의 영세성과 기업의식

---

4 ; 薛泰熙, 「朝鮮人 商工業者덜에게」, 『奬産』 2-3, 1931.3.

43) 徐椿, 「朝鮮사람 貧窮의 實地的 七大 條件」, 『慧星』 1-2, 1931.4.

44) 金鴻熙, 「朝鮮의 産業振興에 對한 私考」, 『朝鮮物産奬勵會報』 1-9, 1930.9 ; 金鴻熙, 「産業을 是務하자」, 『朝鮮物産奬勵會報』 1-11, 1930.11.

45) 鄭秀日, 앞의 「朝鮮經濟界와 朝鮮人經濟의 回顧와 展望」, 52쪽.

부족 문제였다. 이들은 이구동성으로 대부분 중소자본의 처지에 놓여 있는 조선인 상공업자들이 자본의 영세성과 기술 부족에 의해 조악한 상품을 생산함으로써 소비자에게 외면당하고 있음을 강조하였다. 그리고 생산력 증대에 대한 노력보다 외국상품 취급을 통해 눈앞의 이익을 추구하는 상공업자의 기업의식 · 투자의식 부족이 이를 더욱 조장하고 있다고 주장하였다.[46] 다른 하나는 소비의식 문제였다. 곧, 도시와 농촌을 불문하고 소비자 대중들이 민족적 경제의식 · 산업의식이 부족하여 조선인 자본이 생산한 조선물산을 애용하지 않고 외국상품을 선호하거나 負債的 소비에 열중함으로써 조선인 경제의 생산력 증대와 성장을 어렵게 하고 있다는 것이었다.[47]

대공황 전후 물산장려회 주도층의 경제현실 인식, 조선인 경제 총체적 위기론의 논지는 대체로 이와 같은 것이었다. 여기에서 주목되는 점은 조선경제 인식의 입각점으로서 현실 조선경제와 대립적인 '조선인 경제' 개념을 설정하고 있는 것이었다. 이는 단지 일본 독점자본의 조선경제 지배와 조선인의 경제적 몰락상을 설명하기 위해서, 또한 식민지 이식자본주의 지배체제를 비판하고 조선경제는 조선인의 경제가 되어야 한다는 민족적 경제이념의 표상으로서 사용한 수사적 용어가 아니었다. 조선인이 주체가 되는 조선인 경제권의 설정은 곧 식민지 하에

---

46) 金鴻熙, 앞의 「朝鮮의 産業振興에 對한 私考」; 金容瓘, 「工業硏究所의 設立을 提唱함」, 『朝鮮物産奬勵會報』 1-2, 1930.1 ; 徐椿, 앞의 「朝鮮사람 貧窮의 實地的 七大 條件」; 反求子, 「論評」, 『朝鮮物産奬勵會報』 1-8, 1930.8 ; 金鴻熙, 「世界的 財界不況과 朝鮮商工業家의 用意」, 『奬産』 2-3, 1931.3.

47) 小城, 「絶對愛用生活의 提唱」, 『朝鮮物産奬勵會報』 1-8, 1930.8 ; 金鴻熙, 「産業啓發의 責任이 잇는 中産階級 以上人의 覺醒을 促함」, 『朝鮮物産奬勵會報』 1-10, 1930.10 ; 金鴻熙, 「朝鮮物産奬勵運動의 方法 · 精神 · 目標에 對하야」, 『奬産』 2-1, 1931.1.

서도 독자적 운동성을 갖는 '민족경제'의 존재를 상정한 것으로서, 이는 이들의 운동노선과 관련하여 크게 두 가지 실천적 문제의식과 연계된 전략적 개념이었다.

하나는, 조선경제와 대립적인 조선인 경제 개념 설정을 통해 이 시기 조선경제의 모순관계와 대립구도의 기본 성격을 제시하고 있다는 것이었다. 곧, 조선경제의 모순관계를 일본 독점자본과 조선인 경제 사이의 총체적인 민족적 대립관계로 정리함으로써 조선인 경제 위기의 본질을 민족문제로 설정하는 동시에 민족 내부의 계급문제를 민족문제에 포섭시키고자 하였다. 따라서 이들 주도층에게 기본적인 운동방향은 일본 독점자본에 대항하는 조선민족 전체의 공동전선이었고, 민족 내부의 좌우대립 문제나 계급적 갈등 문제는 부차적이거나 중요한 문제가 아니었다.[48] 물산장려운동이 대다수 일반 민중인 소비자와 조선물산의 생산 주체인 자본가를 운동의 양 날개로 삼고 있다는 점에서 민족적 공동이익이라는 관념 아래 몰계급적 입장을 취하는 속성을 가지고 있지만, 그 주관적 몰계급성은 총체적 위기론의 모순구조 인식에 의해 뒷받침되었다. 이들 주도층이 물산장려운동을 민족운동의 부문운동으로 간주하고 민족협동전선운동에 참여할 수 있었던 인식기반은 이러한 것이었다.

다른 하나는 조선인 경제 범주 설정을 통해 보다 직접적으로 민족경제자립운동으로서의 물산장려운동의 논리적 근거를 제시한다는 것이

48) 주 37의 인용 자료 ; 金容起, 「解消運動은 非時機」, 『三千里』 1931년 2월호, 96쪽 ; 金泰洽, 「自活의 精神」, 『獎産』 2-3, 1931.3, 12쪽. 사회주의자들은 물산장려운동을 자본계급의 입장을 대변하는 소부르주아운동으로 간주하여 냉소적이었지만, 주도층은 薛泰熙를 제외하고 사회주의자에 대해 그렇게 적대감을 표현하지 않았다.

었다. 물론 총체적 위기론의 모순구조 인식을 통해 물산장려운동이 민족모순을 극복하는 민족운동의 일환이라는 정치적 의미를 부여할 수 있었다. 그러나 민족운동과 관련하여 그 모순구조 인식이 의미하는 요점은 식민지하에서의 경제문제의 해결은 궁극적으로 민족문제 해결을 통해서만 가능하다는 데 있었다. 따라서 이에 부합하는 경제적 민족운동의 정체성은 외화배척운동이나 반독점투쟁과 같은 정치운동의 성격을 적극 내포한 경제운동의 경우였다. 그러나 재건 주도층은 총체적 위기의 근원적 배경이 식민지 강점에 있다고 파악하면서도 운동의 방향을 이러한 정치적 경제운동으로 설정하는 것은 어렵다고 보았고, 대신 그 정치적 전망을 민족협동전선운동에 참여함으로써 해결하고자 하였다. 요컨대 이들은 당시의 정치·경제적 조건상 인도의 스와데시와 같은 정치적 외화배척운동은 불가능하다고 간주하는 가운데 체제 내에서의 민족적 당면이익을 획득하기 위한 민족산업진흥운동·민족경제자립운동을 그 차선책으로서 주장한 것이었다.[49] 따라서 여기에 합당한 논거가 요구되었고, 그것이 바로 '민족경제' 영역의 범주화와 그 '자립적 발전 코스'의 설정이었다. 이것이 물산장려운동이 경제적 실력양성운동으로 규정되는 所以였지만, 재건 주도층이 의도한 물산장려운동의 부문운동적 성격 또한 이 한계 내에서였다. 이들의 운동노선이 신간회의 온건노선이라는 개량적 코스를 걷게 된 것도 이러한 인식 기반과 밀접히 연관된 것이었다.

주도층의 이러한 경제인식, 모순구조 인식은 사실 이들에게만 특별한 것이 아니라 민족주의 지식인 일반이 대체로 공유한 것이었다. 이

49) 鄭秀日, 앞의 「朝鮮經濟와 朝鮮人經濟」; 鄭秀日, 앞의 「朝鮮人의 經濟的 危機(下)」; 柳光烈, 「卷頭言」, 『朝鮮物産獎勵會報』 1-9, 1930.9 ; 安在鴻, 「朝鮮物産獎勵運動의 一進展」, 『獎産』 2-2, 1931.2.

시기 대다수 민족주의 지식인·경제학자들은 이구동성으로 1920년대 조선경제의 발달을 일본 대자본의 독점적 지배권의 확립 과정으로 파악하고, 조선경제는 조선인의 경제가 아니라 일본인의 경제임을 강조하였다. 그리고 이 양상은 공황에 의한 불황과 일본의 공황대책의 여파에 의해 한층 심화되고 있다고 판단하였다. 그 근원적인 원인은 주권상실과 조선을 상품판매시장·자본투하시장·원료수탈시장으로 지배하는 일제의 경제정책·산업정책이었다.[50] 따라서 조선경제의 기본 모순 역시 일본 독점자본과 총체적으로 몰락하고 있는 조선인의 민족적 대립관계였고, 민족 내부의 계급문제는 민족문제로 환원되거나 부차적·종속적 문제로 간주되었다.[51] 당시 유산자와 무산자의 단합과 공동전선 결성이라는 민족협동전선운동을 제창하거나 이러한 정치운동이 어렵다고 판단할 때 차선책으로서 민족경제 자립을 위한 경제적 실력양성운동을 주창한 민족주의 지식인의 실천관·운동관의 인식 기반은 이러하였다.[52] 운동의 주안점을 어디에 둘 것인가는 각 개인의 정

50) 趙炳玉, 「經濟問題의 一觀」, 『東亞日報』 1927년 1월 16일~1월 18일 ; 李肯鍾, 「朝鮮人經濟의 數字的 概觀」, 『現代評論』 1, 1927.1 ; 李寬求, 「農村經濟 沒落의 片影」, 『現代評論』 6, 1927.7 ; 申泰翊, 「現朝鮮의 經濟界 概觀」, 『別乾坤』 33, 1930.10 ; 洪性夏, 「朝鮮工業의 現段階(1)」, 『別乾坤』 34, 1930.11 ; 崔淳周, 「朝鮮貿易增加는 얼마나 되었는가」, 『延禧』 8, 1931.12 ; 李晶燮, 「朝鮮人의 經濟的 活路 – 獨裁政治下의 産業的 總動員」, 『東光』 1932년 3월호 ; 「朝鮮人經濟의 萎縮相」, 『東亞日報』 1932년 5월 16일.

51) 이 시기 민족주의 경제학자의 이러한 경제인식 동향에 대해서는 李秀日, 앞의 글, 183~186쪽 참조.

52) 총체적 위기론에 입각한 이러한 인식 방식이 조선경제와 조선인 경제의 개념적 분리를 인정하지 않는 식민지 이식자본주의론에 입각하여 민족모순과 계급모순을 일체화시키거나, 민족모순과 민족 내부의 계급문제를 등치시켜 이 시기 사회성격을 이해한 사회주의 지식인의 입장과 질적으로 구별되는 점이었다.

치적 소속과 실천관의 차이에 따라 다를 수 있었지만, 이 양면은 민족주의 지식인 일반에게 공유되었다. 물산장려회 주도층 역시 이러한 양면을 공유하는 가운데 운동의 기본 방향을 체제내적 경제자립운동에 두면서 동시에 민족협동전선에 참여하여 물산장려운동을 부문운동으로 정립하고자 한 것이었다.

이와 같은 입론을 토대로 이들은 민족경제의 자립적 발전 코스를 설정하고 물산장려운동의 방향과 실천방안을 제시하였다. 그 총론적 방향은 金鴻熙의 다음 언급에 잘 나타나듯이 자본주의적 생산력 증대와 발전이었다.

> 今日 資本主義 經濟組織下에서는 生存競爭이란 經濟競爭이다. 즉 生産의 경쟁인 것이다. 국내는 물론이오 국외에까지 販賣市場을 强力的으로 광범히 개척하여서 資本家的 大企業 組織下에 대량생산한 商品을 판매하여 需要力 증대에 수반하는 生産力의 增大를 표시하고 있는 國家는 오늘날에 있어서 생존경쟁에 優勝한 국가이다. 즉 국가적으로 富國이오 强國이 된다. 然이나 此와 반대로 自國에는 수요에 충당할 供給力이 부족하여서 즉 生産力이 빈약하여서 外國物貨를 수입 사용하는 國家는 경제적으로 弱國됨을 免치 못하는 것이다.[53]

일본 독점자본의 시장지배와 만성적 수입초과 상태에서 일본상품·외래상품에 대응할 수 있는 조선인 물산의 생산 증대와 '민족시장권'의 자립적 전개가 실현되지 않고서는 민족경제자립론은 설득력을 가질 수 없었다. 그리하여 조선의 물산장려운동은 인도의 정치적 스와데시운동

53) 金鴻熙, 「産業啓發의 責任이 잇는 中産階級以上人의 覺醒을 促함」, 『朝鮮物産奬勵會報』 1-10, 1930.10, 11~12쪽.

과 달리 경제적 생산진흥운동에 있다고 간주하였던 安在鴻은 이러한 운동의 기본 방향에 대해 "蔽一言하고 조선에 있서서의 物産奬勵運動은 조선인의 生産의 노력이 그 人爲的 최대한도에까지 生長하도록 진출하는 데 있는 것"이라고 한마디로 요약하였고,[54] 柳光烈 역시 "統而言之하면 조선인 各個가 경제의 原理原則을 알고 生産技術을 배워 … 이렇게 발휘하는 生産能力이 總合하여 朝鮮人經濟界 總體에 어떤 큰 성과를 나타내어야" 할 것을 강조하였다.[55]

그리고 그 자본주의 생산력의 발전 방향은 "우리의 活路는 오즉 産業革命이 성공됨에 비로소 개척될 것"[56]이라는 주장과 같이 다름 아닌 이들이 산업혁명 과정에 있다고 파악한 현실 조선경제의 자본주의적 발전 방향과 같은 것이었다. 이들이 총체적 위기론에서 비판한 요점은 조선경제의 발전이 조선인의 경제적 몰락을 바탕으로 한 일본 독점자본의 발전이라는 발전 주체의 문제였지 그 발전의 자본주의적 방향과 원리는 아니었다. 이들은 총체적 위기가 결국 일제의 식민지 강점에 기인한다고 파악하면서도 동시에 자본주의경제의 원리로서 자본의 경쟁과 독점화 과정, 이에 따르는 중소자본의 몰락과 자본의 농촌수탈을 불가피한 현상으로 인정하고 정치적 주권 해결이 요원한 조건에서 조선인 경제가 자립하기 위해서는 스스로 자본주의적 생산력 발전을 도모하는 길 밖에 없다는 진화론적 관점을 견지하였다. 그리고 이 연장에서 조선의 식민지화와 조선인 경제의 몰락을 진화능력이 부족한 조선민족 스스로 자초한 불행으로 간주하고 식민지 민족문제를 산업화로 해결할 수 있다는 '산업주의'도 강조되었다.[57]

---

54) 安在鴻, 「朝鮮物産奬勵運動의 一進展」, 『奬産』 2-2, 1931.2, 3쪽.

55) 柳光烈, 「新春을 맛는 本會」, 『朝鮮物産奬勵會報』 1-2, 1930.1, 1쪽.

56) 金奭中, 「生産奬勵가 急務이다」, 『朝鮮物産奬勵會報』 1-3, 1930.3, 19쪽.

'내살림 내것으로', '조선사람 조선것'이라는 물산장려운동의 표어에는 이러한 경제관이 자리잡고 있었다. 한말 자본주의근대화정책의 일반론이었던 식산흥업론 이래 오랜 전통을 가지고 있는 진화론적 자본주의 경제관[58]은 조선인 경제의 총체적 위기를 논한 민족주의 지식인 일반이 대체로 공유한 것으로서, 요컨대 물산장려운동 주도층의 경제관은 민족·자본주의 경제인식의 한 전형을 보여주고 있었다. 白南雲이 이들의 민족경제자립론을 "조선민족의 自力 資本主義 再建理論", "民族的 資本主義 再建理論"으로 명명한 것은 이러한 의미에서 대단히 的確한 표현이었다.[59]

이러한 총론적 방향에서 주도층이 주장한 생산력 증대의 실천방안이 生產奬勵論과 愛用奬勵論이었다. 이는 창립기 이래 물산장려회가 견지한 '主旨'로서 재건 이후에도 변함없이 강조된 물산장려운동의 양대 실

---

57) 是人, 「產業化하자」, 『朝鮮物產奬勵會報』 1-7, 1930.7, 2~5쪽. "產業으로 土臺를 삼고 產業으로 看板도 하고 政治도 主義도 都是 產業으로 하여야 할 것이다. … 產業을 整頓하여 놓고 보면 곧 平和이며 곧 自由일 것이다. 그러면 우리 화려한 理想鄕은 產業에서 實現할 수 있으니 곧 產業을 奬勵하여야 할 것이며 產業化하여야 할 것이다."

58) 金容燮, 『增補版 韓國近代農業史硏究』, 一潮閣, 1984 ; 金容燮, 『증보판 韓國近現代農業史硏究』, 지식산업사, 2000 ; 서중석, 「한말·일제침략하의 자본주의근대화론의 성격」, 『한국근현대의 민족문제 연구』, 지식산업사, 1989 ; 洪性讚, 『韓國近代 農村社會의 變動과 地主層』, 지식산업사, 1992 ; 박찬승, 앞의 책, 1992 ; 金度亨, 『大韓帝國期의 政治思想 硏究』, 지식산업사, 1994 ; 朱鎭五, 「19세기 후반 開化 改革論의 構造과 展開」, 연세대 박사학위논문, 1995 ; 김경택, 「1910·20년대 東亞日報 主導層의 政治經濟思想 硏究」, 연세대 박사학위논문, 1999 ; 왕현종, 『甲午改革硏究』, 연세대 박사학위논문, 1999 ; 이태훈, 「韓末 大韓協會 主導層의 國家認識과 資本主義近代化論」, 『學林』 21, 연세대 사학과, 2000.

59) 白南雲, 「朝鮮經濟の現段階論」, 『改造』 16-5, 1934. 4(『思想彙報』 17, 1938, 325쪽 재수록).

천론이었다.[60] 생산장려는 말 그대로 조선물산의 생산 증대를 도모하자는 것으로, 여기에도 두 방향의 생산장려론이 존재하였다. 하나는 이들이 생산력 증대의 가장 적극적인 방안으로 간주한 자본규합과 공장 기업설립론이었다. 곧, 일본 독점자본과 경쟁하면서 민족경제를 진흥하는 최선의 방책은 자본주의 경제원리에 입각하여 자본을 축적해 공장·기업 설립을 확대하고 상품생산을 늘리는 데 있었다. 따라서 민족경제 자립의 가장 중요한 계급적 담당 주체는 조선인 자본가였다.[61] 이들에게 조선인 자본이 민족자본이 되는 논거였다. 다만 다다수 조선인 자본이 중소자본이었기 때문에 이들은 중소자본의 합동·연합을 통한 대자본 육성을 가장 이상적인 방안으로 거론하면서, 현실적으로는 중소기업·중소공업 투자에 치중하되 상품 경쟁력을 높이기 위한 기술 연구와 상품개발의 중요성을 강조하였다.[62] 이러한 의미에서 물산장려운동은 당연히 자본축적운동·기업설립운동·기술보급운동의 성격을 지니고 있었고, 이 방향의 생산력 증대론이 민족경제 자립의 가장 적극

60) 柳光烈, 「新春을 맞는 本會」, 『朝鮮物産奬勵會報』 1-2, 1930.1.

61) 金奭中, 「生産奬勵가 急務이다」, 『朝鮮物産奬勵會報』 1-3, 1930.3 ; 朴鉉珏, 「우리 物産奬勵運動을 爲하야 企業家 諸氏여! 猛進하라」, 『朝鮮物産奬勵會報』 1-9, 1930.9 ; 安在鴻, 「朝鮮物産奬勵運動의 一進展」, 『奬産』 2-2, 1931.2 ; 薛泰熙, 「朝鮮人 商工業者덜에게」, 『奬産』 2-3, 1931.3 ; 金鴻熙, 「世界的 財界不況과 朝鮮商工業家의 用意」, 『奬産』 2-3, 1931.3 ; 鄭世權, 「朝鮮物産奬勵運動의 進路(4)」, 『實生活』 3-5, 1932.5 ; 李康賢, 「朝鮮人 生産業의 不振 原因과 그 對策」, 『實生活』 4-2, 1933.2.

62) 鄭世權, 「朝鮮物産生産奬勵」, 『朝鮮物産奬勵會報』 1-1, 1929.10 ; 金容瓘, 「工業硏究所의 設立을 提唱함」, 『朝鮮物産奬勵會報』 1-2, 1930.1 ; 金鴻熙, 「生産奬勵가 무엇보다 急務이다」, 『朝鮮物産奬勵會報』 1-3, 1930.3 ; 李哲浩, 「生産奬勵가 急務! 生産으로 總動員하자!」, 『朝鮮物産奬勵會報』 1-3, 1930.3 ; 金英集, 「急先務는 生産奬勵」, 『朝鮮物産奬勵會報』 1-7, 1930.7.

적인 방법으로서 이들이 갈망하는 것이었다.

위 방안에 비해 소극적이고 한시적이지만 공장생산의 장려가 일조일석에 이루어지기 힘들다는 점에서 이들이 특별한 의미를 부여한 다른 방안이, 재래 농촌수공업 부활을 강조하는 자작자급・토산장려론이었다.[63] 이들은 식민지화 과정에서 외래상품의 침투와 함께 재래 농촌수공업이 절멸된 상황을 조선인 경제가 총체적 위기에 처한 상징적인 현상이자 중요한 배경으로 인식하였다. 따라서 농촌수공업 부활에 의한 자작자급・토산장려는 "世界市場은 對象에 두고 利益만 취하자는 어떤 시기까지의 우리 同志의 戰術"로서 자본가적 생산장려론의 보완책이 된다고 주장하였고, 더욱이 공황의 피해를 가장 많이 받고 있는 농민층의 수입 증대를 도모하여 농촌구매력까지 증대할 수 있는 효과적인 생산장려 방안이라고 강조하였다.[64] 이러한 의미에서 李克魯는 현대식 자본가적 생산장려를 "民族的 自作自給"으로, 농촌수공업 부활에 의한 생산장려를 "家族的 自作自給"으로 정리하기도 하였다.[65] 그리고 일부 인사는 이와 관련하여 소상품생산에 의한 생산과 판매상의 어려움을 해결하기 위해 생산조합 방식의 농촌수공업 부활을 주장하기도 하였다.[66]

---

63) 이들은 자작자급・토산장려라는 용어를 조선물산 애용과 같은 의미로 사용하기도 하였지만 일반적으로는 농촌수공업에 기초한 지방특산물의 생산과 애용, 또는 농촌의 가족적 자작자급을 지칭하는 의미로 사용하였다.

64) 薛泰熙,「朝鮮物産獎勵의 本義」,『朝鮮物産獎勵會報』1-1, 1929.10, 3쪽 ; 鄭世權,「朝鮮物産生産獎勵」,『朝鮮物産獎勵會報』1-1, 1929.10 ; 柳光烈,「新春을 맛는 本會」,『朝鮮物産獎勵會報』1-2, 1930.1 ; 金容瓘,「朝鮮物産愛用의 具體案」,『朝鮮物産獎勵會報』1-9, 1930.9.

65) 李克魯,「自作自給의 本義」,『朝鮮物産獎勵會報』1-2, 1930.1, 13~14쪽.

66) 金鳳集,「自活과 工業」,『朝鮮物産獎勵會報』1-1, 1929.10 ; 方一天,「副業振興要項」,『實生活』3-9, 1932.9.

그러나 물산장려운동의 본령은 소비자 대중에 대한 애용장려운동에 있었다. 물산장려운동이 본시 소비자 일반의 민족의식에 호소하여 조선물산을 사용하자는 대중적 선전계몽운동이기 때문에 그것은 당연하였고, 실제 물산장려회도 창립 이래 애용장려를 중심으로 운동을 전개하였다.[67] 주도층 역시 재건기 상공업자와 합작을 추진하며 생산장려의 중요성을 강조하면서도 생산장려는 일거에 이루어질 수 없다는 것을 잘 알고 있었고, 또한 애용장려가 활발해지면 자연히 상공업자의 자본축적이 가능해지고 생산장려도 뒤따르기 때문에 애용장려 자체가 생산장려의 한 방안이라고 생각하였다.[68]

이들이 전개한 일상적이고 보편적인 애용장려 방안은 크게 두 가지였다. 하나는 바자회나 廉賣市 등 소비자에게 조선물산의 정보를 소개하고 염가로 공급하는 이벤트 행사였고, 다른 하나는 계몽운동이었다. 특히 이들은 조선인 경제 위기의 주요 요인 가운데 하나가 조선인 대중의 外貨選好意識이라고 파악하였기 때문에 무엇보다 대중에 대한 의식계몽이 중요하다고 보았다. 계몽의 요점은 조선물산 애용이 지니는 민족적 의의와 도덕적 당위성을 고취하는 것이었다. 조선물산 애용은 민족경제의 발전만이 아니라 민족의식과 단결을 고취하고 "獨立自存의 정신"을 양성하는 민족성의 발휘이며 "朝鮮魂"을 일깨우는 "民族更生運動"의 출발점이 되는 것으로 강조되었다.[69]

---

67) 李鍾麟, 「本會의 第二回 總會를 經過하고서」, 『産業界』 4, 1924.7, 3~4쪽 ; 李鍾麟, 「愛用과 生産」, 『朝鮮物産奬勵會報』 1-5, 1930.5.

68) 柳光烈, 「新春을 맛는 本會」, 『朝鮮物産奬勵會報』 1-2, 1930.1, 1쪽 ; 金容瓘, 「朝鮮物産愛用의 具體案」, 『朝鮮物産奬勵會報』 1-9, 1930.9 李鍾敬, 「愛用奬勵가 急務이다」, 『朝鮮物産奬勵會報』 1-3, 1930.3 ; 李鍾麟, 의의 「愛用과 生産」 ; 金鴻熙, 「朝鮮의 産業振興에 對한 私考」, 『朝鮮物産奬勵會報』 1-9, 1930.9.

69) 小城, 「絶對愛用生活의 提唱」, 『朝鮮物産奬勵會報』 1-8, 1930.8 ; 小城草夫, 「우리

이와 함께 주도층이 자립적 '민족시장권' 실현의 시금석으로 간주한 애용장려 방안은 소비조합론이었다. 소비조합 조직은 이미 물산장려회 창립 당시부터 기본 사업으로 설정되어, 실현되지는 못했지만 '朝鮮物產京城消費組合' 설립을 위한 강령과 정관이 마련된 바 있었다.[70] 대공황을 전후하여 물산장려회 조직이 확대되고 특히 장산그룹의 참여로 재정 여건이 호전되자 주도층 내부에서는 다시 애용장려에 주안점을 둔 소비조합에 대한 논의가 활발해졌다. 그러나 이들이 구상한 소비조합은 그 취지의 특수성과 관련하여 일반적 의미의 소비조합과 큰 차이를 갖는 것이었다. 본래 소비조합은 빈곤한 소비자·무산자 대중이 자본주의 유통구조에서 발생하는 상인의 중간수탈을 배제하고 조합원의 공동이익과 이상사회 실현을 추구하는 사회개조사상에 기반하고 있었다. 주도층의 소비조합론에도 이러한 일반적 의미가 일정하게 투영되고 있었으나, 그 소비조합론의 기본 취지는 조선물산의 애용장려와 이를 통한 생산증식의 도모라는 생산력 증대에 있었다.[71]

이들의 소비조합론은 물산장려운동의 취지와 관련하여 부르주아적 속성을 농후하게 지닌 개량적 소비조합론이었다. 이 속성은 이미 창립기 경성소비조합 설립 방안에 내포되어 있었지만,[72] 대공황기 논의 과

物產運動의 序曲」, 『朝鮮物產奬勵會報』 1-11, 1930.11 ; 鄭寅傑, 「國產愛用은 救國之本이요 民族性의 發揮」, 『朝鮮物產奬勵會報』 1-12, 1930.12 ; 金祉濟, 「物產奬勵의 兩方面」, 『奬產』 2-2, 1931.2 ; 韓稚振, 「物產奬勵의 必然的 趨勢」, 『新朝鮮』 2-8, 1931.8.

70) 『產業界』 1, 1923.12, 62~65쪽.

71) 鄭世權, 「消費組合의 必要를 感함」, 『朝鮮物產奬勵會報』 1-2, 1930.1 ; 梧村, 「愛用聲이 높다는 말을 듣고」, 『朝鮮物產奬勵會報』 1-5, 1930.5 ; 薛泰熙, 「本會의 今後 運動方針」, 『奬產』 2-1, 1931.1.

72) 吳美一, 「1920년대 부르주아민족주의계열의 협동조합론」, 『歷史學報』 169, 역사학회, 2001.3 ; 吳美一, 「1920년대 부르주아민족주의계열의 物產奬勵運動論」, 『韓

정에서 더욱 분명히 드러나고 있었다. 그것은 이 논의를 주도한 정세권의 소비조합 방안이나 경성소비조합 설립준비위원이었던 설태희의 소비조합 방안(自給社組織議案)에 잘 반영되어 있었다.[73] 우선, 이들의 소비조합론에는 상인이 배제의 대상이 아니라 소비조합의 한 주체로 설정되고 있었다. 상인은 현실적으로 물산장려운동의 주요 협력자였고, 일부는 이미 운동의 후원자이자 주도층이었기 때문이다. 또한, 이들이 구상한 소비조합은 사실상 조선물산 위탁매매조직으로서 일반 영업기관의 성격을 겸하는 것이었고, 따라서 조합의 중심 출자자는 상인을 포함한 유산자로 상정되고 있었다. 곧, 이들의 소비조합론은 주관적으로는 소비자·무산자·농민층의 이익을 도모하는 것으로 상정되었지만 사실상 상인·자본가 중심의 영업기관적 소비조합이었다. 다만 논자에 따라 그 영업기관의 성격 부여에 강약의 차이가 있을 뿐이었는데, 정세권이 주도하여 물산장려회 내에 조직한 조선물산진열관과 소비부(토산판매부)는 이러한 유형의 소비조합을 전망한 전형적인 영업적 소비기관이었다.[74]

물산장려운동의 두 실천 강령인 생산장려론과 애용장려론의 요점은 대체로 이와 같았다. 논자에 따라 어느 방향에 주력해야 하는가에 대해서는 의견의 차이가 있을 수 있었고, 또 물산장려회의 전통적인 애용장려 중심의 운동방침에 대한 비판이 대두하면서 1930년 물산장려운동의

國史硏究』 112, 2001.3.

73) 鄭世權, 「消費組合實現方法」, 『朝鮮物産獎勵會報』 1-3, 1930.3 ; 薛泰熙, 「當面의 經濟運動 方略 – 給社組織議案」, 『三千里』 1933년 2월호. 또한 鮮于全이 중소상인 구제책으로 제안한 '商人組合論'도 이 범주에 속한다(鮮于全, 「中小商業者의 自衛策」, 『實生活』 4-1, 1933.1).

74) 方基中, 앞의 「1920·30年代 朝鮮物産獎勵會 硏究」, 132~133쪽, 135쪽 ; 鄭世權, 위의 「消費組合實現方法」.

당면 급무를 둘러싼 논의가 일시 고조되기도 하였다.[75] 그러나 양론이 서로 모순되는 대척적 논리가 아니라 생산력 증대의 상호 보완 논리였기 때문에 주도층은 지속해서 애용장려론을 기조로 하면서 중소공업의 진흥과 농촌수공업의 부활에 주안점을 둔 생산장려 방침을 병행하였다.[76] 물산장려운동론을 둘러싼 인식 편차의 보다 심각한 측면은, 이러한 양론의 선호보다도 오히려 대공황기 경제현실과 관련하여 민족경제의 자립 가능성에 대한 인식 문제에 있었다.

4. 경제통제와 민족경제자립론의 변용

대공황기 물산장려운동의 실천론은 이와 같이 조선인 경제 위기론에 입각하여 자본주의적 생산력 증대를 통해 조선인 경제의 자립과 발전을 도모한 민족경제자립론으로 요약되는 것이었다. 그러나 공황 이후 조성된 조선의 정치 · 경제현실은 경제자립에 대한 주도층의 기대를 어렵게 하였다. 1927년 금융공황에 이어 1929년 대공황, 1930년 농업공황 등을 차례로 직면하면서 일본 자본주의는 미증유의 체제 위기를 맞

---

75) 方基中, 위의 「1920 · 30年代 朝鮮物産奬勵會 硏究」, 131~132쪽. 일반적으로 生産奬勵 우선론은 자본주의 경제원리상 조선물산의 증대와 질적 개선이 수반되지 않는 애용장려는 소비자의 호응을 받을 수 없는 비현실적 관념론이라는 데 주안점이 있었고, 애용장려 우선론은 그럼에도 불구하고 민족적 차원에서 조선물산을 사용해야 한다는 입장에서 결국 물산장려의 관건은 소비자의 소비의식 전환에 달려 있다는 것과 애용장려가, 곧 생산장려의 방안이라는 점, 그리고 민족의식 고취라는 애용장려의 운동적 의미 부여에 중심을 두고 있었다.

76) 金容起, 「朝鮮物産奬勵運動에 대한 諸說의 補遺」, 『朝鮮物産奬勵會報』 1-2, 1930.1 ; 李克魯, 「生産과 愛用의 調和」, 『朝鮮物産奬勵會報』 1-10, 1930.10 ; 金鴻熙, 「朝鮮物産奬勵運動의 方法 · 精神 · 目標에 對하야」, 『奬産』 2-1, 1931.1.

이하였다. 이에 대응하여 1930년 산업합리화에 이어 1931년 중요산업통제법을 추진한 일제는, 만주침략을 감행하여 일만블록을 구축하고 나아가 중국침략을 준비하는 군국주의 파시즘의 길을 통해 체제 위기를 타개하고자 하였다. 그리고 이어 '金輸出再禁止' 조치와 함께 관리통화제와 인플레이션정책을 추진함으로써 '경제통제'를 수반한 국가독점자본주의체제로 이행하기 시작하였다.77)

이러한 일제의 공황타개책은 1920년대 이식자본주의 수탈구조 속에서 누적된 조선의 사회경제적 모순을 한층 심화시켰다. 공황의 여파와 일본 독점자본의 조선경제 지배의 강화는 이들 주도층이 생각한 것보다 훨씬 심각하게 조선인 상공업자에게 경제적 타격을 주었고, 노동계급의 생활난은 가중되었다. 특히, 농업공황과 인플레이션 정책에 따른 미가 하락과 협상가격차의 심화는 농민층을 기아상태로 몰아넣었다.78)

---

77) 楫西光速 外,『日本資本主義の沒落 II・III』, 東京: 東京大學出版會, 1963 ; 江口圭一,「侵略戰爭とファシズムの形成」,『講座日本史』7, 1971 ; 大石嘉一郎 編,『日本帝國主義史 2 世界大恐慌期』, 東京: 東京大學出版會, 1987 ; 徐廷翼,「世界大恐慌 以後 日本戰時經濟의 展開」,『연세경제연구』2-2, 1995. 일본 경제통제(통제경제)의 의미나 용어 사용과 관련해서는 당시부터 논의가 분분하였지만, 대체로 1936년까지 공황 대책으로 시행된 전기 경제통제와 중일전쟁 발발 전후하여 전면화된 전시통제경제 등 크게 두 단계로 구분하는 것이 일반적이다. 1936년까지를 다루는 본 연구에서는 자료상의 표현 외에 경제통제로 통일하여 사용하였음을 밝혀둔다. 경제통제에 대해서는 關口尙志,「ファシズムと戰時統制下の經濟思想」,『近代日本經濟思想史 II』, 東京: 有斐閣, 1969 ; 中村隆英,『日本の經濟統制』, 東京: 日本經濟新聞社, 1974 ; 宮島英昭,「戰時經濟下の自由主義經濟論と統制經濟論」,『日本近現代史 3 現代社會への轉形』, 東京: 岩波書店, 1993 ; 徐廷翼, 같은 글 ; 平澤照雄,『大恐慌期日本の經濟統制』, 東京: 日本經濟評論社, 2001 등 참조.

78) 櫻桃園人,「朝鮮農村은 어데로 가나」,『新民』65, 1931.3 馬鳴,「農業恐慌과 農民의 沒落」,『東光』20, 1931 ; 裵成龍,「인플레이션 政策과 朝鮮農民」,『新階段』

이 시기 일제의 식민지배에 저항하는 각종 사상·조직운동과 노동운동의 급증 현상과 신간회 해체 과정이 잘 말해주고 있듯이 식민지 민중들의 민족적·계급적 각성이 고조되었고, 이에 대응한 일제 탄압과 사상 통제도 강화되었다. 이러한 여건에서 민중들의 구매력 증대에 대한 특별한 관심이나 방안을 갖지 못한 채 생산력 증대를 호소하는 물산장려운동이 설득력을 갖기는 어려웠다. 특히, 금융자본과 지주제에 긴박되어 만성적인 부채와 지주 수탈에 시달리는 농민층에게 부채문제·소작문제에 대한 대안없이 애용장려와 자작자급을 요구하는 것은 현실과 동떨어진 한가로운 주문이었다.

요컨대, 이 시기 물산장려운동은 새롭게 활성화되고 있었지만 민족경제자립론은 당시 조선의 식민지 현실에서는 실현되기 어려운 구조적·실천적 한계를 가지고 있었다. 말하자면 식민지 강점과 일본 자본주의의 이식지대로 완전 편입된 조선경제의 구조적 성격과 관련하여 이들 주도층이 희망하는 민족경제의 자립, 조선인 본위의 자본주의 생산력 발전은 본원적으로 관념적 본질을 지니고 있었다. 특히, 주도층의 자본주의 경제관에 내재한 민족경제 자립의 몇 가지 실천적 관점이 이러한 관념성과 결부되어 대공황 이후 정치경제적 변화 속에서 민족경제자립론의 동요와 변용을 야기하게 하는 내적 동인으로 작용하였다. 그것은 민족경제 자립에.대한 비관주의 의식, 자본과 생산 중심의 부르주아적 실천관, 국가 주도의 경제발전을 중시하는 '국가주의적' 경제이념 등 크게 세 가지였다.

물산장려회 주도층은 자신들이 열렬히 주장하는 민족경제자립론의 실현 가능성에 대해 사실상 비관적 관점을 가지고 있었다. 이들은 조선

1, 1932.10 ; 盧東奎, 「朝鮮農業의 現象 及 將來」, 『新東亞』 15, 1933.1.

인 경제가 총체적으로 위기에 빠진 근본 원인이 식민지 강점과 일제의 경제정책에 있고, 또한 자본주의적 생산력 발전을 전망할 조선인 독자의 자본과 기술적 기반을 가지지 못한 이상 정치적 해결 외에 민족경제의 자립은 불가능하다는 것을 알고 있었다. 그리고 그 가능성을 설정한 물산장려운동과 민족경제자립론 역시 자본주의 경제원리와도 관련하여 실현성이 없는 논리라는 것을 인정하고 있었다.[79] 운동 내면의 이러한 의식은 핵심 주도층 뿐 아니라 운동에 참여한 다수 지식인들도 공통적으로 갖는 생각이었다.[80]

더 확대해서 말하면 민족경제 자립 가능성에 대한 이러한 의식구조는 사실상 대공황기 총체적 위기론을 주장한 민족주의 지식인의 일반적인 경제인식이었다. 대표적인 총체적 위기론자인 洪性夏가 "조선의 공업발전은 이론상으로나 실제상으로 보아서 가망이 없는 바"라고 단언한 것과 같이,[81] 이들 지식인은 조선경제와 분리된 조선인 경제의 자립 가능성에 대해 비관적 전망을 하고 있었으며 조선인 경제는 조선경제가 발달할수록 오히려 반비례할 것으로 보고 있었다.[82] 다만 이러한 전망에 어떻게 대응할 것인가 하는 점에 있어 개인에 따라 의견 차이가 있을 뿐이었다. 물론 "현상타파운동"으로서 정치운동의 성격을 지닌

79) 鄭秀日, 「朝鮮經濟와 朝鮮人」, 『新民』 33, 1928.1 ; 鄭秀日, 「朝鮮人의 經濟的 危機(上)·(下)」, 『別乾坤』 30·31, 1930.7·8 ; 金鴻熙, 「朝鮮의 產業振興에 對한 私考」, 『朝鮮物産奬勵會報』 1-9, 1930.9 ; 鄭世權, 「우리 物産奬勵는 倫理的 精神과 企業力의 發達로서만 可能하다」, 『實生活』 3-3, 1932.3.

80) 崔鉉培, 「朝鮮物産奬勵會의 任務」, 『朝鮮物産奬勵會報』 1-12, 1930.12 ; 韓稚振, 「物産奬勵의 必然的 趨勢」, 『新朝鮮』 2-8, 1931.8 ; 玄相允, 「物産奬勵運動에 對하야」, 『新興朝鮮』 1-1, 1933.10 ; 李萬珪, 「物産奬勵運動에 對하야」, 『新興朝鮮』 1-1, 1933.10.

81) 洪性夏, 「朝鮮工業의 現段階(2)」, 『別乾坤』 35, 1930.11, 48쪽.

82) 주 50의 인용자료 참조.

경제운동이나 근본적 대책을 주장한 이는 소수에 불과하였고,83) 대다수 지식인은 "정치적 의미를 갖지 않는 경제운동"이라도 추진해서 현실의 생활수준을 향상해야 한다는 개량적 입장을 취하였다.84) 진화론적 자본주의 경제관과 체제이념을 견지하는 가운데 정치적 실천이 어렵다고 판단했을 때 이들이 취할 수 있는 방안은 체제내적 개량운동 외에는 찾기 어려웠다.

개인에 따라 차이가 있지만 "정치적으로 경제적으로 문화적으로 조선의 장래를 비관"한다는 명제세의 언급과 같이,85) 물산장려회 주도층의 입장 역시 기본적으로 후자와 같은 것이었다. 다만, 비관적이지만 자포자기하지 않고 현상 속에서도 당면이익을 얻기 위한 자구의 노력을 해야한다는 것이 이들의 입장이었고, 그 최선의 자구책이 물산장려운동이었다.86) 또한, 물산장려운동이 비현실적이라 하더라도 민족의식 고취에 일익을 담당한 민족운동이라는 점에 의미를 부여하고 있는 것이 이 운동에 참여한 민족주의 지식인들의 일반적 정서였다.

물산장려회 주도층 가운데 핵심 인사들이 대공황의 여파가 심해질수록 더욱 관념적 성향을 보이며 절대적 애용주의 · 물산장려주의로 나아

83) 洪性夏, 「朝鮮人의 經濟的 活路 – 現狀打破의 不斷한 運動」, 『東光』 1932.3.

84) 李晶燮, 「朝鮮人의 經濟的 活路 – 獨裁政治下의 産業的 總動員」, 『東光』 1932년 3월 ; 주 50의 인용 자료 참조.

85) 「三千里全體會議 – 朝鮮의 政治的 將來를 悲觀乎 樂觀乎」, 『三千里』 1932년 8월호, 6쪽.

86) 정수일은 이러한 조건에서도 무엇이던지 착수해야 하며, "第一로 우리끼리 商品去來를 시작하여 그 중간에 떨어지는 利文이라도 確得해야 할 것"을 강조하였고(鄭秀日, 앞의 「朝鮮人의 經濟的 危機(下)」, 6쪽), 金鴻熙는 토산애용이 실현성이 없다고 하더라도 "이것도 저것도 아니된다고 束手傍觀으로 經濟界의 破滅現象을 彼岸의 火처럼 여길 수는 없는 것"이라 하여 물산장려운동의 당위성을 주장하였다(金鴻熙, 앞의 「朝鮮의 産業振興에 對한 私考」, 7쪽).

간 데에는 민족경제자립론 내면의 이러한 비관주의 관점이 자리잡고 있었다. 일반적으로 물산장려운동에 민족적 의미를 부여하며 운동에 동참한 민족주의 지식인들은 전망이 비관적이라고 하더라도 무조건적 애용장려론으로서는 운동의 설득력을 갖기 어렵고 가능한 한 자본주의 경제원리에 입각한 실제적인 물산장려 방안을 강구해야 한다고 보았다.[87] 그러나 핵심 주도층은 운동의 실제적 방안을 강조하면서도 물산장려운동은 현실의 자본주의 경제원리와 상치되는 특단의 '민족갱생운동'이므로 민족을 생각하는 '민족윤리'의 희생적인 입장에서 값이 비싸고 질이 나쁘더라도 조선물산을 애용해야 한다는 무조건적 애용주의 입장을 강조하였다.[88] 그리고 신간회 해소 후 물산장려운동이 민족운동의 한 부문운동으로 설정될 수 있었던 활동영역이 상실되면서 상호부조적 민족윤리와 민족도덕 관념을 강조하는 절대애용주의 입장은 더욱 현저해졌다.[89] 이러한 관념화 과정은 물산장려운동의 체제내적 개량화 과정의 다른 한 측면이기도 하였다.

---

87) 安在鴻, 앞의 「朝鮮物産奬勵運動의 一進展」; 崔鉉培, 앞의 『朝鮮物産奬勵會의 任務』; 金容起, 「朝鮮物産奬勵運動에 對한 諸說의 補遺」, 『朝鮮物産奬勵會報』 1-2, 1930.1.

88) 鄭秀日, 앞의 「朝鮮人의 經濟的 危機」; 金容瓘, 「朝鮮物産을 絶對로 愛用하자」, 『朝鮮物産奬勵會報』 1-3, 1930.3; 韓稚振, 「物産奬勵의 必然的 趨勢」, 『新朝鮮』 2-8, 1931.8. 物産奬勵主義者라고 해도 과언이 아닌 薛泰熙는 이러한 의미에서 물산장려운동을 "民族更生"과 "民族發興"의 운동이라 규정하고(小城, 앞의 「絶對愛用生活의 提唱」, 5~6쪽), "물산장려운동에 信徒를 그 깃빨 아래 모으는 것이 우리의 死活을 좌우"한다고 주장하였다(小城草夫, 「우리 物産運動의 序由」, 『朝鮮物産奬勵會報』 1-11, 1930.11, 8쪽).

89) 鄭世權, 「우리 物産奬勵는 倫理的 精神과 企業力의 發達로서만 可能하다」, 『實生活』 3-3, 1932.3; 鄭世權, 「朝鮮物産奬勵運動의 進路 (2)·(4)」, 『實生活』 3-5, 3-7, 1932.5, 7; 雪友學人, 「朝鮮物産愛用에 대한 質疑에 答함」, 『實生活』 3-6, 1932.6.

물산장려운동과 민족경제자립론이 갖는 가장 중요한 실천적 한계는 총론적 방향 설정에 잘 나타나듯이 구매력증대론을 결여하고 있는 점이었다. 물산장려운동은 본질적으로 소비자를 대상으로 하는 대중적 선전운동으로서 운동의 실천 주체는 결국 소비자 대중이었다. 따라서 어떠한 형태로든 소비자 대중의 다수를 차지하는 노동계급·빈민대중의 현실적 생활문제의 해결과 구매력 확보를 위한 방안이 생산력 증대 방안과 함께 강구되지 않으면 대중의 호응을 받을 수 없었다. 구매력 증대 문제는 노자문제·소작문제의 계급적 갈등과 결부된 분배문제로 귀결되는 것인 만큼 여기에는 물산장려운동의 계급관이 직접 투영되지 않을 수 없었다. 그러나 민중의 생활난과 구매력 감퇴, 특히 농민문제의 심각성과 농촌구매력 저하를 일정하게 자각하면서도 이들은 이에 대한 어떠한 운동방침도 세우지 못하였다. 1928년 정기대회에서 농민운동에 대한 적극 지원을 결정하였지만 그것은 신간회 활동과 연대한 결의에 불과한 것이었다. 또한 소비조합이나 농촌수공업 부활의 자작자급론이 구매력 증대의 한 방안이 될 수 있었지만 이를 주장하는 본지는 분배문제의 해결이 아니라 생산력 증대에 있었다.

명제세가 시인하고 있듯이 이들은 주관적으로 몰계급적 입장을 주장하면서도 현실적으로 자본가계급과의 합작과 연대에 주력하였다.[90] 이들은 소비자 대중의 구매력 증대 문제나 노농계급과의 연대를 위한 어떠한 실천 방침도 갖고 있지 않았고, 물산장려운동이 성과를 보지 못하는 것은 대중의 의식이 "昏曚狀態"에 있기 때문이라고 비통해 하며 오로지 이들을 계몽의 대상으로만 파악하였다.[91] 오히려 외화소비·소비

---

90) 「民族的 大統一黨 結成 前提로 現有 諸團體 解體 提議－六千의 會員을 擁한 朝鮮物産獎勵會에 對하야」, 『三千里』 1932년 8월호, 4쪽.

과다 문제는 일반 무산계급이나 민중에게 해당되는 것이 아니라 중산계급의 "負債的 消費"에 있기 때문에, 민족경제 자립을 위해서는 산업계발의 실력과 책임이 있는 중산계급 이상이 "생산을 위한 소비"를 해야 한다고 하여 물산장려운동의 주요 대상이 중산층 · 부유층에 있다고 주장하기도 하였다.[92] 이들 자신은 부당하다고 항변하고 있었지만, 이들이 항간에 자본가계급의 이익을 대변하거나 중산층의 입장을 대변한 "小市民階級의 代言者"라 조소를 받는[93] 이유가 여기에 있었다. 그러나 이러한 부르주아적 속성에도 불구하고 물산장려운동이 소비자 대중 일반을 대상으로 하는 선전운동인 이상 대공황기 민중의 생활난은 물산장려운동의 근저를 흔드는 것이 아닐 수 없었다. 특히, 공황과 일제 정책에 집중 피해를 받고 있는 농민층에게 이들이 강조하는 자작자급과 농촌 수공업 부활과 같은 주장은 농민층의 생활난에 대한 현상 인정론에 불과하였다.

물산장려운동의 민족 · 자본주의 경제관과 관련하여 주목하게 되는 것은 그 내면에 '국가주의적' 관점의 경제이념이 존재하고 있다는 점이었다. 식민지 민족운동이라는 측면을 배제하고 일반 경제사상 · 경제정책의 관점에서 보면, 물산장려운동의 경제관은 흔히 자본주의 국가가 자국의 상품시장 보호와 자본축적을 위해 보호관세정책과 더불어 시행하는 '국산장려정책'의 경제관과 본질적으로 동일한 것이었다. 특히,

---

91) 金鴻熙, 「朝鮮物産奬勵運動의 方法 · 精神 · 目標에 對하야」, 『奬産』 2-1, 1931.1, 26쪽. 자본 중심의 이러한 실천관 · 계급관은 특히 이들이 노동문제에 거의 관심을 기울이지 않은 데에 단적으로 나타나 있다.

92) 金鴻熙, 「産業啓發의 責任이 잇는 中産階級 以上人의 覺醒을 促함」, 『朝鮮物産奬勵會報』, 1-10, 1930.10.

93) 柳光烈, 「新春을 맛는 本會」, 『朝鮮物産奬勵會報』 1-2, 1930.1, 1쪽 ; 李鍾麟, 「物産奬勵運動의 十年」, 『新興朝鮮』 1-1, 1933.10.

일본과 같이 후발 자본주의 국가의 경우 이러한 국가의 정책적 역할을 강조하는 보호주의·국가주의 경제정책의 전통이 강하였다. 이른바 국가 주도의 산업입국주의 경제정책이었다.[94] 그리고 그것은 대공황기 공황 타개를 위한 국가의 역할이 강화되고 국가주의·민족주의 이데올로기가 고창되는 가운데 대외적 경제블록화, 곧 일만블록 형성과 대내적 산업통제·경제통제로 발전하였다.[95]

식민지 경우이지만 물산장려운동의 경제관은 기본적으로 이러한 경제정책의 사상적 맥락에 있었다.[96] 물산장려회 주도층은 공황 타개를 위해 일본은 물론 미국·영국·독일 등 자본주의 각국이 산업합리화와 함께 국민운동 차원의 국산장려정책을 추진하고 있는 사실을 "자국의 산업을 보호하면서 경제적 충실을 도모하는 노력의 일 표현"이라고 고무적인 추세로 받아들이고 있었다.[97] 나아가 이를 자신들의 슬로건인 '자작자급론'과 동일시하는 가운데 이제 세계경제의 대세가 "상품만능의 시대"로부터 "자작자급의 시대"로 전환되었다고 선언하면서 물산장

---

94) 住谷悅治, 『日本經濟學史の一齣』, 東京: 大畑書店, 1934 ; 長幸男, 「ナショナリズムと『産業』運動」, 『近代日本經濟思想史 I』, 東京: 有斐閣, 1969 ; 杉原四郎, 「自由主義と歷史學派」, 같은 책 ; 堀經夫, 『明治經濟思想史』, 東京: 日本經濟評論社, 1991, 제5장 ; 伊藤隆, 「「國是」と「國策」·「統制」·「計劃」」, 『二重構造』, 東京: 岩波書店, 1989.

95) 주 77의 논저 ; 伊藤隆, 위의 글 ; 河上肇, 「國家社會主義の理論的檢討」, 『中央公論』 1932.6 ; 矢內原忠雄, 「民族主義の復興」, 『改造』 1933.12.

96) 일본 國家主義 경제정책의 사상적 기반은 歷史學派·社會政策學派의 흐름에서 國家社會主義에 이르기까지 다양한데, 물산장려회 주도층은 이 가운데 어느 특정 계열의 사상적 영향을 받았다기보다 일반적 차원에서 國家政策을 중시하는 국가 주도의 자본주의 경제관을 견지했다고 생각된다.

97) 金鴻熙, 「朝鮮物産獎勵運動의 方法·精神·目標에 對하야」, 『獎産』 2-1, 1931.1, 25~26쪽.

려운동의 국제적 추세와 당위성을 강조하였다.[98] 또한, 일본의 산업합리화와 산업통제에 대해서도 그것이 실업자 증가와 임금저하를 유발하여 생활난을 가중시킨다는 것을 인정하면서도 생산력 증대 경제정책으로서는 긍정적으로 파악하고,[99] 조선산업계도 "조선산업의 발달과 융성을 도모"하기 위해서 "산업합리화운동을 파괴하는 무지한 짓"을 하지 말고 노자가 협조하는 "호상협조의 정신"을 가지고 이에 적극 동참할 것을 주장하기도 하였다.[100] 세간에 물산장려운동이 "자본가옹호운동"인 동시에 "국가주의경제를 고집"하는 운동으로 인식되고 있다는 지적[101]은 주도층의 이러한 경제관을 지칭한 것이었다. 그러나 이러한 '국가주의적' 경제이념은 식민지 조건 속에서 정상적으로 발현될 수 없었고, 이들은 그것을 민족적 결속을 통해 구현하고자 하였다. 이들이 물산장려운동의 동력으로 호소하는 민족의식 · 민족윤리 · 민족도덕은 일종의 국가의 대체관념이라는 성격을 내포하였다. 민족경제 자립 코스의 설정이 비관주의에 입각한 관념적 본질을 갖게 되는 내견적 이유의 하나가 여기에 있었다.

이와 같이 물산장려운동의 민족경제자립론 기저에는 경제자립 가능성에 대한 비관적 전망이 깔려 있었고, 실천 방침에서도 소비자 대중의 대다수를 점하는 민중의 생활현실과 거리가 먼 부르주아적 계급성을

98) 李克魯, 「自作自給의 本義」, 『朝鮮物産奬勵會報』 1-2, 1930.1 ; 柳光烈, 「卷頭言」, 『朝鮮物産奬勵會報』 1-9, 1930.9 ; 梧村, 「創刊 一週年 紀念을 際하야」, 『朝鮮物産奬勵會報』 1-10, 1930.10 ; 一記者, 「本會의 覺悟와 主義主張」, 『朝鮮物産奬勵會報』 1-12, 1930.12.

99) 徐椿, 「世界各國의 中心問題 - 産業合理化란 무엇?」, 『大潮』 5, 1930.8

100) 雪友學人, 「産業合理化運動과 互相協助의 精神은 무엇인가」, 『朝鮮物産奬勵會報』 1-8, 1930.8, 8쪽.

101) 玄相允, 「物産奬勵運動에 對하야」, 『新興朝鮮』 1-1, 1933.10.

노정하였다. 이러한 실천관이 그 내면의 '국가주의적' 관점의 경제이념과 상호 결부되어 물산장려운동의 개량성과 관념성을 유발하는 내적 연원이 되고 있었다. 따라서 대공황기 이후 정치경제 현실의 추이와 관련하여 그 자립화의 전망이 더욱 비관적으로 다가올 때 민족경제자립의 논리는 동요되고 그 관념성은 심화될 수밖에 없었다. 전술한바 이미 대공황기에 주도층이 민족윤리·민족도덕을 강조하는 관념적 물산장려주의로 경사되고 있었던 것이 바로 이러한 동요 현상을 설명해 주는 것이었다. 그리고 더 나아가 일제의 정책 방향과 민족경제자립의 논리 사이에 경제이념적 동질성을 발견하게 될 때 민족의식을 강조하는 관념화 경향의 다른 한편으로는, 식민지 지배권력이 점차 '현실 국가'로 다가오게 되고 민족경제자립론의 민족적 관점과 경제자립 관념 사이에 점차 괴리와 간극이 형성되지 않을 수 없었다.

이와 같은 민족경제자립론의 동요 과정에 중요한 분기를 이룬 것은 1931년 6월 조선총독으로 부임한 宇垣一成이 '자력갱생'과 '노자협조' 이데올로기를 내세우며 추진한 통제농정책(농촌진흥운동)과 조선공업화정책, 곧 '식민지 경제통제'로서의 農工竝進政策이었다.[102] 주지하듯이 '생활안정 도모'와 '내선융화 촉진'을 시정의 제일 목표로 천명하면

102) 白南雲은 1930년대 전반 '自力更生道'를 내세운 총독부의 農村振興運動, 復古政策, 國策的 自作自給政策, 北鮮工業化政策 등을 조선경제의 "現段階 統制經濟의 특질"로 파악하고(白南雲, 「朝鮮經濟の現段階論」, 『改造』 16-5, 1934.4, 『思想彙報』 17, 1938, 308쪽), 그 정책적 본질을 블록경제 강화와 계급모순의 완화를 통해 체제 위기를 타개하려는 독점 단계의 파쇼적 식민정책으로 규정하였다(방기중, 『한국근현대사상사연구』, 역사비평사, 1992, 208~216쪽). '식민지 경제통제'의 개념정리와 조선 지식인의 경제통제 인식에 대한 전반적인 검토는 별도 기회를 갖기로 하고, 여기에서는 백남운의 용법을 따라 농촌진흥운동과 조선공업화정책을 관통하는 정책 성격을 '식민지 경제통제'로 정리한다.

서,[103] 宇垣一成이 추진한 농공병진정책은 만주침략에 이은 일만블록 구축과 대륙침략을 위한 조선병참기지화의 기초공작이었다. 농촌진흥 운동으로 총칭되는 통제농정책은 농민의 경제자립과 '民心作興'에 의한 농촌안정이라는 총독부 선전에도 불구하고, 관의 조직적 농민통제 아래 생산력 증대를 통해 농민이 자본주의경제에 적응하도록 하면서 부분적인 지주통제로 농촌의 계급적 모순과 계급투쟁을 완화하고 사회주의사상의 농촌 침투를 방어하기 위한 농촌통제책·사상통제책으로 구상되고 추진된 것이었다.[104] 또한, 조선공업화정책은 宇垣一成이 대륙침략을 위해 구상한 日鮮滿블록정책의 일환으로서, 精工業지대인 일본을 정점으로 식량수탈지였던 조선을 粗工業지대로 전환하고 만주를 새로운 식량수탈지로 개발함으로써 일선만을 연결하는 일본자본주의의 '하이어라키적' 블록경제 질서를 구축한다는 것이 그 목표였다. 이 정책은 일본 독점자본의 적극적인 투자 유치를 통해 추진됨으로써 독점자본의 지배는 더욱 강화되었고, 이에 따라 '노자협조' 이데올로기의 선전에도 불구하고 조선의 노동문제가 한층 심화되었다.[105]

103) 朝鮮總督府, 『施政三十五年史』, 1940, 668쪽.

104) 金容燮, 앞의 책, 2000, 419~436쪽 ; 방기중, 앞의 책, 1992, 208~216쪽 ; 鄭然泰, 「日帝의 韓國 農地政策」, 서울대 박사학위논문, 1994, 제3장 ; 정태헌, 「1930년대 식민지 농업정책의 성격전환에 관한 연구」, 『일제말 조선사회와 민족해방운동』, 일송정, 1991 ; 富田晶子, 「準戰時下朝鮮の農村振興運動」, 『歷史評論』 377, 1981 ; 池秀傑, 「1932~1935年間의 朝鮮農村振興運動」, 『韓國史研究』 46, 1984 ; 鄭文鍾, 「1930년대 朝鮮에서의 農業政策에 관한 研究」, 서울대 박사학위논문, 1993 ; 蘇淳烈, 「植民地後期朝鮮地主制の研究」, 京都大 박사학위논문, 1994 ; 박섭, 『1930年代朝鮮における農業と農村社會』, 東京: 未來社, 1995 ; Gi-Wook Shin and Do-hyun Han, "Colonial Corporatism: The Rural Revitalization Campaign, 1932-1940", in Gi-Wook Shin and Michael Robinson, eds., *Colonial Modernity in Korea*, Cambridge, MA: Harvard University Asia Center, 1999.

그러나 이러한 정책적 본질에도 불구하고, 조선총독이 직접 나서서 조선민중의 경제자립과 농촌안정의 중요성을 강조하고 조선의 자본주의적 공업발전의 필요성을 역설하며 농촌진흥정책과 공업화정책을 추진하기 시작한 것은 새로운 여건의 조성이 아닐 수 없었다. 그 정책의 본질적 의도야 어떠하든 이는 물산장려회 주도층이나 민족주의 진영이 줄기차게 총독부에 요구했던 조선 민중의 경제자립·민생구제를 총독부가 자임하고 나선 것이었다. 또한, 조선을 식량수탈지로부터 공업지대로 전환한다는 정책은 민족경제자립론이 추구하는 생산력 증대의 기본 방향이기도 하였다. 이러한 관제 경제자립운동·공업발전정책은 민족경제의 독자적 자립 가능성에 근본적인 한계를 느끼고 있었던 일부 물산장려회 주도층 인사에게 호기로 인식될 수 있었다. 물론 총독부 방침이 천명된 직후 정세권이 그 정책이 얼마나 "조선인 본위"가 될 것인가 강한 불신감을 표시하고 조선인 자력의 노력을 촉구하고 있었던 바와 같이 이들은 기존의 입장을 견지하였다.[106] 그러면서도 이와 때를

105) 高橋龜吉, 『現代朝鮮經濟論』, 東京: 千倉書房, 1935 ; 小林英夫, 『大東亞共榮圈の形成と展開』, 東京: 御茶の水書房, 1975 ; 全遇容, 「1930년대 '朝鮮工業化'와 中小工業」, 『韓國史論』 23, 1990 ; 이승렬, 「1930년대 전반기 일본군부의 대륙침략관과 '조선공업화'정책」, 『國史館論叢』 67, 1996 ; 安秉直·中村哲, 『近代朝鮮工業化의 硏究』, 一潮閣, 1993 ; 堀和生, 『朝鮮工業化の史的分析』, 東京: 有斐閣, 1995 ; 鄭振聲, 「植民地工業化와 그 遺産」, 『광복50주년기념논문집 3 경제』, 한국학술진흥재단, 1995 ; 김인호, 『식민지 조선경제의 종말』, 신서원, 2000 ; 이상의, 「일제강점기 '勞資協調論'과 工場法 論議」, 『國史館論叢』 94, 2000.

106) "금년부터는 총독부에서 조선의 자작농 제정, 북조선 개척, 함북의 삼림채벌, 재만조선인의 생활안정 등을 들고 방송을 하는 중이나 前記 여러 가지 것에 과연 얼마나한 실적을 나타내일가가 의문이요 그것에 완전한 실적을 나타내인다 할지라도 과연 조선인 본위로 될 것인가 의문이다. 우리는 조선에서 하는 모든 시설은 언제든지 조선인 본위로 하라는 것을 절규하야 마지않는다."(鄭世權, 「新年辭」, 『實生活』 3-1, 1932. 1, 1쪽).

같이하여 유광렬의 다음 언급과 같이 총독부 사업에 대한 일면 기대감과 협조적 자세의 전환이 표명되고 있었다.

> 모다 우리에게 직접 관계되는 일이라 그 일이 있을 때마다 우리는 朝鮮民衆에게 利로웁게 전개케 하기 위하야 활동하지 않으면 안된다. 節槪를 지킬 때도 아니고 自暴自棄할 때도 아니다. 애써보다가 結果이 있어 조선민중의 利益과 背馳되는 일이 있다 할지라도 그것은 萬不得已한 사정일 것이다. … 이 모든 계획의 중심인 總督府도 조선인의 정당한 요구이면 傾聽은 할지언정 무조건 抑壓은 못할 것이다.[107]

또 같은 시기인 1932년 1월 20일, 물산장려회가 주최한 조선경제진흥책좌담회는 이러한 분위기가 확인되고 확산되는 계기가 되었다. 핵심 주도층 인사 대부분이 참석한 이 좌담회는 그간의 물산장려운동 성과를 정리하고 향후 운동 방향과 방침을 점검하는 자리였다.[108] 결론적으로 이 좌담회에서 확인된 것은 현하 자립적인 조선경제의 근본적 진흥책은 불가능하며, 민족의식과 도덕사상에 호소하여 조선물산 애용정신을 고취하는 것 외에 특별한 방법이 없다는 것이었다.[109] 그리고

---

107) 柳光烈, 「實生活을 爲한 會合의 促成」, 『實生活』 3-1, 1932. 1, 10~11쪽.

108) 회의 참석자는 물산장려회 회장 李鍾麟, 자활그룹인 明濟世 · 白泓均(서울고무工社), 장산그룹인 鄭世權 · 柳光烈 · 金鴻熙 · 李鎭五(建陽社), 이사진인 金容瓘 · 李克魯 · 鮮于全 · 洪淳泌(大同印刷) · 李常雨(京城紡織), 운동 후원자인 李肯鍾(경제학자) · 崔泰永(普專敎授) · 鄭日彰(興一社) 및 전조선농민조합의 李晟煥 등 모두 16명이었으며, 明濟世가 사회를 맡았다. 좌담회의 주 논제는 ①現下 朝鮮經濟振興策 ②農工商 중 주력할 분야 ③現下 專力할 工産品 ④全朝鮮 商工業者의 단결 방책 ⑤朝鮮物産에 대한 대중적 지지 방법 등 크게 다섯 가지였다. 좌담회 내용은 기관지 『實生活』에 게재되었다(一記者, 「朝鮮經濟振興策座談會記 1~4」, 『實生活』 3-3~3-6, 1932. 3~6).

109) 명제세는 문제가 처음으로 다시 봉착되어 다시 할말이 없다는 탄식(?)으로 좌

이같이 비관적 결론을 재확인하는 과정에서 유광렬과 선우전은 물산장려운동에 대한 총독부의 특별옹호 청원이나 경제진흥에 대한 총독부 편달을 제안하고 있었다.[110] 이 연장에서 1933년 1월에는 "棉作計劃, 田作計劃, 多角農獎勵, 農村振興會 등에 대하야 그리 깊은 기대를 가질 수는 없으나 역시 관심처가 안 될 수 없는 것이다. 이상은 정치당국이 시설하는 것을 민간이 그것을 받아서 적응할 만한 용의를 가져야 하겠다는 말이어니와 다시 우리 자신을 돌아보아 심심한 반성이 있어야 한다"는 입장 천명까지 나오고 있었다.[111]

주도층의 이러한 분위기는 농업과 공업분야 양 방면에 걸친 총독부 정책이 본격화되고, 또한 세계자본주의체제의 동향과 관련하여 일제의 일만블록이 본격화되면서 더욱 확산되었다. 특히 1933년 6월, 공황대책을 위해 런던에서 개최된 世界經濟會議의 실패는 총독부의 정책 추진에 이어 민족경제자립론의 혼돈을 확대시키는 중요한 계기가 되었다. 런던회의의 실패는 곧 제국주의 국가의 블록화와 국가독점자본주의화의 촉진을 의미하였고, 일제 역시 본격적인 일만블록경제체제로

담회를 마무리하였고(一記者, 위의 글 4, 27쪽), 정세권은 "별다른 제안이 없고 우리 물산을 애용이나 할 수밖에 없다는 말에 그치었다"고 좌담회를 총평하였다(鄭世權, 「우리 物産獎勵는 倫理的 精神과 企業力의 發達로서만 可能하다」, 『實生活』 3-3, 1932.3, 11쪽).

110) 一記者, 위의 글 1, 31쪽. 참석자 가운데 상대적으로 진보적이고 유일하게 물산장려운동을 냉소적으로 보고 있었던 李晟煥은 당면이익획득론을 비판하며 근본적인 경제구제책을 주장하는 가운데 이러한 총독부에 대한 보호청원이나 편달은 식민지 조건에서 불가능한 것이라고 一笑에 부치고 있었다. 그러나 그 자신 전시체제기 일제 통제 농정책에 경제자립과 계급문제 해결을 기대하며 친일화되었다(方基中, 「日帝末期 大同事業體의 經濟自立運動과 理念」, 『韓國史研究』 95, 1996).

111) 「卷頭言」, 『實生活』 4-1, 1933.1, 1쪽.

돌입하였다.[112] 만주개발이 한층 촉진되고 일본자본주의의 국가독점자본주의화와 침략전쟁 준비를 위한 파시즘체제의 구축이 본궤도에 오르기 시작하였으며, 그 일환으로 조선의 통제농정책과 공업화정책도 확대되어 나갔다. 이들은 이러한 국제정세의 추이와 정책 동향을 물산장려운동의 전개에 고무적인 현상으로 파악하였다.

> 이제 국제적 政治經濟의 情勢는 國家經濟主義의 경향이 점점 濃厚하여가며 朝鮮 內에는 自力更生熱이 高調된다. 이러한 內外의 관계로 보아 앞으로 朝鮮物產獎勵運動은 本格的으로 旺盛할 것이라 믿어진다.[113]

이와 같은 정세인식의 내면에는 물산장려운동의 자작자급론과 블록경제・경제통제의 자급자족주의 논리 사이의 상호 공감대를 찾고 있는 이들의 '국가주의적' 경제이념이 개재되어 있음은 물론이었다. 따라서 이들은 국산장려운동의 촉진을 수반한 이러한 세계경제의 대세를 잘 이해하고 일제가 추진하는 경제통제정책과 관제 자작자급운동을 능동적 자세를 가지고 활용할 것을 강조하였다.[114]

---

112) 安藤良雄 編, 『兩大戰間の日本資本主義』, 東京: 東京大學出版會, 1979, 47~49쪽 ; 大石嘉一郎 編, 『日本帝國主義史 2 世界大恐慌期』, 東京: 東京大學出版會, 1987, 제2장 ; 伊藤正直, 「一九三三年ロンドン國際經濟會議と日本」, 『日本帝國主義の經濟政策』, 東京: 柏書房, 1991.

113) 金鴻熙, 「滔滔히 世界的으로 汎濫되는 國產獎勵運動의 巨流」, 『新興朝鮮』 1-1, 1933.10, 23쪽.

114) 「卷頭言」, 『實生活』 4-6, 1933. 6 ; 「卷頭言」, 『實生活』 4-8, 1933.8 ; 李仁, 「創刊辭」, 『新興朝鮮』 1-1, 1933.10. 특히 물산장려회 고문인 설태희는 이러한 세계대세를 "民族的 自力更生을 지도"하고 있는 것으로 간주하면서 "모처럼 적절한 이 時宜를 劃期로 하여" 자작자급운동의 박차를 가할 것을 역설하였다(憂憂子, 「更生意識의 緊張을 强調함(2)」, 『新興朝鮮』 2-1, 1934.1, 9쪽).

이렇게 보면 1933, 1934년 단계에 이르러 블록경제·경제통제의 강화와 함께 이들 주도층의 실천관 내부에는 민족적 입장과 경제자립 관념 사이의 분화와 混淆가 심각하게 진행되고 있는 셈이었다. 그리고 그 분화를 초래한 계기가 총독부 정책이 환기시킨 민중생활의 경제자립 문제였기 때문에, 이 과정에서 그간 이들이 등한시했던 민중의 복리와 구매력 문제, 특히 농민층의 구매력 문제에 대한 관심이 고조되었다. 유광렬은 "신조선의 건설은 노동자와 농민을 중심으로 그들의 복리를 주안으로 하지 않으면 안된다"고 주장하였고,[115] 설태희는 토산장려·자작자급의 민족적 갱생운동은 민족의 8할인 농민대중과 민중구매력의 회복을 위한 것임을 강조하였다.[116] 또한 金英喆은 무산자·노동자계급이 주체가 된 진보적인 협동조합운동을 경제자립의 방안으로 역설하였다.[117] 말하자면 민족경제자립론의 동요와 병행하여 그간 자본주의적 생산력 증대에 주안점을 두었던 물산장려운동의 기본 방향에도 일정한 변화가 일어나고 있었다.

이러한 이중적 의미의 동요와 혼효 속에서 민족경제자립론의 체제내적 변용이 나타나고 있었다. 런던경제회의 이후 물산장려회가 해체되기까지 이는 크게 세 방향에서 진행되었다. 한 방향은 농촌진흥운동과의 결합으로, 이미 농촌진흥운동 시작과 때를 맞추어 물산장려회 내의 체제협조적 분위기를 주도하였던 정세권의 장산그룹이 중심이었다. 정세권은 "조선문제는 곧 농촌문제"라고 선언하고 농가수입과 농촌구매력 증대는 농촌구제에 그치지 않고 중소상공업의 위기를 타개하는 근

115) 柳光烈, 「自然科學의 街頭化」, 『新朝鮮』 2-8, 1931.9, 2~3쪽.

116) 薛泰熙, 「新興朝鮮의 創刊을 듯고」, 『新興朝鮮』 1-1, 1933.10, 7~8쪽 ; 憂憂子, 「更生意識의 緊張을 强調함(2)」, 『新興朝鮮』 2-1, 1934.1, 9~10쪽.

117) 金英喆, 「協同組合一般論」, 『新興朝鮮』 1-1, 1933.10.

본 해결책이 된다는 점을 강조하며 농촌구제와 물산장려운동을 적극 결합시키기 시작하였다.[118] 그리고 물산장려회 주도권 갈등과 관련하여 奬産社가 물산장려회와 분리되어 독자적인 물산장려운동을 전개하게 되는 1933년부터 장산그룹은 운동의 기본 대상을 농촌과 농민으로 설정하고 농촌구제 문제를 물산장려운동의 가장 중요한 사업으로 설정하기에 이르렀다.[119]

그리고 총독부 농정책에 대해 적극적인 관심과 협조적 자세를 취하는 가운데 물산장려운동의 취지를 관철시키고자 하였다. 다만 그 협조는 일면 총독부 정책에 대한 비판과 편달, 일면 지식인에 대한 협조적 자세의 권유라는 과도적 과정을 거치고 있었다. 이들은 지속적으로 기관지(『實生活』)를 통해 농촌진흥운동과 농촌진흥회 운영의 문제점을 지적한바, 그 요점은 농촌진흥운동이 지나치게 관 주도의 관료주의 폐단 때문에 실효를 거두지 못하고 있으므로 조선인 識者의 자발적 참여와 자주적 운영이 이루어지도록 농촌진흥회를 개선하라는 것이었다. 이와 함께 조선인 식자에 대해서도 농촌진흥운동을 "冷視할 것이 아니라 그 동기와 출발은 하여간 그 일 자체가 진실로 조선인 다수에게 유익한 일이라면 협조하야 참으로 민간단체로 섭취하는 것이 可"하다고 역설하면서 농촌진흥운동에의 관심과 참여를 환기시키는 데 앞장서고 있었다.[120]

---

118) 鄭世權, 「小商工層과 農村救濟 根本對策」, 『實生活』 3-9, 1932.9.

119) 鄭世權이 奬産社를 물산장려회에서 완전 분리시킨 것은 1932년 12월이었고, 이에 따라 『實生活』은 1933년 1월부터 장산사 기관지로 간행되었다. 물산장려회 주도권 분쟁과 분화 과정에 대해서는 方基中, 앞의 「1920 · 30年代 朝鮮物産奬勵會 硏究」, 134~137쪽 참조.

120) 鄭世權, 「農村振興會에 對한 批判」, 『實生活』 4-7, 1933.7, 2~5쪽 ; 鄭世權, 「農村振興會에 對한 批判(2) · (3)」, 『實生活』 4-8 · 4-11, 1933.8 · 1933.11 ;

말하자면 물산장려운동과 농촌구제론의 결합은 물산장려운동과 농촌진흥운동과의 결합으로 귀결되었다. 그리고 총독부가 조선인 경제자립의 주체로 설정되는 가운데 민족경제자립론은 官民協助의 경제자립론으로 변용되고 있었다. 따라서 이들의 농촌구제론은 총독부가 추진하는 농촌구제책·소작관행개선안과 큰 차이가 없었고, 그 방향을 같이하였다. 이들은 지주제를 인정하는 가운데 조세제도 개혁, 소작법 제정과 자작농창정 등 총독부가 추진하고 있는 방안을 소작문제 대책으로 제론하였고, 그밖에 농민 자구책으로서 협동조합운동과 농가수입을 올리기 위한 농사개량, 농법 전환, 농촌수공업 부활 등을 주장하였다.[121] 이들은 지주제 해체와 같은 토지소유문제의 해결이나 생산관계의 개혁을 추구하는 진보적 입장을 취하지 않았다.[122] 다만 朝鮮農地令을 둘러싼 논의에서 소작지 均分, 4할 소작료와 지세의 지주부담, 10년 이상의 永小作制 등을 골자로 한 소작제도 개혁안을 "공정한 의견"으로 받아들이고 있었고,[123] 또 소작인의 단결과 이익을 대변할 수 있는 소작인조합의 필요성을 인정하고 있다는 점에서,[124] 이들의 농촌구제론은 지주제를 인정하는 방안 가운데에서는 상대적으로 농민적 입장

主筆, 「卷頭言」, 『實生活』 4-8, 1933.8 ; 耕耘生, 「農村振興會에 對한 나의 希望」, 『實生活』 5-1, 1934.1 ; 一記者, 「內外情勢 總評」, 『實生活』 5-3, 1934.3.

121) 鄭世權, 앞의 「小商工層과 農村救濟 根本對策」 ; 金英喆, 「朝鮮農村振興策私見」, 『實生活』 3-5, 1932.5 ; 一記者, 「所謂 朝鮮農業者大會의 小作令反對의 暴論을 駁함」, 『實生活』 4-12, 1933.12.

122) 이 시기 농업개혁론의 추이에 대해서는 金容燮, 「日帝强占期의 農業問題와 그 打開方案」, 『증보판 韓國近現代農業史研究』, 지식산업사, 2000 참조.

123) 이 소작제 개선안은 1933년 11월 개최된 전조선농업자대회에서 경상도의 李圭正이라는 이가 제안한 것인데, 이들은 이 안을 자기들의 생각을 잘 반영한 것으로 예시하였다(一記者, 주 121의 글, 11~12쪽).

124) 金英喆, 「朝鮮農村振興策私見」, 『實生活』 3-5, 1932.5.

과 소농주의 관점을 반영하고 있었다.[125]

다른 한 방향은, 경제통제(통제경제)론을 경제자립의 새로운 체제이론, 곧 수정자본주의 논리로 수용하면서 일제 경제통제정책에 기대를 갖는 경우였다. 전술한 바와 같이 주도층은 물산장려운동의 자작자급론과 블록경제·경제통제의 자작자급주의·자력갱생주의를 같은 맥락에서 거론하며 물산장려운동의 당위성을 강조하였다. 그 연장에서 설태희는 세계경제 대세에 부응한 "경제적 파시즘"과 "민족적 자력갱생"을 창도하며 물산장려운동의 활성화를 주장하였다.[126] 그런데 이 가운데 일부 경제전문가의 경우 더 나아가 민족경제 자립의 체제적 방향을 '통제경제'에 입각한 수정자본주의로 설정하고 이에 부응한 정책의 출현을 기대하였다. 이는 민족경제자립론의 경제사상적·체제이념적 변용이라 할 수 있는데, 자활그룹의 일원인 정수일이 대표적인 경우였고, 서춘이 이러한 경향을 보여주고 있었다.

정수일은 대공황 이전 독점자본주의를 창도하며 생산과잉, 실업, 노동문제, 농촌수탈 등을 초래함으로써 공익과 국민복리를 위태하게 한 고전파 경제학의 자유방임론은 대공황에 의해 종말을 고하였고, 블록경제 출현에 따른 자본주의 세계경제의 해체와 함께 "자본주의 수정의 때呼"가 "요원의 불과 같이 세계의 대세"가 되고 있다고 하여 "통제경

125) 이들은 이러한 농촌구제론을 국가의 제도적 통제에 기초한 사회정책적 관점과 결부하여 논하고 있는데(一記者, 주 121의 글, 9쪽), 이러한 관점의 농업개혁논리에 대해서는 方基中, 앞의 「일제하 李勳求의 農業論과 經濟自立思想」 참조.

126) 薛泰熙, 「新興朝鮮의 創刊을 듯고」, 『新興朝鮮』 1-1, 1933.10, 8쪽 ; 憂憂子, 「更生意識의 緊張을 强調함(2)」, 『新興朝鮮』 2-1, 1934.1, 9쪽. 전술한바 이들이 물산장려의 민족윤리를 강조하거나 도덕적 차원에서 조선물산 불이용자에 대해 제재를 가하자고 주장한 것도 이러한 의식의 반영이었다.

제 출현의 역사적 필연성"을 강조하였다.127) 그리고 이탈리아 · 독일 · 미국의 블록경제가 추진하는 통제경제론을, 자유방임론에 대신하여 새로운 경제 · 사회기구 수립을 추구하는 자본주의 수정의 모색이기는 하지만 이 현실의 통제경제는 자본주의 수정 요구에 부응한 "진정한 통제경제"가 아니라고 주장하였다. 곧, 독점자본 유지에 기초하여 산업합리화 · 산업통제 · 기술합리화 등을 추진하는 미국의 통제경제는 임의적이고 사이비적 자유통제경제에 불과하고, 독일 · 이탈리아의 파시즘 통제경제는 정치적 자유가 완전 희생된 "이상의 비약"이라는 것이었다. 이에 진정한 통제경제는 자본주의경제이론과 사회주의경제이론의 통일에 기초하고 있기 때문에 "인간 욕망의 최대 만족을 완성코저 일체의 이용될 자원이용을 목적으로 하야 전체적 종합적 일부로서 개인산업을 취급하는" 통제경제정책의 시행이 중요하며, 이러한 정책은 생산단위의 전체 경제조직에의 의존, 생산과 소비의 적합, 중심기관의 설치 등에 그 근본 관념이 있다고 주장하였다.128)

이와 같은 '수정자본주의 통제경제론'은 반독점사상에 기초하여 국가와 공익을 강조하는 국가사회주의 내지 자본주의 계획경제론에 가까운 것으로서, 여기에는 이른바 '高橋財政' 시기였던 당시 일제의 독점자본 중심의 경제통제에 대한 비판이 내포되어 있었다. 서춘 역시 '高橋財政' 시기의 경제통제를 "자본가 본위의 통제경제"로, 1936년 2 · 26 사건 후 성립한 군부내각이 중요산업통제법 개정과 함께 추진한 경제통제를 "국책 본위의 통제경제"로 구분하고, 후자의 경우를 국가와 대중의 이익을 위해 "자유주의 경제조직에 일대 수정을 기도하는 통제경

127) 鄭秀日, 「自由 · 統制經濟의 功罪論 – 自由經濟로부터 統制經濟로」, 『中央』 2-9, 1934.9, 13~14쪽.

128) 鄭秀日, 위의 글, 15~17쪽.

제"로서 긍정적으로 받아들이고 있었다.[129] 경제통제를 통해 자본주의 수정의 길과 민족경제 자립의 새로운 체제이념을 찾고자 한 것은 그간 이들이 견지한 경제관과 관련해 볼 때 상대적으로 진보적 관점을 보여주는 것이었다. 그러나 그 새로운 길의 현실화는 결국 일제 권력을 통해서 가능한 것이었다. 그 발상법과 논지가 일제 경제통제를 적극 찬양한 것은 아니지만 이들이 견지한 민족경제 자립의 민족적 관점은 점차 약화되고 있었고, 그만큼 일제는 실제적인 경제자립의 주재자인 '현실국가'로 인식되고 있었다.[130]

마지막 한 방향은, 조선공업화정책에 부응한 공업진흥론이었다. 이는 둘째 방향과 달리 자본주의적 생산력 발전을 더욱 강조하는 주도층 내 일부 경제전문 지식인들의 견해로서 金度演, 선우전 등이 그러한 입장을 취하였다. 또한 물산장려회에 참여하면서도 이 시기 경제현실과 자본논리에 적응해야 하는 상공인의 입장 역시 이 범주에 있었다. 조선인 자본가·기업가의 공업 투자는 그간 주도층이 강조하고 주력한 생산장려의 기본 방침이기 때문에 공업진흥론 자체는 특별히 새로울 것이 없는 생산력 증대론이었다. 문제는 그 주장의 인식 배경과 현실적 의미에 있었다. 이들은 런던경제회의 이전부터 일본의 국제연맹 탈퇴를 예상하고, 그렇게 되면 일만블록과 군수공업 중심의 공업화정책이 강화될 것이고 이에 따라 조선의 공업화도 본격화될 것으로 전망하였다.[131] 그리하여 1934·1935년 단계의 조선공업화 실상에 대해 "비약

---

129) 徐椿, 「統制經濟의 新方向」, 『朝光』 2-6, 1936.6.

130) 한 논자가 물산장려회 기관지를 통해 "滿洲에서는 修正資本主義下에서 産業機構를 개혁하야 全然 새로운 組織下에서 統制經濟를 실현하고" 있어 "自己成長과 發展에 충실한 바가 있다"고 滿洲國 실정에 대한 의견을 피력한 것도 이러한 경향을 반영한 한 예이다(金仁鐵, 「一九三三年의 國際政局回顧」, 『新興朝鮮』 2-1, 1934.1, 3쪽).

적으로 근대적 대규모공업이 건설"되고 있다면서, 이는 조선에 중요산업통제법이 적용되지 않고 있다는 점과 지가와 임금이 저렴하고 원료가 풍부할 뿐 아니라 국내 시장은 물론 만주시장 확보에 지리적으로 유리하다는 점이 작용하여 일본 대자본의 투자가 증가한 결과라고 그 발전 배경을 정리하였다.[132]

인식 변화의 초점은 이 점에 있었다. 조선공업 발달의 주체는 이들이 지적한 바와 같이 조선에 새로이 진출하고 있는 일본 독점자본과 그 배후의 일제 권력이었다.[133] 그런데 이들은 독점자본의 확대와 병행한 조선공업화를 조선인 경제의 위기를 해결할 수 있는 객관적 여건 조성이라는 관점에서 바라보고 있었다. 조선공업화는 불가피하게 전개되고 있는, 또 그 발전 전도가 유망한 현실로 파악하고 이를 조선인 자본가·기업가가 진출할 수 있는 기반 조성으로 받아들이고자 하였다.[134] 그리고 이러한 공업화인식이 한걸음 더 나가게 될 때 일본 대자본과 합작하여 조선에 分工場을 설치하자는 선우전의 자본합작에 의한 종속적 공업발전론까지 제기될 수 있었다.[135] 이것이 당시 일제 관변 학자

---

131) 編輯部, 「混亂不安中에 잇는 經濟事情 檢討 座談」, 『實生活』 4-4, 1933.4, 14~15쪽.

132) 金度演, 「工業發達과 企業家 邁進을 囑望함」, 『新興朝鮮』 1-1, 1933.10 ; 金度演, 「朝鮮紡織工業 發展의 趨勢」, 『新朝鮮』 8, 1935.1.

133) 宇垣一成과 총독부는 조선공업화의 관건이 일본 본국 대자본의 투자에 있다고 보아 중요산업통제법의 조선 적용을 유보하면서 대자본의 유치를 적극 유도하였다(이승렬, 앞의 글 참조).

134) 金度演, 주 132의 글. 김도연은 중소자본·중소공업에 불과한 조선인 공장이 일본 독점자본과 경쟁이 되지 않는다는 것을 잘 알고 있었다. 그러나 소규모 공장과 자본이 대규모 공장과 자본에 반드시 흡수되는 것만은 아니기 때문에 조선인 자본이 진출할 여지가 있다는 것을 중시하였고, 특히 방직공업 분야를 예로 들어 일본자본과 경쟁하면서 조선인 기업이 성장하고 있음을 강조하였다.

들이 유일한 '조선갱생'의 길이라고 찬양하였듯이 '내선융화'와 '생활안정'을 천명하면서 宇垣一成이 의도하였던 조선공업화정책의 한 목표이기도 하였다.136)

이와 같이 1930년대 중엽 물산장려회 주도층 내부에는 그 방향을 달리하는 다양한 민족경제자립론의 변용이 나타나고 있었다. 이 가운데 앞의 두 방향은 기존의 생산력 중심의 경제자립론으로부터 농촌구매력 문제와 분배·계급문제 해결에 주안점을 둔 경제자립론으로의 전환이라는 점에서 상대적으로 부르주아적 계급성을 극복하고 있었지만, 민족경제자립론의 체제내적 굴절은 강도의 차이가 있을 뿐 동일하였다. 그 변용의 동인은 일본 국가가 조선인 경제자립의 실현 주체이자 실질적인 주재자임을 표방한 농촌진흥운동과 조선공업화정책 등 '식민지 경제통제'였다. 요컨대 경제통제는 민족경제자립론 내면의 비관주의적 전망과 '국가주의적' 경제이념을 '자력갱생'의 경제자립 이데올로기로 포섭함으로써 민족경제자립론의 관념적 허구성을 전면 노정시키고 있었다. 당시 백남운이 물산장려운동의 민족경제자립론을 "근시안적 기회주의이론으로 고작해야 노동귀족의 찬미론에 지나지 않는다"거나 "본질적으로 官製 自力更生道의 동어반복에 지나지 않는" 것으로 비판한 배경은 이러한 데 있었다.137)

---

135) 一記者, 「朝鮮經濟振興策座談會記 2」, 『實生活』 3-4, 1932.4, 23쪽. 선우전은 일본 대자본과의 合作條件으로 조선인은 자본의 3분의 1만 투자하되 판매권은 조선인이 소유하고 직공도 모두 조선인으로 고용할 것을 제시하였다.

136) 高橋龜吉, 『現代朝鮮經濟論』, 東京: 千倉書房, 1935, 63~67쪽 ; 高橋龜吉, 「朝鮮は更生する」, 『改造』 1935.5 ; 鎌田澤一郎, 『宇垣一成』, 中央公論社, 1937, 408~410쪽.

137) 白南雲, 「朝鮮經濟の現段階論」, 『改造』 16-5, 1934.4(『思想彙報』 17, 1938, 325쪽).

그러나 이러한 변용 과정은 물산장려회가 해체되기까지 경과적으로 진행되었다. 주도층 일부의 체제 편입 정도가 심해지고 있는 것은 사실이었으나 다수 지식인 주도층은 여전히 기존 입장과 운동관을 견지하였다. 블록경제 · 경제통제의 자작자급주의와 자력갱생론에 이념적 공감대를 보이면서도 물산장려운동의 민족적 관점, 조선인 본위의 실천관은 관념적이나마 지속해서 견지되었다. 민족경제의 수립은 여전히 대강령이었고, 조선인 자력의 자작자급운동은 민족적 生氣와 이상을 수립하는 초석으로 간주되었다.[138] 일제가 '자력갱생' 주장과 함께 이른바 '鮮産奬勵'와 자급자족정신을 크게 선전하면서도 물산장려운동을 탄압하고 있었던 것은 이에 연유하였다.[139]

또한, 공업화정책에 의한 민족경제자립론의 변용에도 불구하고 공업화 현실과 경기호전을 여전히 총체적 위기론에 입각하여 인식하고 있는 인사들이 적지 않았다. 이들은 총독부 보호 아래 이입자본에 기초한 조선공업의 발전과 독점 강화에 따라 경기는 활성화되고 있지만 조선인 중소상공업과 가내수공업은 극히 일부를 제외하고 큰 타격과 압박을 받고 있으며, 농민층 · 민중의 생활난이 한층 가중되고 있다는 것을 잘 알고 있었다.[140] 조선인 본위의 '공업조선' 건설을 열렬히 주장한 김용관은 1935년 조선공업계가 경이적인 발전을 보였다고 하면서 그

---

138) 韓龍雲, 「自立力行의 精神을 普及시키라」, 『新興朝鮮』 1-1, 1933.10 ; 玄東完, 「朝鮮物産奬勵運動에 잇서 民衆의 言行一致를 바람」, 같은 책 ; 金鍾善, 「永久한 壽命을 가지라」, 같은 책.

139) 『朝鮮日報』 1935.2.10.

140) 薛泰熙, 「新興朝鮮의 創刊을 듯고」, 『新興朝鮮』 1-1, 1933.10 ; 憂憂子, 「更生意識의 緊張을 强調함(2)」, 『新興朝鮮』 2-1, 1934.1 ; 金鴻熙, 「物産奬勵運動綱要」, 『新興朝鮮』 1-2, 1933.11 ; 金容瓘, 「工業朝鮮一年回顧」, 『新東亞』 50, 1935.12 ; 韓昇寅, 「朝鮮의 移入資本 及 其 投資會社」, 『新東亞』 6-1, 1936.1.

발전과 조선인 공업의 관계를 다음과 같이 정리하고 있었다.

> 오늘날 朝鮮工業은 현저한 發展을 보게 되었고 미래 조선의 産業界의 機軸이 될 가능성이 있다함은 論者가 共認하는 바이지마는 其實 조선공업의 進步한 것은 결코 朝鮮人工業의 그것을 의미하는 것이 아니다. 현재 조선인 공업은 其 資本勢力이 일본 內地人의 그것에 비하야 千分之六十六에 불과한 微弱相을 통계상으로 들 수가 있는 바이다. … 朝鮮人工業界에 있어서는 大財閥의 亂舞에 伴한 압박을 만나 起頭할 수 없는 難關에 逢着하야 오즉 識者間에서만 工業發展策을 腐心高調가 있을 뿐이고 實力이 이에 進及치 못하므로 아모리 工業資源이 풍부하며 技術이 있다 할지라도 절실한 發達을 보지 못하고 오즉 牛步의 勢를 유지할 뿐이니(후략)[141]

앞에서 살펴본 정수일·서춘 등이 이 시기 독점자본 본위의 경제통제를 사이비적, 자본가 본위적 통제경제로 비판한 것도 이러한 인식의 반영이었고, 김도연 또한 이 사실 자체를 부정하는 것은 아니었다.

총체적 위기론에 입각한 조선공업화 인식은 이 시기에도 여전히 상당수 민족주의 지식인이 견지하고 있었다. 당시 민족주의 계열의 경제 전문가들은 대부분 일본 본국 대자본의 진출이 계속 증대하여 조선공업은 획기적인 약진을 보일 것으로 예상하였고,[142] 논자에 따라서는 조선공업 발전이 조선인 공업이 진출할 수 있는 호기가 된다는 점에서 이러한 발전을 특별히 '囑望'하기도 하였다.[143] 그러나 이 공업발전은

---

141) 金容瓘, 위의 글, 38~39쪽.

142) 金善泰, 「現代工業과 朝鮮」, 『新東亞』 3-9, 1933.9 ; 南溪生, 「朝鮮工業界의 現在 及 將來」, 『中央』 2-7, 1934.7 ; 李寬求, 「工業資本의 大量移民」, 『新朝鮮』 11, 1935.6 ; 金鷄山人, 「朝鮮의 新興工業 總觀」, 『中央』 3-8, 1935.8.

143) 南溪生, 위의 글 ; 金鷄山人, 위의 글 ; 李長白, 「朝鮮의 工業化問題」, 『實生活』 7-2, 1936.2.

일본 '내지자본'의 발전에 불과하며 조선인 공업은 일부를 제외하고 몰락의 길을 걸을 것이고, 또한 농민몰락, 실업자의 증가와 함께 노동조건은 더욱 악화될 것이라는 비관적 전망을 하는 논자가 적지 않았다.[144] 이들은 조선공업화 현실, 만주경기에 대해 낙관적 환상이나 현실적 몽상을 가지고 있지 않았고, 여전히 총체적 위기론의 인식구조 속에서 조선인 경제에 대한 비관론의 입장을 취하고 있었다.

문제는, 그럼에도 불구하고 총체적 위기론에 근거하여 설정한 기존의 운동노선, 곧 일본 독점자본과 조선인 경제의 총체적 대립관계에 대한 실천적 의미 부여가 이 시기 정치·사상정세와 관련하여 이미 무의미해지고 있고 또한 불가능해지고 있다는 것이었다. 물산장려운동과 더불어 명맥을 유지한 여타 민족주의 농민·농촌운동도 1935년을 전후하여 대부분 해체되어 농촌진흥운동에 편입되고 있었던 바와 같이, 경제통제와 함께 '내선융화'에서 점차 '내선일체'로 향한 사상통제의 강화는 개량성 수준을 넘어서서 경제자립의 민족적 관점 자체를 용납하지 않았다. 이미 그 변용 과정을 통해 민족경제자립론의 관념적 허구성이 전면 노정되었지만, 1936년 일제 군부내각의 등장과 신임 조선총독

144) 南溪生, 위의 글 ; 李寬求, 앞의 「工業資本의 大量移民」 ; 咸尙勳, 「大工場은 어데어데 생기나」, 『朝光』 1-2, 1935.1 ; 金明植, 「朝鮮工業問題」, 『新東亞』 4-2, 1935.2 ; 許然, 「朝鮮經濟界의 趨勢와 展望」, 『新東亞』 6-2, 1936.2. 공업발전을 '囑望'한 위의 南溪生이란 이는 "朝鮮人工業은 朝鮮工業의 발달과 正比例로 萎縮·凋殘·衰頹의 모든 形容詞를 적용하고도 부족"하다고 하였고, 金明植은 조선인 공업의 자립성은 원래 성립되지 않기 때문에 일본 대공업과 下請關係를 맺는 일부 중소공업만이 성장 가능할 것이라고 전망하였다. 許然은 이 시기 공업발전과 만주경기를 비롯한 호경기는 본질적으로 물가경기로서 조선인 공업의 발전이나 민중구매력 증대와는 아무 인연이 없고 오히려 고통만 안겨주고 있다고 지적하면서 "결국 조선의 經濟的 將來는 朝鮮人의 見地에서 보면 悲觀論으로 일관"된다고 강조하였다.

南次郎의 취임 이후 '내선일체' 이데올로기에 입각한 황민화정책이 본격화되면서 그 허구적 관념조차 허용되지 않았다. 결국 물산장려회는 1937년 2월 스스로 해산을 결정하였고, 일부 주도층 인사는 일제에 경제자립의 실현을 기대하며 '황민화'의 길을 택하였다.

5. 결론

이상에서 1930년대 민족·자본주의 경제사상의 일단을 살펴보기 위한 작업의 일환으로 물산장려운동의 민족경제자립론과 그 추이를 조선물산장려회 지식인 주도층을 중심으로 검토해 보았다. 이 시기 민족·자본주의 계열의 경제사상 전모를 파악하기에 이들 주도층이 차지하는 정치적·사상적 비중이 그렇게 크지 않았고, 또 이들 이외에도 여러 다른 유형의 경제자립운동과 논리를 전개한 민족주의 지식인이 존재하기 때문에 본 연구의 분석 결과는 제한적인 의미를 지닐 수밖에 없다. 그러나 이들의 경제현실 인식과 자본주의 경제관, 그리고 그것이 일제 지배체제와 정책 이데올로기에 편입되어 가는 양상과 그 사상적 내면을 통해 이 시기 민족경제 자립을 주장한 물산장려운동의 경제사상적 특질을 확인할 수 있었고, 그러한 가운데 민족·자본주의 경제론의 일반적 추이를 살펴볼 수 있었다.

식민지 물산장려운동은 인도의 스와데시운동에서 그 모범을 찾고 있듯이 본시 반제 민족의식에 기초한 대중적 호응과, 토착자본가 진영의 협조를 바탕으로 외화배척운동이라는 정치투쟁의 한 전술로 기능할 때 민족운동으로서의 가장 적극적인 가치를 갖는 것이었다. 그렇지 않고 식민지 조건에서 실현 불가능한 식민지인의 경제자립이라는 경제적 차원의 생산장려운동으로 운동의 기본 목표를 제한할 때에는 불가피하게 민족운동으로서의 개량성과 토착자본의 이익을 대변하는 부르주아적 속성을 강하게 표출할 수밖에 없었다. 조선의 물산장려운동은 기본적으로 이러한 유형의 경제자립운동이었다. 그것은 무엇보다 동화주의 이데올로기에 입각한 일제 식민지배의 폭압성과 이에 상호 규정된 민족운동 진영의 정치적·조직적 구심점의 부재, 외화배척의 물적 기초가 되는 토착자본의 미성숙과 일본 독점자본의 압도적 지배 등 정치투쟁으로 전개하기 어려운 객관적 여건에 연유한 것이었다. 재건기 물산장려회 주도층은 이러한 한계를 민족협동전선운동을 통해 물산장려운동을 민족운동의 부문운동으로 정립시킴으로써 돌파하고자 하였지만, 이 노선은 기본적으로 경제자립운동으로서의 성격을 전제한 것이었다. 그리고 그 연장에서 주도층은 자치운동론과 연계된 신간회 내의 온건화·합법화 노선을 걸었고, 또한 경성 토착자본과의 합작을 최우선적인 운동 방침으로 설정하였다.

그러나 물산장려운동의 이러한 성격과 운동 노선은 객관적 여건에 의한 제약성에서 비롯된 것만은 아니었다. 그것은 이와 상호 규정관계에 있는 이들의 경제현실 인식과 경제관, 경제자립의 실천관과 운동논리의 제약성과도 밀접한 관련이 있었다. 운동 주도층이 식민지 조건 속에서 민족경제 자립을 표방하였던 경제인식은 일본 독점자본의 조선경제에 대한 독점적 지배와 그 강화 과정에서 조선인 경제가 총체적으로 몰락하고 있다는 '조선인 경제 총체적 위기론'에 입각해 있었다. 그리고 총체적 위기의 모순구조를 설명하는 핵심적 전략개념으로서 식민지 이식자본주의체제 내에서도 독자적 운동 가능성을 상정한 '조선인 경제=민족경제'라는 관념적 경제범주를 설정하고, 이로부터 민족경제 자립화 코스의 논리적·실천적 정당성을 찾고자 하였다. 물산장려운동이 민족 공동이익 · 당면이익 획득이라는 주장 아래 민족협동전선운동에 참여한 것, 또한 부문운동으로서의 개량적 경제자립운동 노선을 견지하고 신간회 내의 온건노선을 걸은 것은 이 입론에 근거한 것이었다. 이러한 경제인식과 자립화론은 당시 경제문제를 논하는 민족주의 지식인 일반이 대개 공유한 것으로, 당시 민족협동전선운동을 제창하거나 이러한 정치운동이 어렵다고 판단할 때 각종 경제자립운동을 주창한 민족주의 지식인의 실천관 · 운동관의 인식 기반은 이러하였다. 흔히 민족경제자립론을 중소자본 입장을 대변한 '민족주의 좌파'의 입론으로 설정하는 경우가 많지만, 민족경제자립론은 신간회 참여나 민족주의 유파 구분에 구애되지 않는 민족주의 진영의 일반적 입장이었다.

물산장려운동이 추구한 민족경제 자립의 총론적 실천론은 생산력 발전이었다. 민족문제의 정치적 해결이 요원하다고 파악했을 때 일제 독점자본에 대항하여 민족경제의 자립을 이루는 최선의 방법은 생산력 증대를 통해 조선인 스스로 상품생산의 증대와 '민족시장권' 유지를 도모하는 것이었고, 그 체제적 방향과 경제원리는 자본주의였다. 그 자본주의 경제관은 한말 자본주의근대화정책의 진화론적 경제관의 식민지적 연장에 있었으며, 또한 국가 주도의 경제정책 사상과 맥락을 같이하는 '국가주의적' 경제이념을 바탕에 깔고 있었다. 다만 주권을 상실한 식민지 조건에서 그 이념은 민족의식 · 민족윤리로 대체되고 있었고, 이들은 이에 호소함으로써 물산장려운동의 동력을 구하였다. 자본주의적 생산력 증대의 일반적 실천방안은 생산장려와 애용장려였다. 이들이 주력한 것은 애용장려와 자작자급론의 선전이었지만, 생산력 증대의 가장 적극적인 방안으로 간주하고 또 갈망한 것은 공장기업의 확대에 의한 상품생산의 증대였다. 경제자립의 방향을 자본주의적 생산력 증대로 설정한 이상 그 현실적 실현 주체는 당연히 자본가계급이었다.

따라서 물산장려운동의 실천론에는 소비자 대중의 다수를 점하는 민중·농민층의 구매력 증대 방안, 분배문제 해결에 대한 대책이 결여되어 있었다. 물산장려운동이 민족적 공동이익의 슬로건 아래 몰계급적 입장을 주장하면서도 부르주아적 속성을 노정하지 않을 수 없었던 것은 여기에 기인하였다.

그러나 물산장려운동, 민족경제자립론은 기본적으로 민족경제 자립에 대한 비관적 전망에 입각해 있었다. 이는 진화론적 자본주의 경제관의 현실적 투영으로서, 본래 총체적 위기론 자체가 식민지 조건 속에서는 민족경제의 자립이 불가능하다는 비관주의 의식에 기초한 것이었다. 민족경제 자립 코스의 설정은 이러한 현실에서도 민족적 당면이익 획득을 위한 자구의 노력을 해야 한다는, 그 당위성을 논리화한 관념적 입론이었다. 그리고 대공황기 일제의 국가주의적 공황타개책과 함께 경제적 모순이 심화되면서 이러한 관념성의 한계가 본격 노정되었다. 곧, 한편으로는 민족윤리를 더욱 강조하는 절대적 애용주의·물산장려주의가 고조되었고, 다른 한편으로는 '국가주의적' 경제이념이 작동하는 가운데 자작자급주의가 고창되었다. 특히, 그간 민족윤리로 표상된 '국가주의적' 이념의 본격적인 발현은 민족 자력의 경제자립 전망이 더욱 비관적으로 다가올 때 민족경제자립의 운동이념 자체를 동요시켜 나가는 동인이 되었다.

그 결정적인 분기가 된 것이 조선총독 宇垣一成이 '내선융화'와 '생활안정'을 내세우며 추진한 '식민지 경제통제'였다. 농촌진흥운동과 조선공업화정책 등 농공 양면에서 추진된 경제통제정책은 일만블록과 연계되어 조선을 대륙침략의 병참기지로 재편하기 위한 일제 강점정책의 강화 과정이었다. 일제·총독부는 '자력갱생', '노자협조' 이데올로기를 이와 같은 '국책적' 차원의 관제 경제자립운동·공업발전정책의 정신으로 내세우는 가운데 그 정책적 본질을 은폐하고 자신이 조선인 경제자립의 실질적 실현 주체이자 주재자임을 표방하였다. 이러한 동향은 민족경제의 독자적 자립화에 근본적인 한계를 느끼고 있었던 운동 주도층 내부의 동요를 초래하여, 일부 인사의 경우 이 관제 경제자립운동에 대한 협조적 자세와 기대감을 갖기 시작하였다. 그리고 특히 1933년 세계경제회의 실패와 함께 일만블록이 본격적으로 강화되고 조선에 대한 경제통제가 궤도에 오르면서 민족경제자립론의 관념적 허구성이 전면 노정되었다. 주도층의 실천의식 내부에 일체화되어 있던 민족적 관점과 경제자립 관념 사이의 분화와 혼효가 심각하게 진행되었고, 이러한 가운데 주도층 일부는 관민협조의 명분 아래 물산장려운동을 농촌진흥운동과 결합시켜 나갔다. 또, 일부는 공익 우선의 경제통제를 통해 자본주의 수정이라는 경제자립의 새로운 체제이념을 찾고자 하였으며, 또 다른 일부는 생산력 증대론의 연장에서 공업화정책과 일본 독점자본의 대량 이입을 조선인 자본의 성장 계기로 인식하며 공업진흥론을 제창하였다.

요컨대 이러한 민족경제자립론의 변용은 '식민지 경제통제'를 경험하는 가운데 일제 · 총독부를 조선인 경제자립의 주재자인 '현실 국가'로 수용하는 과도적 과정이었다. 그것은 곧 민족경제자립론의 존립 근거인 민족적 관점의 탈각 과정이기도 하였다. 이렇게 보면 민족경제자립론의 변용, 물산장려운동의 체제 편입 과정은 경제통제와 병행되고 있는 사상통제와 정치적 탄압에 의한 타의적 굴절만이 아니라, 경제자립에 대한 열망을 담은 자발적인 모색이라는 성격을 내포하고 있었다. 그 내면에는 조선인 자력의 민족경제 자립이 사실상 불가능하다는 것을 인정하는 민족적 절망감이 존재하였지만, 그 절망감은 경제자립에 대한 열정에 의해 상쇄되었다. 물산장려운동이 지니는 민족 · 자본주의 경제사상의 일반성과 특수성은 여기에 잘 드러나고 있었다. 물론 물산장려회가 해체되기까지 이러한 민족 관념의 탈각 과정은 경과적인 것이었고, 또 다수 지식인 주도층은 여전히 민족경제의 자립 관념을 포기하지 않았다. 그러나 '내선융화'에서 '내선일체'로 향한 경제통제 · 사상통제의 강화는 일본제국주의 국가 · 민족에 배치되는 그 허구적인 관념조차 허용하지 않았고, 물산장려운동은 물산장려회의 해체와 함께 관제 '전시경제자립운동'에 완전 편입되었다.

(출전: 『東方學志』 115, 연세대학교 국학연구원, 2002.)

제3부

경제자립론의 계보

일제하 미국 유학 지식인의 경제인식

1. 머리말

일제하 민족주의 계열의 지도적인 한국 지식인 가운데 상당수는 미국과 일본 유학생 출신이었다. 모두 그런 것은 아니지만 이들은 대개 식민지로 전락한 조국의 민족현실을 타개하고 새로운 진로를 찾고자 하는 열망을 가지고 유학의 길을 선택하였다. 이들 가운데 미국 유학생 출신 지식인들은 당시 민족주의 계열의 유력한 그룹이자 재생산기반의 하나인 기독교 사회세력의 중추를 이루고 있었고, 여러 전문 분야의 지도적 위치를 점하면서 각종 민족운동과 사회운동에 주도적인 역할을 담당하였다. 또 이들은 해방 후 남한 우익 지도층의 일각을 형성하면서 미군정 통치기구에 참여하여 미국의 대한정책을 적극 대변하고, 남한 대한민국 정부수립 과정과 자본주의 국가건설 과정에 중요한 역할을 담당하였다. 이러한 점에서 이들에 대한 사상사적 검토는 일제하 한국 민족주의 사상과 해방 후 남한 국가건설사상을 이해하는 데 중요한 연구사적 의미를 지니고 있다.

본 연구는 이러한 문제의식과 관련하여 일제하 미국에 유학한 민족주의 지식인의 자본주의 경제관을 검토함으로써 일제하 한국 민족·자본주의 경제사상의 일단을 살펴보려는 것이다.[1] 주지하듯이 일제의 강점과 함께 조선은 일본 독점자본의 이식지대이자 일본의 식량공급지 · 상품시장으로 존재하였다. 조선인 자본은 일본 자본의 10%도 안되었고, 조선농촌은 일본 금융자본에 완전 예속되었다. 여기에 농민층은 지주제와 고리대에 의해 만성적인 부채와 생활난에 신음하였다. 이것이 정치적 독립 문제와 함께 경제적 모순의 해결, 조선인의 경제자립 문제가 일제 강점기 최대의 사회현안이 된 이유였다. 이에 당시 지식인들은 어떻게 이러한 경제현실을 타개하여 조선민중의 경제적 안정과 조선인 경제의 발전을 도모할 것인가에 대한 여러 유형의 진단과 방안을 강구하였고, 때로는 직접 운동에 투신하여 그것을 실천해보고자 하였다. 그 경제현실 타개의 논리에는 당연히 지식인 자신의 정치적 · 사상적 입장이 반영되었고, 또한 미래의 해방된 국가에 대한 전망이 내면화되어 있었다.[2] 요컨대 본 연구는 미국 유학생 출신 민족주의 지식인 가운데 특히 1920~30년대 미국에서 경제학을 전공한 경제전문가와, 귀국 후 경제자립운동에 종사한 인사를 중심으로 이러한 경제현실 타개의 논리를 살펴본 것이다.[3]

---

1) 이러한 문제의식에 입각한 기존 연구성과로서 본 연구에 크게 도움이 된 것은 다음과 같다. 방기중, 「일제하 李勳求의 農業論과 經濟自立思想」, 『역사문제연구』 1, 1996 ; 김상태, 「일제하 申興雨의 '社會福音主義'와 民族運動論」, 같은 책 ; 李秀日, 「1920~30年代 韓國의 經濟學風과 經濟硏究의 動向」, 『연세경제연구』 4-2, 1997 ; 方基中, 『裵敏洙의 農村運動과 基督敎思想』, 연세대학교출판부, 1999 ; 吳鎭錫, 「일제하 · 미군정기 韓昇寅의 政治活動과 經濟認識」, 『연세경제연구』 8-1, 2001 ; 장규식, 『일제하 한국기독교민족주의 연구』, 혜안, 2001.

2) 金容燮, 『韓國近現代農業史硏究』, 지식산업사, 2000 중 「日帝强占期의 農業問題와 그 打開方案」 및 「結論」 ; 김성보, 『남북한 경제구조의 기원과 전개』, 역사비평사, 2000 중 「제1부 남북한 농업개혁의 역사적 배경」 ; 방기중, 「농지개혁의 사상전통과 농정이념」, 홍성찬 편, 『농지개혁연구』, 연세대학교출판부, 2001.

이와 관련하여 본 연구에서 주목한 점은, 이들 민족주의 지식인·경제학자 내부에는 자본주의 세계관·사회관을 공유하면서도 조선의 경제현실을 어떻게 타개할 것인가 하는 문제를 둘러싸고 상호 경제자립의 방향을 달리하는 두 입장이 존재하고 있었다는 것이다. 본 연구에서는 이를 생산 중심의 자본주의 경제자립론과 분배 중심의 자본주의 경제자립론으로 정리하고자 하는바, 이 두 방향의 자본주의 경제자립론의 특질을 이들 유학생이 재학한 대학의 경제학 학풍이나 사상 성향과 관련하여 검토하는 데 분석의 주안점이 있다. 물론 이러한 두 방향의 자본주의 경제자립론의 추이와 사상사적 의미를 전체적으로 설명하기 위해서는 이들 개개인의 사상 성장 과정과 실천 활동에 대한 체계적인 분석이 요구되고, 또한 대한제국의 근대화운동에 이르기까지 한국 전래의 경제사상 전통과의 연관성 등에 대한 상호 유기적인 검토가 필요하다.[4] 그러나 본 연구에서는 미국 유학생을 다룬다고 하는 소재의 특수성과 관련하여 두 방향의 자본주의 경제인식의 지적·학문적 배경을 확인하고 그것이 갖는 사상사적 의미를 정리하는 데 만족하고자 한다.

---

3) 본 연구에서 주 검토대상으로 삼은 경제학 관련 전공 인사는 趙炳玉(1923년 콜롬비아 대학 문학사, 1925년 박사과정 수료), 李肯鍾(1925년 콜롬비아 대학 문학사), 金佑枰(1927년 콜롬비아 대학 문학사), 崔淳周(1927년 뉴욕 대학 상학사), 李勳求(1927년 캔사스 주립대학 과학사 ; 1929년 위스콘신 대학 철학박사), 金度演(1926년 콜롬비아 대학 문학사 ; 1931년 아메리칸 대학 경제학박사), 韓昇寅(1929년 미주리 주립대학 문학사 ; 1931년 콜롬비아 대학 상학사) 등이고, 경제학 전공은 아니나 국내에서 경제자립운동에 종사한 裵敏洙(1933년 매코믹 신학교 신학사)도 여기에 포함하였다.

4) 이 의미에 대해서는 주 2의 金容燮, 방기중의 연구 참조.

2. 유학생총회와 사상적 공감대

일제 강점 이전 30여 명에 불과하였던 미국 유학생은 3·1운동 전후 급증하여 1920년대 후반 그 수가 500여 명에 달하였다.[5] 이들은 대부분 미국 선교회 추천이나 기독교청년회(YMCA)의 소개를 통해 도미한 기독교 신자들이었는데, 이들의 조직적 결속을 도모하면서 유학생사회의 사상적 분위기를 주도한 것은 1919년 결성된 北美朝鮮留學生總會였다.[6] 유학생총회는 국내외를 막론하고 기독교 민족주의 민족운동 세력의 인적 자원을 충원하는 주요한 배출구로서, 주도 인물은 대개 국내 기독교 민족운동단체나 재미 한인민족운동단체와 밀접히 연관되어 있었다. 이들은 대개 安昌浩의 영향력 아래 있었던 평양 장로교 계열의 同友會·興士團이나, 서울 감리교가 주도한 기독교청년회와 李承晩의 영향력이 큰 興業俱樂部·同志會 등 국내와 미국의 민족운동 단체와 연결되어 있었고, 이에 따라 유학생사회 내부에는 교파의 차이, 정치적 연계관계에서 오는 갈등도 존재하였다.[7]

유학생총회는 기독교와 유학생이라는 공통점을 기반으로 이러한 갈등을 해소하며 유학생 상호간의 공동체적 유대감과 사상적 연대의식을

---

5) 「留美學生統計表」, 『우라키』 1, 1925, 156~160쪽 ; 「留米學生統計」, 『우라키』 4, 1930, 153~154쪽 ; 홍선표, 「일제하 미국유학연구」, 『國史館論叢』 96, 2001.

6) 유학생총회 연혁에 대해서는 「美州留學生及留學生會略史」, 『우라키』 1, 1925, 164~166쪽 ; 張世雲, 「米學生總會의 過去 十年을 回顧하면서」, 『우라키』 4, 1930, 5~8쪽 참조.

7) 1920년대 후반 뉴욕 유학생총회를 주도한 金度演의 회고에 의하면, 유학생사회는 이러한 반목을 극복하는 데 상호 노력하였지만 대개는 유학생총회를 적극 후원한 안창호와 흥사단을 더 선호하였다고 한다(金度演, 『나의 人生白書』, 康友出版社, 1968, 110~116쪽).

공유하고 조직화하는 데 노력하였다. 특히 언어 장벽과 고학생활, 미국인의 인종적 편견 등에 의한 생활난과 소외감이 항상 유학생활을 힘들게 하였고, 또 이러한 가운데 유학생 중에는 민족현실을 외면한 채 보수적인 신앙관 속에서 교회생활에 안주하거나 개인주의 성향을 추구하는 경우가 적지 않았기 때문에 유학생사회에 있어서 이러한 유대감 공유는 특별히 중요한 의미를 지니고 있었다.[8] 이러한 유대감을 바탕으로 유학생총회는 자신들의 유학 목적이 "故國에 하루 속히 돌아가 나날이 파멸에 향하는 우리의 입장을 근본적으로 改造하여야 할 赴急救難의 共通한 使命"을 실천하는 데 있다는 것을 강조하면서,[9] 유학생 자신이 이 민족적 책무의 담당 주체라는 지도자의식을 갖게 하려고 노력하였다.

유학생총회는 이와 같이 유학 목적이 민족현실을 타개하는 데 기여하는 것이라는 실천의지를 강하게 견지하면서, 유학생사회의 구심점 역할을 하고 조직적 결속력을 형성해 나갔다. 특히 이들은 기독교와 자유주의 가치관에 입각한 미국적 교육이념의 세례와, 무엇보다 유학생활을 통해 충격적으로 경험하게 되는 압도적인 자본주의 성산력과 물질문명으로부터 많은 영향을 받고 있었고, 이로부터 민족현실 타개의 사상적 공감대와 이념적 방향성을 찾고자 하였다.[10] 그리하여 당시 미국의 진보주의와 보수주의 사상 조류에 대한 개인적 선호도의 차이를 보이면서도 이들은 이러한 사상적 공감대를 자신의 '주장'으로 적극 표

8) 廉光燮, 「在美朝鮮學生의 現狀及將來」, 『우라키』 1, 1925, 14~19쪽 ; 金良洙, 「米國留學生 出身을 엇더케 보는가」, 『우라키』 2, 1926, 10~13쪽.

9) 金良洙, 위의 글, 15쪽.

10) 廉光燮, 「在美朝鮮學生의 現狀及將來」, 『우라키』 1, 1925, 14~19쪽 ; 「美國留學生의 美國文明에 對한 感想」, 『우라키』 3, 1928, 1~11쪽.

방하였다. 곧, 조선의 혼과 정신, 전통과 생활에 토대를 둔 건전한 "朝鮮的 人格"을 배양하고 "朝鮮靑年된" 것을 자랑으로 삼자는 민족적 입장을 강조하였고,[11] 진화론에 입각한 현실 자본주의 세계의 사회경제관을 옹호하여 "强者의 哲學을 건설하고 이에 의지하야 살자"고 주장하였다.[12]

요컨대 사상적 공감대의 요점은 기독교 정신과 자유주의 사상에 기초한 자본주의 이념과 민족주의 가치관의 결합에 있었다. 여기에 민족운동·경제자립의 실천적 방향 설정이라는 점과 관련하여 특별히 중요한 의미를 지니는 것은 진화론적 자본주의 사회경제관이었다. 사회진화론에 입각한 자본주의근대화론은 한말 개화파·자강운동의 근대화 이념으로 수용된 이래 이미 오랜 전통을 가지고 있는 것이었고, 또한 안창호·흥사단의 준비론·실력양성론으로 상징되듯이 일제 강점 이후 민족운동의 방략이라는 차원에서도 민족주의 진영이 주도한 각종 실력양성운동의 사상적 기반이 되어온 것이었다.[13] 말하자면 유학생총회 주도층은 미국의 압도적인 자본주의 생산력과 물질문명을 직접 경험하면서 그 지적 배경으로서 자연과학 지식 및 과학사상의 발달과 함

---

11) 「우라키 主張」, 『우라키』 3, 1928, 52쪽 ; 「우라키 主張」, 『우라키』 4, 1930, 104쪽. 이들은 "이는 맹목적 國粹主義的 人格도 아니오 무책임적 國際主義的 人格도 아니다" 라고 하여 자유주의에 기초한 민족적 관점을 강조하였다.

12) 「우라키 主張」, 『우라키』 4, 1930, 104쪽.

13) 金容燮, 『增補版 韓國近代農業史硏究(下)』, 一潮閣, 1984 ; 金容燮, 『증보판 韓國近現代農業史硏究』, 지식산업사, 2000 ; 서중석, 「한말·일제침략하의 자본주의근대화론의 성격」, 『한국근현대의 민족문제 연구』, 지식산업사, 1989 ; 박찬승, 『한국근대정치사상사연구』, 역사비평사, 1992 ; 金度亨, 『大韓帝國期의 政治思想 硏究』, 지식산업사, 1994 ; 朱鎭五, 「19세기 후반 開化 改革論의 構造와 展開」, 연세대 박사학위논문, 1995 ; 전복희, 『사회진화론과 국가사상』, 한울아카데미, 1996.

께 당시 미국 사상계에 보편화되어 있었던 진화론적 사조, 자유주의 신학과 실용주의 철학 조류 등을 접하는 가운데,[14] 자본주의세계의 제국주의적 발전을 뒷받침해 온 이 '강자의 철학'에 대한 확신을 새롭게 재인식하고 있었다. 곧, 20세기 문명시기에 있어서도 인류사회에 적용되는 기본 원리는 적자생존이었고, 適者가 되는 기본 조건은 자본주의 생산력에 기초한 정치적 · 경제적 · 知的 "힘"이었다.[15]

이러한 입장에서 이들은 사회주의 · 마르크스주의 사상에 대해서는 단호히 비판적인 입장을 취하였고,[16] 다음과 같이 사회 발전과 조선문제 해결의 혁명적 코스를 부정하고 점진적 진화 발전 코스의 정당성을 강조하였다.

> 現象에 불만을 느끼고 血氣가 方正한 靑年은 지름길로 들어가 朝鮮을 理想化하려 하기 쉬운 것이다. 그러나 社會의 發展史를 잘 아는 사람은 眞正한 意味로의 革命이 없는 것을 안다. 歷史家의 눈에는 佛蘭西革命이나 露西亞革命으로 보이려니와 社會學者나 心理學者에게는 그것도 한 進化에 불과

---

14) 曺喜炎, 「進化論을 是認하여야 할가」, 『우라키』 2, 1926, 34~40쪽 ; 韓稚關, 「科學과 理想界 – 科學으로 엇은 今日의 人生觀」, 『우라키』 2 1926, 40~48쪽 ; 「우라키 主張」, 『우라키』 3, 1928, 53~54쪽 ; 曺喜炎, 「人類社會가 엇더케 發展되엿는가」, 『우라키』 3, 1928, 78~79쪽 ; 李哲源, 「米國의 哲學界」, 『우라키』 4, 1930, 36~42쪽 ; 宋昌根, 「米國의 宗敎界」, 『우라키』 4, 1930, 46~49쪽.

15) 1929년 유학생총회 회장을 지낸 李勳求의 다음 언급이 이 의미를 잘 반영하고 있다. "따윈의 進化論을 무조건으로 肯定할려고는 아니하지마는 이 所謂 二十世紀 文明時代에서는 生存競爭에 適者生存이라는 것은 人類社會에도 적용되는 原則인 듯하다. 그러면 適者되는 條件은 무엇인가? … 나는 인류사회에 있어서는 適者되려면 「힘」이 있어야 된다고 하고 싶고, 또 이 힘은 세 가지로 大別하고자 한다. 곧 (一)權力, (二)富力, (三)智力이 그것이다." 李勳求, 「權力 · 富力 · 智力」, 『新生』 1932년 6월호, 4쪽.

16) 廉光燮, 「宗敎와 人生과의 關係」, 『우라키』 2, 1926, 26~33쪽.

한 것이다. 우리는 뼈다귀 추렴에 참가하기 전에 이부터 나야할 것이다. 近者에 朝鮮社會에 물밀듯 들어오는 外國思想이 때와 곳을 따라 필요할 것이다. … 우리의 緊急한 事業은 소수의 新進 思想家를 産出시키려 하는 것보다 오히려 低級이나마 필요한 敎育을 받은 民衆을 作成함에 있다. 우리의 努力은 아래서 위로 높이 솟을 것이 아니라 左右로 널리 퍼져야 할 것이다.[17]

유학생총회를 주도하는 민족주의 청년 지식인들은 이러한 사상적 공감대를 바탕으로 민족적 단결과 교육진흥 · 산업진흥 · 과학진흥 · 농촌진흥 등 각종 문화적 · 경제적 실력양성운동을 민족운동의 당면과제로 논하고, 이에 대한 유학생의 책무를 각성시키려 노력하였다.[18]

특히; 이러한 동향은 1920년대 후반 이후 조성된 두 계기에 의해 더욱 확산되었다. 하나는, 1928년 국제선교협의회가 사회복음주의를 공식 슬로건으로 내세우고 기독교 농촌운동을 세계기독교 선교사업의 주과제로 채택한 예루살렘국제선교대회에서 콜롬비아 대학 농촌사회학 교수인 브루너(E. S. Brunner)가 조선 농촌문제의 심각성을 지적하고 조선기독교의 적극적인 농촌운동을 촉구한 것이었다.[19] 이를 계기로 장로교 농촌부가 조직되고 기독교농촌연구회가 결성되는 등 그간 YMCA의 계몽적 농촌사업에 머물렀던 국내 기독교 농촌운동이 크게 활성화되었고,[20] 유학생 사회 내에서도 조선 농촌문제에 대한 관심이

---

17) 「우라키 主張」, 『우라키』 3, 1928, 55쪽.

18) 李柄斗, 「科學의 價値」, 『우라키』 1, 1925, 93~95쪽 ; 金良洙, 앞의 글 ; 「우라키 主張」, 『우라키』 3, 1928, 53~55쪽.

19) E. S. Brunner, *Rural Korea, A Preliminary Survey of Economic, Social, and Religious Conditions* (The Report of Jerusalem Meeting of the I.M.C., 1928) ; 브루너, 「農村經濟振興 運動者가 第一 必要」, 『우라키』 4, 1930, 13쪽.

고조되었다. 다른 하나는, 대공황과 함께 경제문제가 초미의 현안으로 등장하자 1930년 이승만·서재필 등 재미 민족운동 지도자들이 유학생들에게 조선인의 경제자립과 산업진흥 문제의 중요성을 환기시키고 나선 것이었다.[21] 특히 이승만은 "오늘에 있어 우리에게 간절히 필요한 것은 곧 물질적 세력을 발전하여 정신적 세력을 해방하는 데 있다"고 선언하고, 조선 경제발전의 가장 필요한 당면 과제는 우리 물산을 자작자급하고 자본을 합하여 상공업을 진흥하는 물산장려운동·산업진흥운동에 있다고 강조하였다.[22]

대공황을 전후한 시기 조선 경제문제 해결에 대한 이러한 요구는 전술한바 유학생총회가 견지한 민족운동의 실천관과 전적으로 부합하는 것이었다. 1920년대 후반에서 1930년대 전반에 걸쳐 전개된 국내 민족주의 진영의 대표적인 경제자립운동이었던 기독교 농촌운동과 물산장려운동의 배경에는 이와 같이 미국 유학생사회나 민족운동 세력의 후원과 함께 더 직접적으로는 일부 유학생이 귀국 후 운동의 지도적 역할을 하거나 적극 참여한 사실이 밀접히 연관되어 있었다.[23]

---

20) 예루살렘국제선교대회와 이 시기 조선 기독교 농촌운동에 대해서는 閔庚培, 『韓國基督敎社會運動史』, 大韓基督敎出版社, 1987, 제10·11장 ; 장규식, 앞의 책, 2001, 192~195쪽 ; 한규무, 『일제하 한국기독교 농촌운동』, 한국기독교역사연구소, 1997, 제1·2장 ; 方基中, 앞의 책, 1992, 제2장 2절 참조.

21) 李承晩, 「朝鮮學生에게 告함」, 『우라키』 4, 1930, 1~2쪽 ; 徐載弼, 「朝鮮의 將來」, 같은 책, 3~4쪽.

22) 李承晩, 위와 같음.

23) 기독교 농촌운동의 경우 이훈구가 1931년 귀국하여 장로교·숭실전문 농촌운동의 지도적 역할을 담당하였고, 이어 1933년 귀국한 배민수가 장로교 농촌부 농촌운동을 전담하였다(방기중, 앞의 「일제하 李勳求의 農業論과 經濟自立思想」, 136~139쪽 ; 方基中, 앞의 책, 1992, 제3장 2절). 물산장려운동의 경우 유학생 출신이 운동을 주도한 것은 아니나 1930년대 전반 귀국한 김도연과 한승인이

3. 자본주의 경제자립의 두 방향

이와 같이 1920 · 30년대 미국 유학생 출신의 민족주의 지식인들은 진화론적 관점의 자본주의 경제이념을 견지하면서 민족운동의 당면 과제를 조선인의 경제자립 · 산업진흥으로 설정하고 이를 실천하고자 하였다. 그것은 곧 이들이 민족해방 이후 추구하는 국가건설의 체제적 방향이 어디에 있는가를 설명해 주는 것이었다. 그러나 이러한 사상적 공감대에도 불구하고 이들이 추구하는 자본주의 경제자립의 논리는 동일한 것이 아니었다. 그 내부에는 식민지하 민족경제 자립의 기본 방향 설정에 대한 일정한 입장 차이가 존재하였다. 요컨대 그것은 당면 경제자립의 주안점을 생산 증대와 분배 개선 가운데 어디에 둘 것인가 하는 문제를 둘러싼 것이었다.[24] 물론 후자 입장도 기본적으로 진화론적 자본주의 경제관에 바탕을 두고 있기 때문에 생산 증대를 중시하였고, 따라서 양자의 관계는 대립적이라기보다 상호 보완적인 성격을 가지고 있었다. 그러면서도 생산과 분배 가운데 어느 측면을 중시하는가 하는 문제는 내면적으로 자본주의 경제에 대한 인식체계나 가치관의 차이와 연결되는 것이었고, 그 기저에는 이들이 미국에서 훈련받은 상호 계통을 달리하는 자본주의 경제학의 학풍이나 경제사상의 차이가 놓여 있었다.

주요 이론가로 활동하였고, 1920년대 귀국한 이긍종, 최순주, 김우평 등이 운동을 후원하였으며, 이승만과 연계되어 있는 흥업구락부 회원들이 조선물산장려회 임원으로 참여하였다. 方基中, 「1920 · 30年代 朝鮮物産奬勵會 硏究」, 『國史館論叢』 67, 1996 ; 吳鎭錫, 주 1의 글 ; 方基中, 「1930년대 物産奬勵運動과 民族 · 資本主義 經濟思想」, 『東方學志』 115, 2002.

24) 주 23에서 언급한 국내 민족경제자립운동과의 연관성 속에서 언급하면, 생산증대를 중시한 지식인은 주로 물산장려운동 · 산업진흥운동에 참여하였고, 분배개선을 중시한 지식인은 농촌운동에 참여하였다.

자본주의 경제원리의 일반 이해에 있어서나 당면 민족경제 자립을 위한 실천운동에서 생산 증대의 측면을 중시하는 입장은 경제학을 전공한 미국 유학생 다수가 지지하는 주류적 경향이었다. 그것은 1920년대 이 계통 유학생 대부분이 콜롬비아 대학에서 경제학을 수학한 점과 밀접한 관련이 있었다.[25] 콜롬비아 대학에는 당시 미국 자본주의 경제사상의 기본 추이를 대표할 만한 크게 세 계통의 지도적인 경제학자들이 재직하고 있어, 이 대학은 미국 경제학계에서 중요한 위치를 점하고 있었다.[26] 한 계통은 클라크(J. B. Clark)가 이끄는 한계주의 계열의 보수적 경제학풍으로, 클라크는 한계효용학파의 가치론을 생산과 분배론의 차원으로 확장시킨 한계생산력이론을 전개하여 미국의 이론경제학을 정착시키고 자유주의 경제사상을 확립하는 데 중요한 공헌을 하면서 오랫동안 이 대학의 경제학을 주도하였다. 다른 한 계통은, 한계주의 학풍에 기초하면서도 자유경쟁과 독점자본의 입장을 대변한 클라크와 달리 공공적 관점을 강조한 온건 개혁주의 학풍으로, 클라크의 제자로서 조세문제 해결을 중심으로 사회개혁운동에 적극 참여한 셀리그만(E. R. Seligman)과 노동문제·독점문제 전공의 시거(H. R. Seager) 등이 그 대표적인 학자였다. 마지막 한 계통은 제도주의 계열의 진보적 경제학풍으로, 제도주의 학풍에 수량경제학을 접합시키면서 화폐경제

---

25) 주 3 참조.

26) 당시 미국 경제사상의 추이에 대해서는 Joseph Dorfman, *The Economic Mind in American Civilization*, Vol. 3, Vol. 4·5, New York: The Viking Press MCMXLIX, 1949) ; 熊谷尙夫 編, 『經濟學大辭典 III』, 東京: 東洋經濟新報社, 1980 ; 金光洙, 『歷史學派』, 崇田大學校 출판부, 1986 ; 홍기현, 「미국 주류경제학의 발전에 대한 방법론적 평가」, 『미국사회의 지적 흐름』, 서울대학교출판부, 1998 ; 김진방·홍기현, 「현대 미국의 경제사상의 제조류 : 제도주의 경제사상」, 『미국사회의 지적 흐름』, 서울대학교출판부, 1998 등 참조.

의 관리 · 통제를 통해 국민복지 증대를 모색한 미첼(W. C. Mitchell), 앞의 클라크의 아들로서 부친과 달리 사회적 · 정책적 시장통제를 통해 생산과 분배문제의 해결을 모색한 신진 학자 클라크(J. M. Clark) 등이 그 중심 학자였다.[27]

그런데 당시 콜롬비아 대학에 진학한 유학생은 이 세 계통 가운데 주로 J. B. 클라크의 보수적인 한계주의 경제학에 큰 영향을 받은 가운데 이러한 관점에서 자본주의 경제원리를 이해하고 현실 경제문제를 인식하였다. 클라크는 19세기 말 노동가치설을 부정하고 개인의 욕망이 재화의 가치를 결정한다는 입장에서 자본과 노동이 생산에 기여한 만큼 분배가 결정된다는 한계생산력의 분배이론을 주장한 이래, 자본주의 사유재산제도와 자유경쟁원리에 입각한 기업의 생산활동과 자본주의 분배관계의 정당성을 강조하고 마르크스주의 경제학설을 비판함으로써 미국에 자유주의 이론경제학풍을 확립하였다. 이러한 클라크의 학설은 20세기에 접어들어 독점 단계의 자본주의 생산력의 번영을 구가하기 시작한 미국 자본주의체제와 자본가의 입장을 대변하게 되면서 부의 불공평 문제에 대한 정책적 해결보다는 자본가 본위의 분배관계의 정당성을 주장하는 보수적인 경제학풍으로 정착되었고, 또한 자유주의 · 개인주의 사조와 결합되어 전형적인 반공주의 입장을 보인 경제사상이었다.

1920년대 클라크에게 지도를 받거나 그의 학설을 추종한 유학생들, 예컨대 조병옥 · 이긍종 · 김도연 · 김우평 등은 기본적으로 이러한 자본과 생산 중심적인 경제학풍에 입각하여 당시 조선경제의 현실과 민족경제 자립의 방안을 강구하였고, 또한 철저히 반마르크스주의 입장

27) 제도주의 학풍에 대해서는 후술.

을 견지하였다.[28] 조병옥은 자유주의·개인주의 사상과 자본주의 사유재산제도와 자유경쟁원리를 대전제로 하면서, 한계주의 가치이론 및 생산·분배이론에 입각하여 자본가 중심의 생산력 발전과 자본윤리·기업윤리를 바탕으로 한 자본주의 사회의 발전을 주장하였다.[29] 일제하 이 계통의 가장 대표적인 경제학자였던 이긍종은 경제적 근본 이상과 정책을 수립하는데 자유원리에 입각한 생산(또는 생산정책)에 치중할 것인가 평등원리에 입각한 분배(또는 분배정책)에 치중할 것인가 하는 문제에 대해 "효용을 중심 개념으로 한 물질적 공리관을 근본으로 해야 한다"고 주장하면서 결론적으로 개인(자본가)의 자유를 중심으로 기업심리를 극도로 자극하여 생산활동을 철저히 보호하는 자유주의 경제관과 정책이 가장 이상적이고 위대한 힘을 가지고 있다고 강조하였다.[30]

특히 이들은 일본의 독점자본에 의해 조선경제가 완전히 파멸되는 위기에 처해 있고 조선인 자본의 규모가 극히 미미한 식민지 경제조건 속에서 민족경제가 자립하기 위해서는 분배문제도 중요하지만 무엇보다 생산 증대를 도모하는 것이 가장 시급하다고 강조하였다. 당면 조선

28) 특히 사상 문제와 관련해서는 당시 콜롬비아 대학 경제학 교수인 러시아인 싱코비치(V. G. Simkhovitch)가 금융, 재정학, 경제학원리 등을 강의하면서 사회주의·공산주의 비판에 주력하여 유학생들의 반공적 정서 확산에 큰 영향을 주었다고 한다(趙炳玉, 『나의 回顧錄』, 語文閣, 1963, 44쪽).

29) 李秀日, 앞의 글, 1996, 180~183쪽.

30) 李肯鍾, 「經濟的 自由와 平等」, 『朝鮮講壇』 2, 1929. 그는 평등분배는 생산의 자유를 해치고 생산의 부자유는 생산량을 감퇴시키므로 생산과 분배, 곧 자유와 평등은 본질적으로 상호 모순관계에 있다고 주장하면서, 빈익빈 부익부의 부의 불평등을 심화시키는 폐해를 인정하면서도 19세기 이래 자본주의 발전의 원동력이 된 자유경제원리와 경제정책을 위대한 힘을 가진 것으로 찬양하며 지지하였다.

경제의 활로를 생산 중심의 산업개발에서 찾자는 김도연의 다음과 같은 주장이 이러한 입장을 잘 반영하고 있었다.

> 우리나라 産業을 開發함이 民族의 自由와 幸福을 얻는 데 최대 急先務라고 하는 것은 누구나 다 말하는 바이다. 나는 오늘 우리 경우에서라도 産業을 어느 정도까지 개발할 可能性이 있는 줄 안다. 그러면 어떻게 산업을 개발하여야 할 것이 問題이다. 이는 今日 思潮上으로 보아서 여러 學說도 있을 것이오 따라 主張도 分岐될 줄 안다. 오늘 産業界의 問題는 生産方法에 대한 연구보다도 分配問題에 많이 注意하게 되었다. 그러나 이 두 문제가 항상 並立되어 解決될 줄 안다. 다시 우리 사회의 産業界를 볼 때에 조선사람 産業으로 이렇다 하는 生産이 없는데 어찌 分配問題가 그다지 緊急할까 하는 것이 切實히 느끼게 된다.[31]

따라서 민족경제 자립의 기본 목표는 조선인 자본의 기업활동 · 공장건설의 촉진으로 설정되었고, 대부분 중소자본의 처지에 있는 조선인 자본을 규합하여 대자본을 육성하거나 중소자본이라도 경영과 기술의 과학화 · 합리화를 도모하여 상품생산의 증진과 시장 경쟁력을 키우는 것이 경제자립 · 산업진흥의 최선의 방책으로 간주되었다.[32] 대공황기 전후 물산장려회가 주장한 민족경제 자립의 실천 방안 역시 이와 같은 것이었다.[33] 요컨대 이 계통 유학생 출신의 경제자립관은 전형적인 자

---

31) 金度演, 「産業의 科學的 經營에 對한 考察」, 『우라키』 1, 1925, 101~102쪽.

32) 白一圭, 「朝鮮工業의 歷史的 硏究」, 『우라키』 1, 1925 ; 崔晃, 「朝鮮을 産業化하자」, 『우라키』 4, 1930 ; 李肯鍾, 「産業振興의 要素」, 『朝鮮講壇』 1, 1929 ; 金度演, 「工業發達과 企業家 邁進을 囑望함」, 『新興朝鮮』 1-1, 1933.

33) 方基中, 「1930년대 物産獎勵運動과 民族 · 資本主義 經濟思想」, 『東方學志』 115, 2002, 69~77쪽. 그러나 이것은 미국 유학생 출신이 물산장려운동의 경제관을 대표하고 있다거나 양자의 경제관을 동일시한다는 뜻이 아니라 생산력 중심의

본 중심의 생산력주의를 지향하는 것으로서, 현실적으로 식민지 조건 속에서는 불가능한 것이지만 그러한 전제 위에서 일본 독점자본에 대응한 민족경제의 자본주의적 자립과 발전을 도모하였다.

한편, 민족경제의 자립문제나 자본주의 경제원리의 일반 이해에 있어서 분배문제의 중요성을 강조하는 계통은 전술한 제도주의 경제학풍의 세례를 받은 지식인이었다. 위스콘신 대학에서 농업경제학을 전공한 이훈구가 대표적인 인물이었다.[34] 위스콘신 대학은 20세기 초 이래 미국의 진보주의 학풍을 주도하고, 특히 1920·30년대 전성기를 누린 제도주의 경제학의 본거지였다. 미국에 진보주의 경제학풍을 창도한 이는 미국 경제학의 개척자인 일리(R. T. Ely)였고, 이를 제도주의 학파로 발전시킨 이는 일리의 제자 커먼스(J. R. Commons)였다. 그리고 농업경제학 분야에서도 일리의 제자인 테일러(H. C. Taylor), 히바드(B. H. Hibbard) 등이 커먼스의 영향 아래 제도주의 학풍을 형성하였다.[35] 역사학파 경제학, 진화론적 역사관, 실용주의 철학, 행동주의 심리학 등 다양한 사조의 영향을 받은 이 학파는, 고전학파의 자유방임주의와 마르크스주의의 사회혁명론을 모두 배격하고 국가권력에 의한 제도개혁·사회개혁 및 협동조합운동 등을 통해 독점자본주의의 폐해와 노농문제·분배문제를 해결

자본주의 경제자립관의 동질성을 지적한 것이다. 물산장려운동에 참여한 미국 유학생 출신 지식인은 물산장려회 주도층의 일부에 지나지 않는다.

34) 이훈구의 대학 후배로서 미군정기 이훈구가 농무부장에 재직할 당시 농무차장을 맡았던 金壎 역시 이 계통의 인사라고 할 수 있고, 또 콜롬비아 대학에서 상학을 전공한 韓昇寅도 이 학풍으로부터 일정한 영향을 받은 것으로 보인다.

35) Joseph Dorfman, op. cit., Vol. 3, pp. 161~164, pp. 276~294 ; Henry C. and Anne Dewees Taylor, *The Story of Agricultural Economics in the United States,* Ames Iowa: The Iowa State College Press, 1952 ; 김진방·홍기현, 앞의 글, 1998, 174~175쪽.

하는 데 주력한 학파였다.[36] 특히, 농업경제학 분야에서도 사적 소유권을 인정하는 한도 내에서 국가정책이나 제도 입법과 같은 의식적 · 합리적 통제를 통해 토지소유문제와 소작문제 등 자본주의 농업문제 · 농민문제를 해결할 수 있다는 소농 입장의 사회개량주의 농업정책론을 전개하고 이를 국가정책에 적극 반영하였다.[37]

이훈구의 농업개혁론 · 경제자립론에 잘 나타나듯이, 이러한 학풍 아래 훈련을 받은 유학생의 자본주의 경제관은 자본과 생산 중심의 앞의 견해와 상당히 입장을 달리하지 않을 수 없었다. 이훈구는 자본주의 사회체제를 인정하면서도 자본주의 경제에 내재한 모순구조, 곧 소유와 분배를 둘러싼 부의 불평등문제의 해결을 중시하였다. 특히, 독점자본의 농업지배와 자본주의적 지주제의 가혹한 농민수탈은 그 핵심이었다. 그리고 이러한 불공정한 소유와 분배구조가 궁극적으로는 생산력 발전을 저해하는 것으로 파악하였다. 곧, 민족경제가 자립하기 위해서는 생산력 발전이 필수적이지만 그것은 분배문제의 해결과 병행되어야 한다는 것이었다. 이에 그는 일본 독점자본의 농촌침탈에 따른 소유관계의 불평등구조와 사상 유례를 찾기 힘든 가혹한 소작제도의 모순을 해결함으로써 농민층의 자립과 농업생산력 발전을 도모하는 것이 민족경제 자립에 가장 시급한 당면 과제라고 파악하였다. 조선인 자본의 축

---

36) Joseph Dorfman, op. cit., Vol. 4 · 5, pp. 211~214, pp. 377~394 ; 熊谷尙夫 編, 앞의 책, 1980, 533~539쪽 ; 金光洙, 앞의 책, 1986, 제7장. 이 학파의 중심 인물로서 뉴딜정책 입안과 긴밀한 관계를 맺고 있는 커먼스는 제도주의 창시자인 베블린(T. Veblin)의 급진적 조합주의에 비해 상대적으로 온건한 개혁을 주장한 사회개량주의자였다.

37) Joseph Dorfman, op. cit., Vol. 4 · 5, pp. 211~214 ; Henry C. and Anne Dewees Taylor, op. cit., pp. 591~600, pp. 824~826, pp. 857~865 ; 방기중, 앞의 「일제하 李勳求의 農業論과 經濟自立思想」, 127~128쪽.

적과 상공업 발전을 반대하는 것은 아니지만 그 자본주의적 발전은 기본적으로 소농층의 자립적 안정을 전제로 하였다. 요컨대 그의 자본주의 경제자립관은 반독점의 소농주의 경제관에 기초하고 있었고, 자유경쟁원리와 불가분의 관계에 있는 개인주의 사상에 대해서는 거부감을 가지고 있었다. 물론 그가 견지한 학문의 성격상 이러한 경제문제의 궁극적인 해결은 국가에 의한 제도적 농업정책을 통해 실현될 수 있었다. 그러나 식민지 조건에서 그것은 불가능하였고, 이에 대응하여 그가 선택한 차선의 실천 방안이 노자협조·계급협조 정신에 입각한 농촌운동·협동조합운동이었다.[38]

또한, 이상과 같이 경제학적 바탕 위에서 경제자립운동을 전개한 것은 아니지만 기독교 복음주의 사상에 입각한 배민수의 농촌운동 이념 역시 소유와 분배문제의 해결을 통해 농민의 경제자립을 도모한 점에서 이 계통의 경제관과 상통하고 있었다. 그는 당시 중도적 자유주의 신학을 견지한 매코믹 신학교의 기독주의 학풍을 바탕으로 빈민 본위의 경제적 배분정의의 구현을 기독교 복음정신의 핵심 경제관으로 정리하였다. 그리하여 현실 자본주의의 빈곤문제·계급문제의 해결을 기독교 복음정신을 실현하는 가장 중요한 과제로 설정하고, 협동조합에 기초한 '예수촌건설론'을 제창하면서 1930년대 전반 장로교 농촌운동

38) 방기중, 위의 글, 139~144쪽. 토지경제학을 전공한 김훈의 농업문제 인식도 이 훈구와 기조를 같이 하였다(金壎, 「土地經濟와 朝鮮現象略論」, 『우라키』 7, 1936). 또한 콜롬비아 대학에서 상학을 전공한 한승인은 이 대학 출신의 다른 유학생과 달리 상대적으로 독점문제·분배문제의 심각성을 중시하고 노자협조 이념에 입각한 협동조합운동을 강조하였는데, 그는 전술한바 조선 농촌문제의 심각성과 기독교 농촌운동의 긴급성을 제기하여 유학생들에게 존경을 받고 있었던 이 대학 농촌사회학 교수 브루너(E. S. Brunner)로부터 많은 영향을 받은 것으로 보인다(吳鎭錫, 앞의 글, 2001, 78~82쪽).

을 주도하였다. 그는 현실의 자본주의세계를 인정하고 철저히 반공주의 입장을 취하면서도 소유와 분배의 불평등구조를 생산하는 자본주의 경제원리의 모순과 독점구조의 해결을 경제자립의 가장 핵심적인 관건으로 간주하였다.[39]

4. 맺음말

이상과 같이 일제하 경제 분야에서 지도적인 역할을 담당한 미국 유학생 출신 민족주의 지식인의 자본주의 경제관과 그 사상적 · 학문적 기반을 당시 이들이 추구한 경제자립의 방향성과 관련하여 크게 두 계통으로 정리해 보았다. 이 두 계통의 경제관, 경제자립론은 모두 자본주의 현실세계를 인정하고 있었고, 기독교 정신과 자유주의 사상에 바탕을 두고 민족주의 가치관과 결합되어 있다는 점에서 상호 사상적 공감대를 형성하였다. 그 연장에서 이들은 당시 민족주의 사상과 더불어 청년 지식인의 의식세계를 지배하였던 사회주의 · 마르크스주의 사상에 대한 비판의식을 공유하였다. 주권을 상실한 식민지 조건 속에서, 특히 일제하 조선경제구조의 특수성과 관련하여 어느 계통의 입장이든 민족해방이 전제되지 않는 한 그 경제자립의 주장은 실현성을 가질 수 없었기 때문에 당연히 양자가 지니는 사상적 차이보다 상호 공감대의 의미가 더 클 수밖에 없었다.

그렇지만 양자가 지니는 경제관의 차이가 지니는 사상사적 의미는 작은 것이 아니었다. 그것은 일제하 민족주의 지식인의 사상 지형이 그

---

39) 方基中, 앞의 책, 1992, 제3장 참조.

렇게 단순한 것이 아니라는 것을 보여주고 있었다. 이 차이는 자본주의 경제원리를 수용하는 입장과 가치관의 차이를 반영하는 것이었고, 또한 현실 자본주의세계와 식민지 조국의 경제현실에 대한 인식 및 그 타개 전망을 서로 달리하고 있음을 의미하였다. 생산 중심의 경제자립론은 자본 본위의 생산력 증대를 경제자립의 가장 시급한 당면 과제로 설정하였고, 분배 중심의 경제자립론은 소농 본위의 농촌구제 · 농업개혁을 가장 시급한 당면 과제로 인식하였다. 전자는 자본주의체제의 자유경쟁원리 · 시장논리를 불가피한 것으로 인정하였고 그만큼 계급문제, 부의 불균등 문제를 부차적인 것으로 인식하였다. 후자는 상대적으로 식민지 자본주의체제의 사회적 · 경제적 모순을 중시하고 이에 대한 통제와 조절, 계급의 협조를 통한 모순의 해결을 중시하였다.

더불어 중요한 의미를 갖는 것은 이러한 경제자립론의 차이는 단지 일제하 민족주의 지식인의 자본주의 사상 지형을 반영하는 데 그치는 것이 아니라 해방 후 남한의 자본주의 국가건설 · 경제건설의 방향 설정과도 밀접히 연계되고 있었다는 점이다. 물론 양 계통의 지식인들은 상호 사상적 공감대 위에서 미군정에 참여하거나, 또한 이승만 진영이나 한민당의 중요한 위치를 점하면서 사회주의 진영과 항쟁하고 단정노선과 자본주의 국가건설을 실현하는 데 보조를 같이하였다. 그러나 미군정기에서 정부 수립기에 걸쳐 토지개혁을 비롯한 식민지 경제구조의 청산과 민생문제의 해결, 자립경제의 건설 문제가 국가적 과제로 전면 대두되었을 때 이러한 경제관 · 경제자립론의 차이는 자본주의 경제정책의 방향 설정에 중요한 의미를 갖지 않을 수 없었다. 그것은 곧 자유경제원리를 중시하면서 자본축적과 생산력 증대 본위의 자본주의 경제발전을 도모할 것인가, 아니면 국가의 경제 개입과 제도적 조절을 중시하면서 서민대중과 농민층의 생활안정을 도모하는 자본주의 경제발전을 추구할 것인가 하는 문제였다. 양 계통의 지식인들은 자신의 정치적 소속과도 관련하여 이러한 과정에 직접, 간접 연계되면서 남한 자본주의 경제건설 과정에 참여하고 있었던 것이다.

(출전: 연세대학교 국학연구원 편,
『미주 한인의 민족운동』, 혜안, 2003.)

일제 말기 大同事業體의 경제자립운동과 이념

1. 서언

1937년 7월 7일 중일전쟁 발발과 함께 일제하 한국의 사회정세와 사상 상황은 크게 악화되었다. 일제는 '내선일체' 이데올로기와 '생산력확충', '高度國防經濟' 건설이란 슬로건 아래 각종 민족말살정책과 전시통제경제정책을 추진하여 미증유의 전시총동원파시즘체제를 구축하였다. 조선경제 내부의 민족적 · 계급적 모순이 심화되면서 농민생활은 한층 피폐해졌고, 극단의 민족적 · 사상적 억압구조가 형성되었다. 특히, 전시파시즘체제의 형성은 민족적 입장을 견지해온 지식인들을 깊은 좌절감에 빠지게 하였고, 이들은 체제순응과 은둔의 길을 선택하지 않을 수 없었다. 그리하여 친일 · 부일세력이 광범하게 확대되는 가운데, 사상적 성향을 불문하고 다수 지식인들이 '황민화운동가'로 전락하였다.

그러나 이러한 와중에서도 일제에 대한 한국 민중의 저항은 지속되었고, 체제내적 범위에서나마 농민의 경제자립을 추구하는 지식인의 실천적 노력도 면면이 이어졌다. 전시체제기의 정치경제적 · 사상적 변동에 대한 지식인의 대응양식과 실천경험은 일제강점기와 해방 후의 한국근현대사상사를 계통적으로 인식하는 데 중요한 의미를 갖는다.

이는 이 이전까지 축적된 이들의 현실인식과 실천적 성과를 바탕으로 한 것이었고, 동시에 이 시기 실천경험과 사상적 고민은 해방 후 복잡하게 존재한 국가건설운동의 추이와 논리 전개에 직접적인 영향을 끼쳤기 때문이다. 여기에 한국 근현대사상의 전체 흐름 속에서 전시체제기 지식인의 실천적 사상적 동향에 대한 다각적 검토가 요구되는 이유가 있다.

본 연구는 이러한 작업의 특수사례 연구로서, 1937년 6월 창립되어 1943년경까지 합법적 공간에서 전개된 대동사업체의 경제자립운동과 사상을 검토한 것이다. 최근에 이르기까지 거의 주목받지 못했던 대동사업체는 1930년대 후반 입지전적 '金鑛王' 칭호를 받은 대동광업주식회사 사장 李鍾萬에 의해 조직된 사회사업기관이었다.[1] 필자가 대동사업체의 경제자립운동을 주목한 것은 크게 두 측면의 문제의식에서였다.

하나는, 사업체의 경제자립운동이 1920·30년대 비타협적 민중적 성향의 사회·교육운동이나 농민적 입장의 경제자립운동을 주도한 경험이 있는 진보적 민족주의자와 일부 사회주의자가 결집하여 전개한 목적의식적 실천활동이었다는 점이다. 곧, 대동사업체의 경제자립운동은 일제하 민족주의 경제사상, '농민적 입장의 민족주의 경제자립론'[2] 가운데 가장 진보적인 맥을 잇고 있었다. 일반적인 운동조직과 성격을 달리하는 사업기관이었지만, 사업체 주도층은 뚜렷한 경제자립 이념과 논리를 내걸고 민중의 경제자립을 도모하였다. 따라서 대동사업체의

---

1) 대동사업체와 이종만에 대해서는 方基中, 「解放政局期 中間派 路線의 經濟思想」, 『經濟理論과 韓國經濟』(崔虎鎭博士 講壇50週年紀念論文集), 박영사, 1993 ; 金根培, 『日帝時期 朝鮮人 과학기술인력의 성장』, 서울대 박사학위논문, 1996, 311~313쪽 등에 간략히 소개된 바 있다.

2) 金容燮, 「日帝强占期의 農業問題와 그 打開方案」, 『韓國近現代農業史研究』, 一潮閣, 1992.

경제자립운동은 합법적 민족운동의 존립이 불가능하였던 전시체제기에 '민족적 경제자립'의 관념을 포기하지 않은 농민적 입장의 민족주의 경제자립운동이 어떻게 계승되고 있는가를 살펴볼 수 있는 요긴한 재료가 될 것이다. 더불어 대동사업체의 경제자립론은 이러한 입장의 민족주의 경제사상이 전시국가독점자본주의를 경험하면서 어떠한 사상적 변용을 보이는가 하는 점도 확인해 볼 수 있는 구체적인 하나의 사례가 될 것이다.

다른 하나는, 대동사업체의 경제자립론이 해방 후 중간파 노선의 자립경제건설운동이나 경제정책안 구상에 실천적 경험으로 반영되었다는 점이다. 주지하듯이 해방 후 중간파 노선은 다양한 국가건설 이념을 제창하였지만, 좌우합작과 통일민주국가 건설을 지향한 '조선적 민주주의' 정치이념 아래 대체로 사회민주주의 내지 수정자본주의적 경제체제를 지향하였다.[3] 대동사업체의 경험과 논리는 이러한 중간파 노선과 입장을 같이한 경제단체 — 朝鮮産業建設協議會, 朝鮮産業再建協 등 — 의 경제건설운동에 적극 활용되었다.[4] 나아가 분단이 현실화되는 가운데 중간파 노선의 코스가 그러했던 것처럼 대동사업체의 경험도 각기 북한의 인민민주주의국가건설 과정과 남한의 자본주의국가건설 과정에 흡수 편입되었다.[5] 따라서 대동사업체의 경제자립론과 해방 후 사업체 주도층

3) 조성훈, 「좌우합작운동과 민족자주연맹」, 『백산박성수선생화갑기념논총 한국독립운동사 인식』, 1991, 429~431쪽 ; 金基承, 『裵成龍의 政治 經濟思想研究』, 고려대 박사논문, 1990, 202~224쪽 ; 方基中, 앞의 글, 1993, 180~183쪽 ; 洪性讚, 「일제하 李順鐸의 農業論과 해방직후 立法議院의 토지개혁법안」, 『經濟理論과 韓國經濟』(崔虎鎭博士講壇50週年紀念論文集), 박영사, 1993.

4) 이들 경제단체에 대한 개괄로는 方基中, 위의 글, 161~164쪽 참조.

5) 이러한 가운데에도 특히 민주주의민족전선의 국가건설노선을 지지한 이종만 등 일부 대동사업체 주도층의 진보적 정치행적과 관련하여(〈표 2〉의 활동경력 참

의 국가건설 활동은 일제하 진보적 민족주의 경제사상이 해방 후 새로운 민족적 조건 속에서 어떠한 경제이념·국가건설사상으로 재구성되는가 하는, 요컨대 중간파 경제사상의 역사적 맥락과 남북분단의 사상사적 단면을 살필 수 있는 하나의 재료가 될 것이다.

다만 그간 대동사업체에 대한 연구가 전무하였기 때문에 본고에서는 우선 전자의 해명에 분석 범위를 한정하고, 후자에 대한 검토는 별도의 기회를 갖고자 한다. 이에 본고에서는 일제하 대동사업체의 기관구성과 주도층, 광업경영과 농촌사업을 중심으로 한 경제자립운동과 논리를 살펴보고, 일제 전시통제경제정책과 밀접히 연관된 사업체 해체과정을 정리함으로써 대동사업체 경제자립운동의 성격과 사상사적 의미를 해명하는 데 주안점을 두었다.

2. 대동사업체의 창립과 주도층

대동사업체는 전시체제기 사회사업가이자 광업가인 이종만의 금광자본을 기반으로 운영된 개인 사업기관이었다. 일제 초기 향리인 울산에서 계몽운동을 전개한 것을 시작으로 사회사업에 투신한 이종만은 농민과 빈민대중 구제를 위한 이상농촌 건설과 교육사업에 평생의 뜻을 두고 1930년대 초에 이르기까지 노동청년 교육사업을 전개하였다. 특히 그는 이와 같은 사업에는 무엇보다 자금이 중요하다고 생각하여 광업, 목재업, 개간사업 등 각종 사업에 투신하였다가 실패를 거듭하는 등 독특한 경력을 가진 인물이었다.[6)]

조), 사업체의 주류는 북한 인민민주주의 개혁과정에 편입되었다.

6) 이종만(南湖, 1886~1977)은 울산군 대현면 용잠리의 자작 鄕班家(100석 정도)에

이종만이 대동사업체의 경영기반을 마련하기 시작한 것은 1932년 450원에 매입한 함남 永平金鑛이 1934년부터 호조를 보이면서였다.[7] 특히 1935년 말 長津 일대에서 다량의 금광맥을 발견하여 일약 '금광왕'으로 발돋움할 수 있는 기반을 마련하였다. 탐사 결과 함금량이 양호한 大金山임을 확인하자 1936년 5월부터 일부 광구에 대한 채광과 함께 본격적인 장진금광 개발사업에 착수하였다.[8] 동시에 자신의 소신인 농촌사업과 교육사업을 위한 사업체 설립을 구상하고 이를 추진하기 시작하였다. 사업체 준비는 1936년 중엽부터 1937년 5월까지 계속

서 태어나 어려서 한학을 수학하였다. 국권 상실 후 향리에 서당을 세우고 계몽운동을 전개한 그는 농촌사업과 노동청년 교육에 뜻을 두고 30세에 상경하여 여러 사업에 실패하다 1923년부터 서울파 사회주의자인 李駿烈과 더불어 '노동야학기관'인 京城 苦學堂을 운영하였다. 1928년 고학당이 경영난에 빠지자 다시 사업에 뛰어든 그는 1932년 永平金鑛에 성공하기까지 사업에 계속 실패하면서도 高山의 노동야학, 平康의 사설강습, 永興 范浦의 고학당, 영평의 永平學院 등을 운영하며 지속해서 교육사업을 전개하였고, 그 연장에서 1937년 대동사업체를 창립하였다. 해방 후 적산기업인 三陟開發(炭鑛) 경영사장, 1946년 朝鮮産業建設協議會 회장, 1947년 민주주의민족전선 중앙위원 등을 역임하면서 자립경제건설운동을 주도하였고, 1948년 남북협상을 적극 지지한 후 월북하여 최고인민회의(제1, 2기) 대의원을 역임하고 말년에 祖國戰線 의장을 지냈다. 일제하 그의 약력에 대해서는 豊沛鄕人, 「李鍾萬論」, 『鑛業朝鮮』, 1936.11 ; 李鍾萬, 「나의 半生記」, 『學友俱樂部』, 1-1, 1939 ; 「李氏의 걸어온 半生荊路」, 『東亞日報』 1937년 6월 17일자 등 참조.

7) 그는 불과 2년만에 永平金鑛을 직원 62명(高工 출신 7명), 광부 650명 규모의 금광촌으로 개발함으로써 금광업계에 두각을 나타냈다(豊沛鄕人, 위의 글, 37~38쪽).

8) 長津은 한말부터 李容翊이 경영한 砂金産地로 유명한 곳인데, 장진금광 탐사과정에 대해서는 閔正基, 「長津鑛山의 槪觀」, 『鑛業朝鮮』, 1937.8 ; 一記者, 「長津鑛山現況」, 『鑛業朝鮮』, 1939.1 ; 姜鴻淵, 「長津鑛山踏査記(下)」, 『鑛業朝鮮』, 1939.4 등 참조.

되었는데, 이 과정에 이종만과 함께 작업을 주도한 이는 許憲, 李駿烈, 鄭顯模, 閔正基, 李晟煥, 李勳求 등이었다(후술). 이른바 대동사업체 최고경영진의 형성이었다.

이들 경영진은 크게 세 방향에서 사업계획을 수립하였다. 하나는, 경제자립의 실천적 목표로서 가장 중시한 농촌갱생을 위해 大同農村社를 설립하고 전국 각지에 집단농촌을 건설한다는 것이었다. 다른 하나는, 사업체 운영의 자금원인 장진금광을 급속도로 개발하기 위해 이종만이 소유한 모든 광구를 주식회사 체계로 묶어 생산 및 복지시설 등에 대한 연차적 개발을 추진하고, 생산증진과 광부의 경제자립을 위한 방안으로 大同鑛山組合을 설치하기로 하였다. 마지막 하나는, 대동사업체의 활동과 운동이념을 선전하고 지도할 기관지 발행을 위해 大同出版社를 설립하되 광업과 농업 두 분야의 잡지를 간행한다는 것이었다.

1937년 5월까지 기본 생산설비와 함께 복지시설이 일차 진척되어 종업원 650여 명을 거느린 三浦里 長津金鑛村이 건설되고 사업체 마스터플랜이 마무리되자, 이종만은 영평금광을 155만 원에 매각하고 이 가운데 50만 원을 출자하여 대동농촌사 조직을 구체화하였다.[9] 그리하여 1937년 6월 6일, 그는 대동광업(주), 대동광산조합, 대동농촌사로 구성된 대동사업체 창립을 선언하여 세간의 큰 주목을 받았다.[10]

이종만은 사업체 창립 이후 조직과 사업을 계속 확대시켜 나갔다. 1937년 7월, 조선인 중소금광업가의 공동이익을 도모하기 위해 1936년 2월 조직된 朝鮮産金組合을 "무조건 통합" 형식으로 대동광산조합에 흡수하고, 산금조합 기관지 『鑛業朝鮮』을 인수하여 조합경영을 위한

9) 李鍾萬, 앞의 「나의 半生記」, 92쪽 ; 李駿烈, 『松崗小史』, 1974, 60쪽.

10) 「世界的 異彩 自營鑛과 自營農 創定 - 金鑛王 李鍾萬氏의 兩大事業 全貌」, 『東亞日報』 1937년 6월 17일자.

조직 기반을 확대하였다.[11] 또한 같은 해 8월부터 제2단계 장진금광 개발을 추진하였고, 9월에는 자본금 10만 원으로 대동출판사를 설립하여 1938년 1월 『農業朝鮮』을 창간함으로써 두 계통의 기관지 발행 계획도 실천에 옮겼다. 사업체 창립 후 새로 추가된 가장 큰 규모의 사업은 大同工業專門學校 설립이었다. 이는 사업계획 당초에는 없었던 것이지만 교육사업에 열성적인 이종만은 1937년 10월 당시 경영주인 미국 선교회 측이 폐교 결정을 내린 숭실전문학교 인수를 전격적으로 결정하고, 120만 원을 출자하여 주무기관인 大同學院을 설립하였다.[12]

이러한 연차적 사업 확대를 통해 1938년 전반경에는 대동광업(주), 대동광산조합, 대동농촌사, 대동출판사, 대동학원 등 총 5개 기관으로 구성된 대동사업체의 전체 골격이 완성되었다. 시기에 따라 사업체계에 약간의 변동이 있으나, 사업체 활동이 가장 왕성하게 전개되었던 1939년 8월 현재의 기관구성을 간략히 도시하면 〈표 1〉과 같다.

사업체 창립과정과 기관구성에 대한 이상의 개요에서 쉽게 알 수 있는 바와 같이 대동사업체는 대동광업의 금광이윤을 기반으로 경제자립운동(대동광산조합, 대동농촌사)과 교육·문화사업(대동학원, 대동출판사)을 추구한 기업조직인 동시에 사회사업기관이었다. 곧, 대동사업

---

11) 「大同機關의 重要日誌」, 『鑛業朝鮮』, 1937.8, 53쪽. 朝鮮産金組合은 1936년 2월 일본인 광업자본에 공동 대응하여 조선인 중소금광업가의 권익을 보호하고 생산력을 증대하기 위한 의도에서 결성되었는데, 이사인 이종만은 조합 결성에 주도적인 역할을 하였다. 초대 조합장은 合成鑛山株式會社 사장 朴龍雲(1905~?)이었고, 1936년 6월부터 기관지 『鑛業朝鮮』을 발간하였다.

12) 崇專 인수와 大同工專 개교 과정 및 대동공전 교수진·학칙·과정 등에 대해서는 숭실대학교, 『숭실대학교 90년사』, 1987, 342~360쪽 ; 李駿烈, 앞의 책, 1974, 69~73쪽 ; 鄭顯模, 「大同工業專門學校의 出現에까지」, 『鑛業朝鮮』, 1938.2, 12~ 14쪽 ; 『鑛業朝鮮』, 1938.7, 67~72쪽 ; 金根培, 앞의 글, 1996, 306~324쪽 등 참조.

체는 기업경영과 비영리사업이 하나의 조직 속에 결합된 복합적 사업기관으로서, 대동사업체는 과거 일반적인 경제자립운동 조직과는 큰 차이가 있었다. 이러한 점과 관련하여 대동사업체의 경제자립운동은 크게 두 가지 측면의 기본 특성을 안고 있었다.

〈표 1〉 대동사업체 계통도(1939년 8월 현재)

大同鑛業(株) 자본금 300만 원 (전액불입)	社長 -- 取締役會, 監査機關, 總務課長, 經理課長, 鑛務課長 -- 長津鑛業所 -- 鑛區 -- 小洞, 三浦, 石幕洞, 기타 -- 長津配給所, 病院, 俱樂部, 合宿所 -- 技術員養成所 -- 慈城鑛業所, 咸興出張所, 江界出張所, 平壤出張所
大同鑛山組合 출자금 15만 원	理事長 -- 理事會 -- 地方組合長 -- 組合員(鑛主,事務員, 鑛夫) 泰川組合, 楚山組合, 咸成鑛山, 蔚山鐵山 -- 監査機關
大同農村社 출자금 50만 원	理事長 -- 理事會 -- 平原農村, 永興農村, 汶山農村, 河東農村 西海農場 -- 監査會
大同出版社 자본금 10만 원	社長 -- 常務 -- 支配人 -- 出版部 -- 鑛業朝鮮 -- 農業朝鮮 -- 印刷部 -- 印刷工場 -- 取締役, 監査役
大同學院 출자금 120만 원 (증자 150만 원)	理事長 -- 理事會 -- 大同工業專門學校 西海農場(大同農村社 위탁경영) 大峴學校(울산) 외 7개 學院 -- 監査會

하나는, 그것이 대동광업의 금광경영과 자본축적에 종속되어 있다는 물적 기반의 특수성이었다. 따라서 대동사업체의 경제자립운동은 과거 운동에 비해 현저히 자본의 논리와 이와 밀접히 연관된 일제 통제경제정책·광업정책에 크게 영향을 받고 있었다.[13] 다른 하나는 그러면서

13) 이와 연관된 의미에 대해서는 제4장에서 후술.

도 사업체의 경제자립운동기관은 자본가들이 흔히 운영하는 자선적 문화사업조직과 달리 목적의식성을 가진 운동조직이라는 점이었다. 그것이 관념적이라 할지라도 대동사업체계 내에서 대동광업의 금광경영은 자본축적이 목적이 아니라 경제자립운동과 교육 · 문화사업을 위한 수단으로 간주되었다. 이는 과거 각종 민족운동 — 교육운동 · 사회운동 · 농민운동 — 에 종사한 경력이 있는 사업체 경영진의 사회 · 경제 이념과 관련하여 대동사업체의 기본 특성을 이루는 것이었다.

해체기에 접어드는 1941년까지 대동사업체의 경영진, 곧 경제자립운동의 주도층을 일괄해서 정리하면 〈표 2〉와 같은데, 이들은 최고경영진과 중간경영진 등 크게 두 부류로 나뉘어지고 있었다. 대동사업체의 지도부인 최고경영진은 이종만을 중심으로 사업체 창립의 산파역을 담당한 허헌, 이준렬, 이성환, 정현모, 민정기, 이훈구 등이었다.

〈표 2〉 대동사업체 경영진 일람

기관 / 성명	출신	대동광업(주)		대동광산조합		대동농촌사		대동출판사		일제하 해방후 활동경력
		1937.8	1940.12	1937.8	1940.12	1937.8	1940.12	1937.10	1940.12	
李鍾萬	1886 蔚山漢學	사장	사장	이사장	이사장	이사장	이사장	사장	사장	苦學堂 등 教育事業, 民戰, 朝鮮産業建設協議會, 월북
李駿烈	1896 溫陽 京城高工	전무	전무	상무이사	상무 이사			취체역	취체역	서울파, 發明學會, 苦學堂, 物産獎勵運動, 共産黨再建運動, 朝鮮工業技術聯盟
許 憲	1885 明川 明治大	상임감사		상임감사		전무		전무		辯護士, 新幹會, 物産獎勵運動, 民戰, 南勞黨, 월북
鄭顯模	1894 安東 早稻田大	상무 경리과장	상무	이사 경리과장	이사	상무이사	상무이사	취체역	취체역	新幹會(安東支會), 韓民黨, 制憲議員
李晟煥	1900 永興 京都蠶絲	취체역 총무과장	취체역 同	상무이사 총무과장	상무이사	이사	이사	상무	취체역	朝鮮農民社, 全朝鮮農民社, 臨戰報國團, 國民動員總進會
閔正基	1885 京城 熊本高工	취체역 광무과장	이사 기사장							
李勳求	1896 舒川 위스컨신대	감사		감사		전무이사				崇專, 長老教農村運動, 朝鮮日報, 美軍政農務 部長, 制憲議員, 民族自主統一協議會

기관 / 성명	출신	대동광업(주)		대동광산조합		대동농촌사		대동출판사		일제하 해방후 활동경력
		1937.8	1940.12	1937.8	1940.12	1937.8	1940.12	1937.10	1940.12	
李永兆	1906 蔚山 日本大	취체역 장진소장	상무	이사	이사	이사	이사			
金龍岩	1904 전남 京城高工	직원	광무과장							朝鮮學生會, 人民黨, 民戰, 南勞黨, 鑛山工業協會
文諒柱	1904 경남 京都帝大	장진소장 취체역								
李寬求	1898 京城 京都帝大								상무	言論人, 新幹會, 過渡政府立法議院, 成均館大, 京鄕新聞
金昌俊	1889 江西 崇專					감사				牧師, 33인, 民戰(議長團), 基督敎民主同盟, 월북
金麗植	용천 워싱톤대					감사				新民會, 協成實業學校 운영, 興士團, 同友會, 新韓民族黨, 납북
韓長庚	咸興	직원		직원				감사역		朝鮮農民社, 全朝鮮農民社, 新幹會(咸興)
任永鎬		직원		직원				감사역		
李鍾瓚				이사		직원	직원			
金容圭								인쇄부장	同	
金鎭宇	1903 경북 釜山商業		경리과장 검사역						지배인	
金安基			경리과장						감사역	
尹城淳	1898 경기 京城高工		장진서무과장							梨專
徐炳武	1895 경북 早稻田大		장진회계과장							
金昌河			감사역				주임			崇專農村運動, 北朝鮮農林水產技術總聯盟
李源朝	1909 안동 法政大								주간	文人, 朝鮮文人報國會, 朝鮮文學家同盟, 朝鮮共產黨, 民戰, 南勞黨, 월북

자료: 1937.8 : 『鑛業朝鮮』, 1937.8, 51쪽, 1937.10 : 『鑛業朝鮮』, 1937.10, 81쪽, 1940.12 : 『大同一覽』 1941, 4~8쪽.

비고: ( )는 1940년 3월(『三千里』, 1940.3, 150쪽) 및 1940년 9월(『朝鮮銀行會社組合要錄』 1941년판, 279쪽) 자료.

大同學院 이사진은 1938년 6월 현재 李鍾萬(이사장), 金敬弘(상무), 鄭顯模(이사), 李永兆(이사), 李晟煥(감사) 등이었고, 1940년 12월 현재 위 인사와 함께 李基燦(이사), 神鳥滿足(이사), 周幹欽(감사) 등이 추가되었다.

(『鑛業朝鮮』, 1938.7, 67~68쪽 ; 大同鑛業株式會社, 『大同一覽』, 1941, 19~20쪽).

저명한 민족주의 변호사이자 신간회 지도자였던 허헌은 1932년 출옥한 이후 광업계에 투신하였다가 실패하고 이종만의 사업에 관계하게 되었다.[14] "금일 大同農村社, 大同出版社 등의 사회적 사업은 주로 同氏의 獻策에 의한 것이 많다"[15]는 지적과 같이, 그는 대동사업체 기획에 주요한 역할을 담당하였다. 사업체 창립 후 대동출판사 경영을 전담하는 한편, 각 기관의 상임감사로 참여하여 이종만의 의중을 대변하는 고문 역할을 담당하였다. 서울파의 중진 이준렬은 1923년부터 개설된 경성 고학당 운영을 통해 이종만과 각별한 인연을 맺은 사이였다.[16] 1936년 12월 출옥과 함께 이종만의 적극적 권유에 의해 영평금광에 참여하여 사업체 준비를 선두 지휘하였으며, 사업체 창립 후 시종 제2인자의 위치에서 대동광업 경영을 전담하는 한편, 이종만을 대신하여 사

---

14) 진보적 민족주의자인 許憲(1885~1951)은 민립대학기성준비위원, 조선물산장려회 이사, 신간회 중앙집행위원장 등을 역임하였고, 사회주의자들과도 교분이 두터웠다. 1929년 12월 民衆大會 사건과 관련하여 투옥되었다 1932년 1월 출옥 후, 광업에 투신하였으나 실패하고 이종만의 사업에 관여하였다(許憲, 「中小金山의 實際的 採鑛方法」, 『鑛業朝鮮』, 1937.10, 36쪽). 그의 생애에 대해서는 심지연, 『許憲研究』 역사비평사, 1994 참조.

15) 咸南鄉土大觀編纂部, 「赤貧의 大富豪 鑛山王 李鍾萬」, 『咸南鄉土大觀』, 1938, 615쪽.

16) 충남 온양 출신의 李駿烈(松崗, 1896~?)은 京城高工을 졸업한 기술자로, 1920년대 초부터 서울파로 활동한 사회주의자였다. 1923년 이종만과 함께 고학당을 설치하여 교장으로 활동하였는데, 이때부터 후원회 간사로서 경비 조달을 담당한 이종만과 깊은 인간관계를 형성하였다(경성 고학당에 대해서는 李駿烈, 앞의 책, 1974, 40~50쪽 ; 李鍾萬, 앞의 「나의 半生記」, 91쪽 ; 한국역사연구회 편, 『끝나지 않은 여정』, 대동, 1996, 21~24쪽 참조). 그는 고학당을 서울파 청년운동의 기지로 활용하여 학생 중에는 사회주의자로 성장하는 경우가 많았으나(李達鎬, 『1920년대 '서울派' 社會主義運動의 組織活動과 路線』, 한양대 석사논문, 1990, 69~80쪽), 서울파 공산당재건운동(1929.6) 관계로 검거되어 8년간 투옥생활을 하였다.

업체 전반을 관리하였다.

한편, 1920년대 중반 이래 약관의 나이로 朝鮮農民社, 全朝鮮農民社의 농민운동을 주도했던 이성환은 사업체 준비 당시부터 기획과 실무작업에 깊이 관여하였으며,[17] 1941년까지 사업체 전 기관의 살림살이를 도맡아 처리하면서 이종만을 보좌하였다. 崇專 農科 교수로서 장로교 농촌운동의 주요 지도자였던 이훈구는 대동농촌사 기획과 운영을 위해 경영진 가운데 가장 뒤늦게 사업체 준비에 합류하였으나, 1938년 1월 조선일보사 경영에 참여함으로써 농촌사 활동은 어려워진 것으로 보인다.[18] 신간회운동에 참여했던 정현모는 사업체 전반에 간여하며 주로 경리관계를 담당한 민족주의자였고, 영평금광 시기부터 참여한 것으로 보이는 고참 광업기사 민정기는 장진금광 개발사업과 기술문제를 전담하였다. 이 외에 이종만의 장남 李永兆가 최고경영진의 한 사람으로 참여하였다.

실무형 경영진으로 활동한 주요 인물은 광업분야의 金龍岩, 朴昌植, 文源柱 등과 농업분야의 韓長庚, 출판분야의 李寬求 등이었다. 京城高工 광산과 출신인 김용암, 박창식 등은 이준렬의 후배로서 광업경영 실무의 핵심을 이루었고,[19] 이영조에 이어 장진광업소장의 중책을 맡은 문원주는 당시 조선인으로서 채광기술의 제 일인자로 손꼽히는 광업기

17) 함남 永興 출신으로 京都高等蠶絲를 졸업한 李晟煥(1900~?)은 1920년대 중반에서 1930년대 초에 이르기까지 가장 영향력 있는 민족주의 계열의 농민운동가의 한 사람이었다. 全朝鮮農民社 해체 후 어떠한 인연을 통해 이종만과 만나게 되었는지 알 수 없으나, 永平金鑛 시기부터 경영에 참여한 것으로 보인다.

18) 李勳求의 경력과 경제사상에 대해서는 方基中, 「日帝下 李勳求의 農業論과 經濟自立思想」, 『역사문제연구』 1, 역사문제연구소, 1996 참조.

19) 이들 중 1939년 이래 최고경영진에 참여한 金龍岩(1904~?, 전남 출신, 1925년 졸업)은 朝鮮學生會 임원을 지낸 바 있는 사회주의자였다.

사였다.[20] 이성환과 더불어 전조선농민사의 농민운동에 참여하였던 한장경은 농업은 물론 광업분야에 이르기까지 대동사업체의 취지를 선전하고 사업체 내의 이념적 결속을 다지는 데 주력한 주요 이론가였고,[21] 허헌과 함께 신간회 주요 간부였던 언론인 이관구는 1938년 10월 대동출판사 상무취체역으로 영입되어 기관지 발간을 담당하였다.[22]

이상과 같이 대동사업체 경영진은 1920~30년대 각종 사회운동 · 농민운동에 주도적인 역할을 담당했거나 적극 참여한 실천적 활동가 · 지식인들이었다. 이들의 과거 활동 경력과 정치적 소속은 다양하였고, 이념적으로도 민족주의, 사회주의 양 계열 모두 포괄하였다. 특히 이준렬, 김용암 등 일부 사회주의자의 영향력과 관련하여 일반 직원 중에도 사회주의자들이 다수 활동하였다.[23] 그러나 이러한 이념적 차이에도 불구

---

20) 李駿烈, 앞의 책, 1974, 62쪽. 大同鑛業 장진광업소장 겸 취체역인 文源柱(1904~?, 경남 출신)는 京都帝大 採鑛科 출신으로서, 1938년 이후 장진금광 개발을 전담하였다.

21) 함흥 출신의 韓長庚은 1927년 咸興農民會 활동과 新幹會 함흥지회 창립을 주도하였고, 이때 이성환을 만나 朝鮮農民社에 가담한 이래 줄곧 행동을 같이하였다. 조선농민사 계열에서 토지문제에 가장 깊이 있는 지식을 가진 농업이론가 가운데 한 사람이었다. 대표적 논설로 전 32회에 걸쳐 연재된 「朝鮮의 土地制度와 農民生活의 歷史的 考察」(『朝鮮日報』 1933년 1월 13일~5월 3일자)이 있다.

22) 진보적 민족주의자인 李寬求(誠齋, 1898~1991, 京城 출신)는 京都帝大의 마르크스주의 경제학자 河上肇의 제자로서 동 대학 경제학부를 졸업하고 대학원을 수료하였다. 조선일보, 중앙일보, 조선중앙일보에서 활동하는 한편 신간회에 적극 참여하였다. 1938년 10월 대동출판사 상무에 부임하여 1941년 3월까지 출판사업을 전담하였다.

23) 고학당과 京城高工 출신의 사회주의자들이 직원으로 근무하는 경우가 적지 않았으며(李駿烈, 앞의 책, 81쪽), 특히 대동출판사 직원 및 집필진에 사회주의자가 많았다. 곧, 1937년 12월부터 폐간될 때까지 『광업조선』 편집을 담당한 金桂林(筆名 德山, 一山), 1938년 『農業朝鮮』을 담당한 張元俊(筆名 又正), 1939년부터 『농업조선』을 담당한 朴魯甲, 주요 필진인 李義錫 등이 과거 일본을 중심으로

하고 경영진은 전체적으로 진보적 입장의 민족주의자들이 주류를 이루는 가운데 상호 호흡을 같이할 수 있는 활동 경험과 실천적 성향을 공유하고 있었다. 이들은 대개 강한 민족의식을 견지하면서 무엇보다도 민족적 경제자립, 노농대중의 경제자립을 중요한 당면 과제로 인식하고 반독점적, 농민적 입장에서 이를 실천적으로 해결하고자 했던 점에서 공통적이었다. 말하자면 대동사업체 경영진은 민족협동전선과 민중적 경제자립을 지향하는 중도적 또는 중도좌파적 성향의 인물들이었다.[24]

경영진 내부의 경험적·이념적 차이를 조정하고 이러한 공통점을 결집시켜 나간 원동력은 이종만이었다. 그는 자신을 정점으로 하는 강력한 집단경영체계의 확립을 통해 경영진을 통합시킴으로써 사업체 경영이념을 수립하고 실제적인 사업 통제력과 추진력을 발휘하는 구심점 역할을 하였다. 대동사업체는 공공연히 이종만의 "인생관과 사회관"을 구현하는 조직으로 운위되었고, 사업체 운영방침은 "南湖先生의 조직적 두뇌와 百折不屈의 정신에서 짜내인 經營方針"을 일사분란하게 실천하는 데 있었다.[25] 이종만의 '대동이념', 곧 사업체 경영이념은 그가

활동한 사회주의자들이었고(金俊燁·金昌順, 『韓國共産主義運動史 3·5』, 고려대학교출판부, 1973 ; 金仁德, 『在日朝鮮人 民族解放運動 硏究』, 성균관대 박사논문, 1995), 1939년 대동출판사 주간에 취임한 문인 李源朝 역시 사회주의자였다.

24) 이러한 성향은 경영진 내의 사회주의자까지 포함하는 것으로, 예컨대 이준렬 역시 정통 마르크스주의자라기보다 민족주의자들과 늘 같이 활동한 중도좌파적 성향의 인사였다. 그가 주도한 고학당, 發明學會 등은 민족주의 자본가들과 긴밀한 협조하에 진행되었고, 서울파와 인연이 깊은 조선물산장려회와도 긴밀한 관계를 가지고 있었다(方基中, 「1920·30年代 朝鮮物産奬勵會 硏究」, 『國史館論叢』 67, 국사편찬위원회, 1996).

25) 編輯子, 「大同콘체른의 經綸」, 『鑛業朝鮮』, 1937.6, 39쪽 ; 許憲, 「産金計劃과 經營方針의 一端」, 『鑛業朝鮮』, 1937.8, 20~23쪽.

좌우명으로 강조한 "일하는 사람은 다같이 잘살자"는 경제자립관과 그 실천덕목인 "職場教場 · 勞資協調 · 農村理想化"의 구현이었다.[26] 특히 노농대중에게 생산기반을 부여해야 한다는 '耕者有田' 사상과 노자협조에 의해 생산력 증대와 경제자립을 달성해야 한다는 계급협조사상은 그가 신념을 가지고 견지한 '대동이념'의 핵심 요소였다.[27] 말하자면 과거 경제자립운동을 주도했던 사업체 경영진의 풍부한 실천적 경험과 지식은 이종만을 매개로 농민적 입장의 계급협조주의 경영이념으로 통합되고 있었던 셈이었다.

3. 경제자립운동의 전개와 논리

1) 대동광산조합과 노자협조론

자본금 300만 원의 대동광업(주)은 일제 말기 조선인 광업회사로서는 가장 자본 규모가 큰 회사였다.[28] 조선에 진출한 일본 독점자본에

26) 李鍾萬, 앞의 「나의 半生記」, 92쪽 ; 李鍾萬, 「일만히 하고 잘살아 보자」, 『鑛業朝鮮』, 1937.8, 卷頭言 ; 李鍾萬, 「能率 · 生産 · 分配」, 『鑛業朝鮮』, 1937.10 ; 編輯子, 앞의 「大同콘체른의 經綸」, 38~40쪽.

27) 한마디로 논하기 어렵지만 이종만의 '大同理念'은 공상적 사회주의 성향을 지닌 이상주의적 계급협조주의, 협동조합주의에 입각해 있었으며, 이러한 입장에서 그 자신 자본가였지만 자본주의체제와 그 정신인 개인주의 · 자유주의에 대해 지극히 비판적인 입장을 취하였다. 이것이 사회주의자는 아니나 그가 늘 사회주의자와 더불어 활동할 수 있었던 이념적 기반이었다.

28) 1937년 8월 단계에 100만 원 이상의 조선인 광업자본은 大同鑛業 의에 三養社(230만 원, 金季洙), 石豊鑛山(200만 원, 金璿鉉, 朝日合作), 鮮滿鑛業(100만 원, 裵基述), 輔仁鑛業(100만 원, 閔衡植) 등 5개 회사에 불과하였다(당시 조선인 광업자본 일람은 『鑛業朝鮮』 1938.2, 38~39쪽 참조). 총 6만 주의 대동광업 주식 분포를

비할 바는 아니었지만,[29] 대동광업은 창립과 더불어 일약 조선인 광업계의 선두주자로 나섰다. 창립 당시 대동광업은 장진광업소와 함흥출장소만 있었으나, 1938년 여름 자성광업소가 설치된 이후 소규모 광산인 義城鑛山, 蔚山鐵山, 咸成鑛山(경남 함안) 등이 속속 개설되었다. 그리하여 1938년경 대동광업 산하 광구는 전국적으로 거의 1,000여 개에 달하였고, 경영규모가 확대되면서 江界와 平壤에도 출장소가 증설되었다.[30]

그러나 이 광대한 광구 가운데 실제 생산가동 중인 광구는 장진금광의 일부 광구를 중심으로 한 극소수 광구에 불과하였다. 곧, "長津金鑛은 大同의 生命線이며 唯一의 支柱"라는 말과 같이,[31] 대동광업의 경영수지에 절대적 비중을 차지하며 대동사업체의 모든 경비를 충당한 것은 시종 장진금광이었다. 따라서 경영진은 3년 내에 年産 500~1,000만 원을 달성한다는 산금계획 아래 1937년 8월부터 1938년 3월까지 2단계 장진금광 개발사업을 추진하였고,[32] 이어 1938년 4월부터는 小洞

보면, 창립 당시 李鍾萬 55,000, 李永兆 3,000, 李駿烈 1,000, 鄭顯模 200, 李勳求 150, 閔正基 150, 南基燦 100, 기타 직원 400주였고(『東亞日報』 1937년 6월 8일자), 1940년 9월 현재에는 주주 114명 중 李鍾萬 48371, 李永兆 5,000, 李駿烈 1,000, 기타 임직원 5629주였다(『朝鮮銀行會社組合要錄』 1941년판, 370쪽).

29) 1938년 8월 당시 조선 내 광업권을 가진 일본인 광업회사에 대해서는 編輯部, 「朝鮮內에 鑛業權을 가진 會社名錄」, 『鑛業朝鮮』, 1939.6, 79~93쪽 참조. 이 가운데 자본금 1,000만원이 넘는 대자본이 34개였다.

30) 編輯子, 앞의 「大同콘체른의 經綸」; 李鍾萬, 앞의 「나의 半生記」. 특히 慈城鑛山은 광구 300구, 매장량 1억 톤에 시가 수억 원에 달하는 大鐵鑛으로 평가되어 장진금광과 함께 대동사업체의 앞날을 기약하는 자금원으로 간주되었다(中村慶三郎, 「朝鮮第一의 鐵鑛床 發現」, 『鑛業朝鮮』, 1938.10, 58~60쪽; 吉川岩喜, 「大同鑛業 關係 鑛區內 踏查所見」, 『鑛業朝鮮』, 1938.11, 12 합집, 75쪽).

31) 金德山, 「長津金鑛 現地紹介」, 『鑛業朝鮮』, 1938.8, 55쪽.

32) 許憲, 「産金計劃과 經營方針의 一端」, 『鑛業朝鮮』, 1937.8, 20~23쪽. 2단계 개

과 三浦 양 제련소의 1일 처리량을 각각 100톤, 50톤으로 증대하기 위한 제3단계 개발사업을 계속 추진하였다. 그리하여 1938년 말까지 장진금광 개발비에 모두 141만 원이 투자되었고(〈표 3〉 참조), 연 산금액은 200만 원에 달할 정도로 증대하였다.[33] 경영과 생산규모가 확대되면서 종업원 수도 급증하였다. 창립 당시 650명이던 종업원은 1938년 1,141명, 1939년 3월 현재 1,355명으로 늘어나 장진 광산촌은 거대한 광산도시를 형성하였다.[34] 더불어 생산력 증진책의 하나로 상급 기술진 배출기관인 대동공전 광산과와 별도로 중간 기술진인 기술원의 자체 확보를 위해 1939년 8월 기술원양성소를 설치, 운영하였다.[35]

대동광업의 경영진은 조선경제의 자립이 이루어지기 위해서는 사회적 생산력이 절대적으로 증가되고 이윤 배분이 합리적으로 이루어져야 한다고 보았다.[36] 그러한 전제하에서 이들은 지하자원의 개발을 "民衆生活의 윤택과 문화향상"을 이룰 수 있는 긴요한 생산력 증대책의 하나로 간주하였다.[37] 그러나 이들이 파악한 당시 금광업계 현황은 이러한 요구와는 크게 거리가 있었다. 우선, 조선금광업계 내부의 민족적 우열의 심화와 조선인 중소금광업가의 영락이 그것이었다. 곧, 조선

발에 의해 小洞과 三浦에 제련소가 증설되고 발전소를 비롯한 각종 부속시설이 건설됨으로써 장진금광은 1일 광석 제련처리량은 50톤, 연 산금액 100만 원 정도의 설비를 갖추게 되었다(一記者, 「長津鑛山現況」, 『鑛業朝鮮』, 1939.1, 58~59쪽).

33) 一記者, 위의 글, 60쪽 ; 滄浪客, 「李鍾萬氏 事業觀」, 『三千里』, 1939.7, 41쪽.

34) 姜鴻淵, 「長津鑛山踏査記(下)」, 『鑛業朝鮮』, 1939.4, 49쪽.

35) 기술원양성소는 장진광업소장인 文源杜의 관리하에 운영되었다(李駿烈, 앞의 책, 1974, 62쪽).

36) 李鍾萬, 「能率 · 生産 · 分配」, 『鑛業朝鮮』, 1937.10, 34쪽.

37) 『東亞日報』 1937년 6월 17일자 ; 「大同鑛山組合設立趣意書」, 『鑛業朝鮮』, 1937. 8.

〈표 3〉 장진금광 경영 개요

연도	허가광구	출원광구	생산액	설비투자액	종업원수
1935	-	48	-	-	30명
1936	2	78	52,013원		80명
1937	13	240	316,315원		650명
1938	17	245	1,054,000원	누계 1,411,019원	1,141명
1939	17	260	1,970,000원		1,355명

자료: 『광업조선』, 1939.1, 60쪽 ; 『삼천리』, 1939.7, 41쪽.

비고: 1938년도 산금액 105만 4천 원은 현금화된 액수이고, 이 외에 약 90만 원 상당의 광석이 현지에 적체되어 있어 실제 총생산액은 195만 4천 원이다.
1939년도 산금액은 총독부 산금과 추정액이며, 1940년 이후는 미상.

의 총 산금액은 산금장려정책의 추진과 관련하여 1936년 6천만 원, 1937년 9천만 원, 1938년 1억 3천만 원으로 증가하였지만, 생산액의 압도적 우위를 점한 것은 일본인 대광산이었고, 조선인의 산금액은 전체의 2할을 겨우 상회하는 처지였다.[38] 이는 일본 대자본에 비해 자본, 기술, 경험 등 모든 면에서 뒤지기 때문이라는 점과 동시에 총독부 산금정책이 독점자본 본위의 '大金山主義'에 입각하였기 때문이었다.[39]

또한, 이러한 영락의 내적 배경으로서 경영방식의 문제가 존재하였다. 즉, 조선인 광업가들은 자본, 기술, 경험이 부족함에도 불구하고 대개 개별 분산적인 경영방식을 취하거나 일확천금을 노리고 투기적 경영을 하는 이가 많아, 생산성이 크게 떨어지고 경영을 쉽게 포기하는 경우가 많다는 것이었다.[40] 해마다 조선인의 광구 출원은 증가하는데 실제 稼行

38) 「朝鮮人金鑛經營相」, 『鑛業朝鮮』, 1939.3, 19쪽. 광업경영의 민족별 차이에 대한 일반적 개괄로는 李義錫, 「朝鮮鑛業機構의 分析」, 『鑛業朝鮮』, 1938.8 참조.

39) 이에 대해서는 제 4장 참조.

40) 韓長庚, 「大同鑛山組合의 趣意 及 定款 解說」, 『鑛業朝鮮』, 1937.8, 38~39쪽 ; 李駿烈, 「鑛業成功者의 一致한 要訣」, 『鑛業朝鮮』, 1937.8, 27쪽.

광산은 소수에 불과한 현상이 그 단적인 반영이었다.[41] 더불어 이들이 중시한 것은, 조선인 광주들이 일반적으로 "광업이익을 독점"하기 위해 종업원을 "임금노예화"하고 가혹하게 착취하는 경향이 많아 노자대립이 심화되고 생산능률이 크게 저해되고 있다는 사실이었다.[42]

대동광업 경영진은 이러한 현실 진단을 바탕으로 생산성을 높이기 위한 독특한 경영방침과 제도를 도입하였다. 경영방침의 대강목은 광산집단화, 경영합리화, 능률고도화 등 크게 세 가지였다.[43] 광산집단화는 자본과 기술이 열악한 조선인 광업가들이 중소광구, 중소자본을 특정 기관으로 집합하여 대광구, 대자본을 만들고 종합경영·집단경영을 한다는 것이었다. 이는 경영합리화를 촉진시켜 막대한 경비를 절약하고 기술개발의 효율성을 높힐 수 있기 때문에 이종만은 이를 "中小鑛業家의 更生하는 오직 하나밖에 없는 길"로 간주하였다.[44] 능률고도화는 노동생산성 증대를 위한 '분배의 합리화'를 말하는 것이었다. 그것은 곧 '노자협조, 노자일체, 공존공영'의 취지 아래 광주와 광부가 광업이윤을 균점하는 분배제도를 도입하고, 광부의 생활안정을 도모하는 각종 복지제도를 실시함으로써 노동능률의 향상을 극대화한다는 것이었다.[45]

집단경영과 노자협조 경영방침은 대동광산조합의 설립으로 구체화

41) 「睡眠鑛區는 얼마나 되나」, 『鑛業朝鮮』, 1938.6, 50쪽 ; 李晟煥, 「金鑛業組合을 만들라」, 『鑛業朝鮮』, 1938.10, 10쪽.

42) 韓長庚, 앞과 글, 1937.8 ; 李鍾萬, 「일만히 하고 잘살어 보자」, 『鑛業朝鮮』, 1937.8, 卷頭言.

43) 韓長庚, 위의 글 ; 李晟煥, 앞의 글, 1938.10, 10~12쪽.

44) 李鍾萬, 「新年을 맞으면서」, 『鑛業朝鮮』, 1938.1, 卷頭言.

45) 編輯子, 「大同콘체른의 經綸」, 『鑛業朝鮮』, 1937.6, 38~40쪽 ; 「大同鑛山組合趣意書」, 『鑛業朝鮮』, 1937.8, 42쪽 ; 韓長庚, 앞의 글, 1937.8, 39~41쪽.

되었다. 광산조합은 경성에 소재한 중앙조합과 광산 소재지의 지방조합으로 구성되었다. 중앙조합은 지방조합을 지도하며 지방조합의 업무를 관리 감독하는 경영기관이자 지도기관으로서, 중앙조합원은 광주, 경영진, 사무원, 지방조합 正組合員 등 대동광업 소속 임직원과 광부로 구성되었다.46) 반면, 지방조합은 채광에 종사하는 실무조직이었다. 지방조합원은 소속 광산에 종사하는 정조합원과 分鑛業에 종사하는 준조합원으로 나뉘는데, 조합의 각종 共助事業이나 제도적 혜택에 참여할 수 있는 것은 정조합원에 한정되었다.47) 지방조합은 이들 정조합원이 합하여 중앙조합의 승인을 받아 집단광구의 중앙지대에 설치하였는데, 광업소 체제를 갖춘 장진금광은 중앙조합에서 직접 관리하였기 때문에 창립 초기에는 楚山組合, 泰川組合, 咸成組合, 慈城組合이 조직되었다. 이후 자성광업소가 개설되자 자성조합 역시 중앙조합에 편입됨으로써 1939년에는 초산조합, 함성조합, 울산조합만이 운영되었다.48)

요컨대 대동광산조합은 집단경영을 도모하는 중소광업가의 생산조합과 광주와 광부가 공동경영하는 생산조합이라는 두 가지 목적을 동시에 추구한 협동조합기관이었다.49) 그러나 대동광산조합과 조선산금

---

46) 「大同鑛山中央組合定款」, 『鑛業朝鮮』, 1937.6, 45쪽.

47) 「大同鑛山地方組合定款」, 『鑛業朝鮮』, 1937.8, 43쪽.

48) 『鑛業朝鮮』, 1937.8, 51쪽 ; 『鑛業朝鮮』, 1939.7, 62쪽.

49) 다음 '大同鑛山組合 綱領'과 '標語'가 그 취지를 잘 말해주고 있다(編輯子, 앞의 「大同콘체른의 經綸」, 40쪽 ; 『鑛業朝鮮』, 1937.8, 25쪽).

〔강령〕 1.노자협조의 근본정신을 達하기 위해 자본가와 노동자가 공동으로 이익을 분배하려는 것. 2.鑛夫 즉 鑛主라는 관념과 사실 밑에서 집단적 鑛區의 종합적 채광을 행하여 경영합리화 圖하려는 것. 3.광산조합은 중앙지에 중앙조합을 두고 광구 현지에는 각각 지방조합을 두어 통제적으로 하려는 것.

〔표어〕 1.우리 광산은 勞資一體이다. 2.능률이 높아야 배당이 많다. 3.우리 힘으

조합의 통합에 잘 나타나듯이 중소광구·중소자본의 조합화·집단화는 현실적으로 중소광업가의 대동광산조합으로의 종속화를 의미하였다. 경영진은 "조선인 광업가로서 자력갱생의 길이 있다면 오직 조합 결성으로 一路邁進하는 것 뿐"[50]이라고 광업가의 조합화를 지속적으로 제창했지만, 전자의 의도는 별 진척을 보지 못했다. 따라서 대동광산조합의 실제 운영은 노동능률 향상을 도모하기 위한 노자협조 이념의 실천에 주안점을 둔 후자의 기능을 중심으로 이루어지지 않을 수 없었다.

노자협조를 실천하는 이익균점 방안으로는 크게 세 가지가 시행되었다. 첫째, 功勞股券制에 의한 이익배당제도의 시행이었다. 즉, 중앙조합에서 정조합원의 근로 성적에 따라 임금 외에 일종의 주식과 유사한 股券을 지급하고 회기말에 股主(조합원)가 소지한 고권에 따라 지방조합의 광산 이익을 배당하는 제도였다.[51] 이때 지방조합의 이익배당 비율은 총수입 가운데 제 償却金 약간, 賞與金 약간, 중앙조합 경비 분담금 약간을 제한 나머지를 광주 4/10, 고주 4/10, 자영광창정 적립금 2/10로 나누도록 정하였다. 둘째, 자영광창정제의 실시였다. 이는 위의 자영광창정 적립금이 어느 정도 축적되면 조합의 알선으로 수지가 맞을 만한 자영광산을 창정하는 것이었다. 이때 자영광산은 고주의 공동

로 自營鑛을 創定하자. 4.광산은 우리 집이요 광석은 우리 식량이다. 5.직장은 곧 敎場이니 서로 배우고 가르치자. 6.일만이 하고 잘 사러보자.

50) 李晟煥, 「金鑛業組合을 만들라」, 『鑛業朝鮮』, 1938.10, 12쪽.

51) 1口 5원인 股券은 1고권, 10고권, 100고권 등 3종을 발행하였는데, 6개월 이상 근속한 조합원에게 우선 고권 2구를 지급하고 이후 근면하고 성적이 좋은 조합원에게 수시로 고권을 지급하였다. 고권의 매매, 양도, 증여, 저당 등이 금지되었고 조합원이 조합을 탈퇴할 때는 고권을 무상으로 반납하도록 하였다(「大同鑛山地方組合定款」 제3장 功勞股券).

소유가 되며, 경영은 대동광산조합으로 운영해도 좋고 고주의 총의에 따라 주식회사로 운영해도 좋도록 하였다.[52] 셋째, 각종 복지제도의 실시였다. 경영진이 삼포 광산촌의 종업원 복지·후생시설에 각별히 노력하였다는 것은 전술하였지만, 1939년에는 안정된 노동력 확보와도 관련하여 당시로서는 파격적인 퇴직금제도를 실시하였다.[53]

이와 같이 대동광업의 경제자립 이념은 철저한 능률 위주의 생산력주의와 자본가의 이윤 독점에 반대하는 노자협조주의를 바탕으로 하였다. 자본·기술·노동의 공존공영을 통해서만 사회적 부의 증진과 분배의 합리화가 가능하다는 계급협조 관념이었다. 이들은 이를 생산의 집단화·공동화를 지향하는 조합제경영을 통해 실현하고자 하였다. 대동광산조합은 노동조합과 전혀 성격을 달리하는 노자협조기관으로서, 광부의 경제자립기구인 동시에 노동능률의 극대화를 추구하는 노무관리조직이었다. 조합의 모든 사업계획과 운영은 상하관계로 조직된 이사장과 중앙조합의 계획적 통제하에 진행되었고, 조합원은 대동기관을 위해 헌신하는 정신과 규율이 요구되었다.[54] 이러한 조합의 성격과 경영방침은 대동사업체 경영진의 소부르조아적 계급관을 단적으로 반영하는 것이었다. 그들은 노동을 자본 및 기술과 더불어 불가분의 경제자립 요소로 간주하면서도 경영의 중심은 자본과 기술에 두고 있었고, 노동자를 자본가와 기술자의 지도를 받는 계몽과 통제의 대상으로 파악하였다.[55] 이종만의 좌우명이자 대동광산조합의 표어 가운데 하나인

52) 韓長庚, 앞의 글, 1937.8, 40~41쪽.

53) 文源柱, 「長津金鑛의 鑛夫優遇」, 『鑛業朝鮮』, 1939.3, 54~55쪽.

54) 許憲, 「人的 要素의 重要性과 能率增進」, 『鑛業朝鮮』, 1937.12, 26~27쪽 ; 李鍾萬, 「大觀하자」, 『鑛業朝鮮』, 1937.12, 卷頭言 ; 李鍾萬, 「産業平和의 길」, 『鑛業朝鮮』, 1940.6, 卷頭言.

55) 이는 허헌이 이종만이 늘 독려하는 다음 구호를 되풀이해서 강조한 데에 잘 드

'職場教場化'의 의미는 이러한 것이었다.

2) 집단농촌 건설과 농촌협동화론

대동농촌사는 대동광산조합과 달리 비영리기관으로서, 사업목표는 말 그대로 경영진이 추구하는 '이상농촌' 건설의 실험이었다. 이들은 당시 농업문제의 근본적 소재를 농민의 토지상실과 지주제의 과도한 발달, 가혹한 소작조건과 소작문제의 심화, 극심한 농가부채와 농가수지의 불균형, 도시의 농촌 착취 등과 이로 인한 농업생산력의 저열성에서 찾고, 이를 해결하지 않으면 농민의 자력갱생과 '농촌이상화'는 불가능하다고 강조하였다.[56] 특히, "반봉건적 토지소유관계와 이에 기초하는 고율소작료"를 조선농업의 빈궁화와 영농법의 불합리를 야기하는 최대의 원인으로 간주하였다.[57]

농촌사 경영진은 이에 대해 크게 세 가지 방안을 강구하였다. 가장 기본이 되는 타개책은 토지배분의 합리화였다. 경영진은 공통적으로 '耕者有田'의 원리가 전제되지 않으면 실질적인 생산력 증대와 경제자립은 불가능하다는 소농주의 입장을 견지하였다. 다만 토지소유문제에 대한 급진적, 변혁적 해결 방법은 비현실적이라 보아 체제가 허용하는 한도 내에서 실현 가능한 점진적 해결 방안으로 연부상환제에 의한 자

러난다. "職場은 곧 教室. 技師는 곧 先生. 職工과 鑛夫는 곧 學生. 能率있는 곳에 報酬가 기다린다." (許憲, 「産金計劃과 經營方針의 一端」, 『鑛業朝鮮』, 1937.8, 23쪽).

56) 「農村理想化의 第一步」, 『東亞日報』 1937년 6월 17일자 ; 許憲, 「農村更生의 近道」, 『農業朝鮮』, 1938.1 ; 韓長庚, 「農村問題 解決의 試案」, 『農業朝鮮』 1, 1938.1 ; 方基中, 앞의 「日帝下 李勳求의 農業論과 經濟自立思想」.

57) 大同鑛業株式會社, 『大同一覽』, 1941, 11쪽.

작농창정 방식을 최선책으로 간주하였다.[58] 특히 "토지국유와 같은 것은 현실에 있어서 한 개의 이상론에 불과하며 현실불가능한 일"이라 강조하고 "사적 토지소유관계를 전제로 하면서 농촌의 안정을 圖하고 농업생산력의 증대를 期함"이 첩경이라 생각하였다.[59]

둘째, 경작권 보장과 분배의 합리화에 의한 소작제도 개혁이었다. 이들은 유례를 찾아볼 수 없는 고율소작료와 불안정한 경작권이 소작쟁의의 근본 원인이 되고 특히 소작농의 粗放農業·약탈농업을 조장하여 생산력증대를 가로막는 가장 큰 장애요인이라고 파악하였다. 따라서 "경작자의 능률을 고도화하야 토지생산력을 최대한도로 발휘시킴에는 무엇보다도 경작권의 안정과 분배율의 합리화를 圖하는 것이 최선결조건"이라 강조하였다.[60] 이때 제시한 합리적 분배율은 소출의 3할이었다. 이들은 3할 소작료를 받더라도 그 이윤율은 은행이자율보다 높고 이로 인한 토지생산성의 증가를 감안하면 지주 입장에서도 상당한 수익이 보장된다고 하여 3할 수취의 합리성을 강조하였다.[61]

셋째, 농업의 집단화·협동화를 통한 영농합리화의 실현이었다. 이는 가족주의적 소농경영에 기반을 두면서도 이를 "유기조직체적으로 조직"한 농촌협동화에 의해 영농방법을 근대화한다는 것이었다.[62] 경영진은 이를 노동생산성을 높이고 부채정리 및 농가수지 개선을 이루

58) 주 56의 글 ; 韓長庚, 「農民生活의 變遷과 自作農創定의 意義」, 『農業朝鮮』, 1938.7.

59) 許憲, 앞의 글, 30쪽.

60) 李鍾萬, 「能率·生產·分配」, 『鑛業朝鮮』, 1937.10, 34~35쪽.

61) 『東亞日報』 1937년 9월 16일자 ; 李鍾萬, 위의 글, 35쪽 ; 韓長庚, 주 56의 글, 45쪽. 이훈구 역시 이러한 입론에서 오래전부터 3割强~4割弱의 공정분배율 적용을 주장하였다(方基中, 앞의 글, 1996).

62) 大同鑛業株式會社, 앞의 『大同一覽』 12쪽.

는 한편, 도시의 농촌수탈에 대응하여 농가갱생을 달성하고 농촌문화를 향상시킬 수 있는 첩경으로 인식하였다.[63] 이때 능촌협동화를 구체화하기 위해서는 공동생산시설이 구비되어 경제기반과 유기적 관련을 가져야 하고, 또한 농민의 상호부조적 협동정신과 조직적 훈련이 필요하기 때문에 이를 실현하기 위해서는 중앙기관의 계획적 경영지도와 통제 아래 농촌자치적 공동생산경영이 이루어져야 한다고 보았다.[64]

대동농촌사는 이상의 방안을 자작농창정사업을 겸한 집단농촌 건설로써 실현하고자 하였다. 이 방침은 1937년 6월, 대동농촌사 창립 당시 공개적으로 표명되었다. 곧, 50만 원의 기금으로 각지에 집단농지를 마련하여 집단농촌을 건설하고 경작인들에게 토지를 査定 분배하여 영구경작케 하되, 30년간 매년 소출의 3할을 대동농촌 건설의무금, 곧 연부상환금으로 납부한 후에는 경작자가 생산물 전액을 차지하도록 함으로써 자작농창정의 뜻을 실현한다는 것이었다. 다만 소유권을 경작인에게 완전 이전하면 토지상실의 위험이 있기 때문에 소유권은 영구히 대동농촌사 명의로 하여 30년 후에도 집단농촌을 계속 유지하고자 하였다.[65] 그리고 각 집단농촌에는 농민자치조직을 결성하고, '청년중견층'을 양성하기 위해 농장, 교장, 시험장 등 세 기능을 갖춘 大同農事院을 설립하기로 하였다.[66]

---

63) 『東亞日報』 1937년 6월 17일자 ; 李鍾萬, 「農業의 合理化」, 『農業朝鮮』, 1938.6, 卷頭言 ; 韓長庚, 「咸南農民道場을 보고」, 『農業朝鮮』, 1938.6.

64) 李鍾萬, 「訥言敏行」, 『農業朝鮮』, 1939.1 ;「大同農村社 第三回 農村主任打合會」, 『農業朝鮮』, 1939.10 ;「大同農村社 消息, 共同作業 實施와 副業勵行 實績」, 『農業朝鮮』, 1941.5.

65) 編輯子, 앞의 「大同콘체른의 經綸」, 41쪽 ; 『東亞日報』 1937년 6월 17일자 ; 韓長庚, 앞의 「農村問題 解決의 試案」, 42~43쪽.

66) 위와 같음. 그러나 大同農事院 계획은 성사되지 못하였다.

요컨대 대동농촌사가 구상한 자작농창정사업을 겸한 집단농촌 건설 방안은 완전한 소유권 이전에 의한 독립 자영소농민의 창출을 목표로 한 것이 아니었다. 그것은 경작권을 철저히 보장하면서 집단농촌의 소유관계를 장기적으로 농촌사와 경작인의 "공동체적 소유형태"로 전환시키고 이를 바탕으로 집단농촌을 영구적인 "경작인의 공동체기관", 곧 자립적 '농촌공동체'로 발전시켜 간다는 것이었다.[67] 이는 자작농창정 후 예상되는 토지상실에 대비한 창정자작농유지책으로 제론된 것이지만, 동시에 대동농촌사가 궁극적으로 추구하는 '이상농촌'의 소유관계이기도 하였다. 농촌사 경영진은 이러한 '공동체적 토지소유권'의 이론적, 현실적 근거를 오랜 전통을 가지고 있는 균전제 토지개혁론과 향촌의 각종 공유지 소유관행에서 구하고, 이 소유방식을 기존 자본주의적 토지제도 내에서 실현 가능한 "토지의 집단적 보장안"이라고 주장하였다.[68]

이러한 취지 아래 농촌사는 1937년 5월부터 농지 구입에 착수하여 1937년 8월까지 함남 영흥군, 경기도 연천군, 평남 평원군 등 세 곳에 농지를 마련하여 영흥농촌, 문산농촌, 평원농촌 등의 집단농촌을 건설

---

67) 韓長庚, 앞의 「農村問題 解決의 試案」, 47쪽.

68) 韓長庚, 위의 글, 46쪽. "大同事業體의 土地所有權案은 결코 獨創的인 것이 아니오 曾往 新羅 高麗 及 李朝 中葉까지의 均田制 及 지금 各地의 共同體的 所有形態에서 배운 것이라고 볼 수 있는 土地의 集團的 保障案이라 할 것이다." 여기에서 "각지의 공동체적 소유형태"란 향촌에서 관행되고 있는 각종 公有地(宗中田, 洞里田, 契田 등)의 소유관계를 말한다. 이러한 농촌사 방안에 대해 항간에서는 "地主의 常套語"라고 一笑하는 비판이 있었는데, 한장경은 농촌사와 경작인의 공동체적 소유관계를 보장하기 위한 장치로서 평의원제도를 두어 경작자 중 평의원을 선출하여 농촌사 재단법인에 참여시킬 것이라고 천명하였으나(韓長庚, 같은 글, 45~47쪽), 평의원제도가 실시된 흔적은 보이지 않는다.

〈표 4〉 대동농촌사 소속 집단농촌 개황(1940.12 현재)

농촌명	경지면적(정보)				경작호수			인구			부대시설
	合	畓	田	기타	合	移住	原住	合	男	女	
永興農村	295.4	255	5.5	34.9	163	64	99	806	428	378	사무소, 창고(1), 정미소(1), 농가옥(39)
汶山農村	100.9	41.4	11.9	46.6	46	20	26	224	120	104	사무소,창고(2), 직원주택(3), 양수장(1), 농가옥(11)
平原農村	64.9	64.9			50	0	50	291	139	152	사무소, 창고(1), 저수지
西海農場	254.3	186	0.3	68	95	?	?	555	291	264	사무소, 창고(2), 農舍(5)
河東農村	34.8	29.9	2.7	2.2	83	0	83	?	?	?	
合 計	750.3	577.2	20.4	157.7	437	(84)	(258)	(1876)			

자료: 『大同一覽』, 1941, 16~27쪽.

하기 시작하였다. 또한, 1938년 1월 崇專 인수와 함께 평원군에 소재한 부속농장을 인계받아 西海農場이라 개칭하여 농촌사에 위임경영토록 하였고, 1939년 초에는 경남 하동군의 농지를 매입하여 하동농촌을 설립함으로써 1939년까지 5개의 집단농촌이 건설되었다. 시기에 따라 농촌 구성에 약간의 변동이 있지만, 1940년도의 각 농촌 개황을 정리하면 〈표 4〉와 같다. 대동농촌사가 보유한 총 경지면적은 750여 정보, 경작농민은 437호에 약 2,000명을 상회하였다.[69] 이하 각 농촌의 운영실태를 개관하면 다음과 같다.

---

69) 이 가운데 농촌사의 근간이 되는 永興農村 · 汶山農村 · 平原農村의 경작인은 전속농민과 비전속농민으로 구분되었다. 전속농민은 농촌사 토지만을 경작하는 농민으로, 이들에게는 노동력의 다소를 참작하여 평균 1.6정보에서 2정보 가량의 경지가 분배되었다. 비전속농민은 다른 지주의 토지를 겸작하는 농민이나 자기 토지가 있는 농민으로서 전속농민에 비해 분배경지가 적었다. 특히 비전속농민은 농촌사에 대한 소속관계가 취약했기 때문에 농촌사는 이들에 대한 관리 · 통제에 각별한 신경을 쓰고 있었다(韓長庚, 앞의 「農村問題 解決의 試案」, 46쪽 ; 金宬圭, 「永興農村 秋收記」, 『農業朝鮮』, 1941.1, 50~52쪽).

永興農村 대동농촌 가운데 농촌사의 사업취지를 살려 가장 계획적으로 건설된 집단농촌은 영흥농촌이었다. 영흥농촌은 영흥평야 동남쪽 憶岐面 栗山里를 중심으로 梧圃里, 峙里 등 10여 동리를 포괄하는 약 90여만 평의 광범한 開墾稻作地帶에 건설되었다. 이곳은 매입 당시 개간이 진행중인 불모지였기 때문에 집단농촌 건설은 개간사업과 병행하여 추진되었다. 농촌사는 도로정비, 방조제 축조, 경지정리, 관개 배수로 설치 등을 추진하여 1938년 초까지 총 경지 883,200평 가운데 513,700평을 논으로 개간하였다.[70] 이러한 사정과 관련하여 토지가 많이 편재된 지역에서의 집단농촌 건설은 개간사업에 용이한 이민촌 건설에 주력하였고, 그렇지 못한 곳은 원주농민을 활용하였다. 따라서 영흥농촌은 여러 동리에 걸쳐 형성된 이민 집단농촌과, 자연촌을 묶은 집단농촌 두 유형의 혼합 형태를 취하였다.[71]

영흥농촌에서 가장 규모가 크고 이민촌의 모범적 사례로 건설된 집단농촌은 이곳 농촌사 토지의 다수를 포괄하고 있는 율산리 이민촌이었다. 특히, 율산농촌은 장래 모범적인 자작농촌 집단건설지로 지정되었기 때문에, 토지매입과 함께 이민촌 건설을 추진하여 農幕式 집단농가 12동을 건축하고 경작농민을 이주시킨 후 개간사업을 전개하였다. 또, 1938년 봄부터는 미간지도 7개 구역으로 나누어 집단농가 총 11동을 건축하고 한 농가당 5~6명의 농민을 거주시켜 개간에 착수하였다.[72] 1940년까지 영흥농촌 전체 개간지는 78만 평으로 증가하였고,

---

70) 李鍾瓚, 「永興農村의 槪況」, 『農業朝鮮』, 1938.8, 47~48쪽. 이외 未墾地 302,800평, 나머지 66,500평은 경작이 불가능한 토지였다.

71) 1940년 단계의 영흥농촌 경작농민 분포을 보면, 栗山里 59호(남 161, 여 140), 梧圃里 22호(남 44, 여 45), 峙里 39호(남 117, 여 98), 德美里 26호(남 56, 여 49), 기타 동리 합 17호(남 50, 여 46)였다(大同鑛業株式會社, 앞의 『大同一覽』 15~16쪽).

생산량도 3, 4천 석 정도를 수확하게 되었다. 또, 경작환경이 안정되면서 집단농가도 독립 가족농가로 전환되어 율산농촌은 집단이민촌의 모습을 완성하였다.[73] 경지분배는 대개 이주농민인 전속농민에게는 1인당 평균 6,000여 평의 경지가 분배되어 조방적 광작경영이 행해졌고, 납입의무금(경작료)은 예정대로 3할을 수취하였다. 또, 당시 일반적인 노동력 부족 현상과 관련하여 비전속농민이 상당수 경작에 동원되었는데,[74] 이들은 대개 원주농민으로 충당되었다.

汶山農村 문산농촌은 연천군 적성면 장파리를 중심으로 장좌리에 걸치는 임진강 연안의 개간지에 위치하였으며, 경작지 규도는 논 13만여 평, 밭 4만여 평, 임야 등 13만여 평, 총 30만여 평이었다. 원래 松林地였던 이 토지는 십수년 동안 여러 소유주를 거치면서 개간에 실패한 것을 농촌사가 매입하여 개간한 것이었다. 농촌사는 매입 직후 경지를 확장하고 150마력의 모터를 설치하여 양수관개 문제를 해결함으로써 개간에 성공하여, 1940년 1,000석 정도의 벼를 수확하였다. 개간지였던 만큼 영흥농촌과 한가지로 집단농촌 건설은 이민촌 건설에 주력하면서 원주농민을 수용하는 혼합 방식을 취하여, 1939년까지 장파리농촌에 농가 11동을 건설하고 농민을 수용하였다. 여타 지역까지 포함한 총 경작농민은 이주농민 20호, 원주농민 26호였는데, 대다수가 장파리농촌에 소속된 농민이었다.[75]

---

72) 李鍾瓚, 앞의 글, 1938.8.

73) 大同鑛業株式會社, 앞의 『大同一覽』 15쪽 ; 金宬圭, 앞의 「永興農村 秋收記」, 50쪽.

74) 金宬圭, 위의 글, 50~52쪽.

75) 大同鑛業株式會社, 위의 책, 16~17쪽. 耕地分配 상황이나 경영실태에 대해서는 잘 알 수 없으나, 당시 30여 두락을 경작한 주수산(장파리 거주)씨의 증언에 의하면, 영흥농촌과 같이 전속농민과 비전속농민이 있었고, 경작료는 3할 원칙이

平原農村 평원농촌은 평원군 서해면의 평원광야 서쪽 끝 연풍리 해안가에 위치한 이 지역의 대표적인 간석지 개척지였다. 원래 염분이 많아 불모지였던 이 토지는 東拓 소유 시절 개간에 실패하고 전전하던 것을 농촌사가 매입하여 개간에 성공한 水稻作地였다. 경지규모는 1940년 195,000여 평이었고, 1939년 81,029평 규모의 전용 저수지를 설치하였다. 평원농촌은 이주농민을 모집한 이민촌이 아니라 연풍리 원주농민을 모집하여 건설한 자연촌 방식의 집단농촌이었다. 1937년 농가 52호(경작인구 남녀 230여 명)에 호당 평균 4,000여 평 규모로 농지를 분배한 후 1938년부터 농촌사 경영방침이 적용되었는데, 이해에 3,000여 석의 수확을 올려 세인의 주목을 받았다.[76]

西海農場 서해농장은 평원군 서해면 보덕리, 보원리 2개 동리에 걸쳐 서해와 직면한 간석지 개척지에 설립된 수도작 농장이었다. 이 농장은 본래 1920년 경성 黃海社가 개척한 것을, 1931년 식은 산하의 成業社가 인수하여 경영하다 1934년 숭전에 이전되어 '숭실경제농장'이라는 이름으로 운영된 것이었다. 경지분배, 경영실태에 대해서는 잘 알 수 없지만, 경작규모는 논 56만여 평을 포함하여 총 76만여 평이었고, 경작농민은 95호(남 291, 여 264)였다.[77]

河東農村 1939년 3월 하동군 북천면 직전리와 사평리 일대 10만여 평에 설치된 하동농촌은 위의 농촌들과 달리 특수한 과정을 거쳐 형성된 집단농촌이었다. 곧, 이 농촌은 복잡한 소유권분쟁과 소작쟁의에 휘

관철되었다.

76) 李鍾瓚, 「大同平原農村 現況」, 『農業朝鮮』, 1938.7, 44~45쪽 ; 金秉河, 「平原廣野를 찾아서」, 『農業朝鮮』, 1939.9, 33~40쪽 ; 大同鑛業株式會社, 앞의 책, 18쪽. 평원농촌 경작농민은 대부분 장로교 신자였다고 하며, 이종만은 농민자녀 교육을 위해 觀海學院과 新興學院을 세워 운영하였다.

77) 大同鑛業株式會社, 앞의 책, 20~21쪽.

말린 토지소유주가 직업학교 설립을 조건으로 토지를 이종만에게 기부함에 따라 이종만이 원 소작인들을 대상으로 자작농창정을 시행하고 대동농촌사에 편입시킨 경우였다.[78] 허헌이 수차 현지 사정을 조사하여 대동농촌사 사업에 귀속시키기로 결정한 후, 1939년 3월 이성환이 북천면 사무소에서 관계농민 80여 명과 하동군수, 하동경찰서장, 북천면장 입회하에 자작농창정 실시를 공식 발표하고 査定分配 작업에 착수하였다.[79]

하동농촌의 자작농창정은 여타 개간지 집단농촌과 달리 이미 이해관계가 첨예하게 발생한 일반 소작지가 대상이었기 때문에 기왕의 농지분배 원칙과 다른 방식을 채택하였다. 즉, 하동농촌에서는 소유권을 이전하는 본래 의미의 자작농창정을 실시하되, 정식 계약을 통해 이를 공증하기로 하였다. 이에 농촌사는 별도의 '자작농창정지분배요령'을 마련하였는데,[80] 이 가운데 주요 원칙을 살펴보면, 첫째, 지가를 기준으

78) 이 토지는 원래 북천면 거주 文永斌(白山商會 주주)의 소유였으나 漢城銀行에 저당잡힌 후 소유권분쟁과 소작쟁의가 격화되면서 은행이 진주 대지주 河泳珍에게 매각한 토지였다. 하영진이 작인을 교체하여 신구 작인 분쟁까지 야기되자 하영진은 이종만에게 직업학교를 설립하면 토지를 기본재산으로 기부하겠다고 제의하여 이종만은 매입 형식으로 토지를 인수받아 대동농촌사에 귀속시켰다. 대신 이종만은 대동직업학교(가칭) 설립을 위해 출자금 20만 원을 내어 재단법인 南友學院을 설립하고 그 준비작업으로 1939년 7월 京城 光熙培明學校를 인수하였고, 총독부에 大同職業學校 인가신청을 냈으나 성사되지 않았다(一記者, 「慶南河東郡 北川面에 自作農村을 實現」, 『農業朝鮮』, 1939.1, 54쪽 ; 「集團的 自作農村 創定」, 『農業朝鮮』, 1939.5, 66쪽 ; 大同鑛業株式會社, 위의 책, 25~27쪽).

79) 위의 「集團的 自作農村 創定」, 66쪽.

80) 이 '분배요령'은 일제의 자작농창정요강을 참조한 것이기는 하지만 조선인에 의해 마련된 유상분배 방식의 토지개혁안의 과도기적 경험으로서 주목할 만한 내용을 지니고 있다. '분배요령'의 전문은 위의 기사, 66~68쪽 참조.

로 분배경지를 산정한 점. 둘째, 농가노동력의 다과에 따른 점수제에 의거하여 분배비율을 정한 점. 셋째, 노동력 점수 외에 종래 연고관계에 따라 특점을 가산하여 경지분배 순위에 차등을 둔 점[81] 등 크게 세 가지였다. 한편, 중등 정도의 논으로서 각각 자작농지 5두락 이상, 자작농지 3두락 및 타 소작지 5두락 이상, 타 소작지 10두락 이상을 경작하는 농민과 경작능력이 없거나 생활 여유가 있는 농민, 과거 본 토지와 연고관계가 희박한 농민 등은 모두 경지분배 대상에서 제외하였다.

이같은 '분배요령'에 의해 하동농촌에서는 논 89,751평과 밭 14,764평, 합 104,515평의 토지가 83호 농가에 최고 5,000평에서 최저 200평까지 배정되었다.[82] 그리고 이종만과 경작인 간의 자작농지설정 계약은 1939년 한발로 연부상환금이 1년 유예되었기 때문에 1940년 12월 첫번째 연부상환금 납기에 맞추어 정식 체결되었다. 계약서 전문은 '부록'과 같은데, 하동농촌의 자작농지 설정 원칙은 기존 농촌사 방침과 달리 원리균등 연부상환 방식에 상환기간은 20년, 토지대금 이율은 3분 5리로 결정되었다. 또한 계약서에는 피설정 농가의 대동농촌사 '지도규정' 준수를 분명히 하였지만, 하동농촌은 이상과 같은 농촌구성의 특성상 집단농촌의 성격을 별로 갖지 않았던 것으로 보인다. 요컨대 하동농촌의 자작농지 설정은 일제하 조선인 상호간에 사적으로 추진된 거의 찾아보기 힘든 자작농창정 사례로서, 대동농촌사의 경제자립이념을 잘 반영하고 있었다.

---

81) 제1순위자는 이 지역 유지이자 전 토지소유자인 文氏家였고, 제2순위자는 과거 쟁의에 가장 피해를 많이 받은 농민 및 농가와 농지 거리가 가까운 농민이었다.

82) 大同鑛業株式會社, 『大同一覽』 27쪽. 분배 실태를 보면 3,500~5000평 6호, 2,000~3,500평 4호, 1000~2,000평 25호, 500~1,000평 27호, 200~500평 11호였다. 당시 논 2,270평, 밭 653평을 분배받은 文永稷(79세, 文永斌의 實弟) 씨에 의하면, 이상의 '분배요령'은 철저히 관철되었던 것으로 보인다.

이상 살펴본 바와 같이, 각 집단농촌의 설립 경위와 촌락 구성에는 일정한 차이가 있었지만 자립적 농촌공동체 창출을 위한 대동농촌사의 기초작업은 당초 계획과 큰 차이없이 추진되었다. 이를 바탕으로 추진된 집단농촌의 운영 기조는 '농촌협동화'였다. 즉, 농촌사가 각종 공동생산 설비를 제공하는 가운데 계획적 통제적으로 영농지도를 하고, 각 집단농촌은 "조합법에 의한 자치체제의 합의기관"을 설치하여 농촌민의 정신적, 물질적 협동화와 조직화를 도모한다는 것이었다.[83] 따라서 각 집단농촌 단위의 자치조직은 협동조합 기능을 수행하는 것이었고, 농촌사는 협동조합 중앙기관이 되는 셈이었다.

그러나 집단농촌 창설 초창기에는 자치적 운영보다 생산 여건을 확보하기 위한 농촌사의 영농지도와 통제가 우선되었다. 영농지도는 경영규모의 적정화, 생산기술의 향상 도모와 함께 특히 노무조직의 합리화에 주안점이 두어졌다.[84] 노무조직 합리화의 요점은 공동작업, 농업기계화, 합리적 노동력분배 등이었다. 이는 대동농촌 대부분이 개간지에 설치되었고, 경작인 역시 자립기반이 결여된 영세농 출신이라는 점에 연유하였다. 특히, 집단이민촌으로서 개간사업을 병행한 영흥농촌(율산농촌)의 경우 기본 생산시설이 중앙에서 공급되는 가운데 育苗에서 탈곡까지 대부분의 생산공정에 공동작업 방식이 적용되었다.[85] 이와 같이 대동농촌 운영은 농촌사에서 각 농촌 농촌주임으로 연결되는

83) 大同鑛業株式會社, 앞의 책, 1941, 12쪽. 이 합의적 자치기관의 기능은 ①공제사업, ②소비 · 유통 · 생산의 협동화, ③농촌관리 등이었다.

84) 大同鑛業株式會社, 위의 책, 13쪽.

85) 李鍾瓚, 앞의 「永興農村의 槪況」, 48쪽 ; 金戊圭, 앞의 「永興農村 秋收記」, 51~52쪽 ; 「大同農村社 消息, 共同作業實施와 副業勵行 實績」, 『農業朝鮮』, 1941.5, 111~112쪽. 1937, 1938년 율산농촌에 총 23개 집단농가가 건설되면서 경작 및 개간용 耕牛 25두, 開墾洋犂 25대, 구래 10대, 牛車 5대가 지급되었다.

지도관리체계에 의해 "일체 영농비 기타를 본사에서 책임지고 저리융통하며 농사에 관한 일체에 대하여 계획적 지도"를 하였다.[86)]

농촌협동화를 위한 자치조직 문제를 본격 거론하기 시작한 것은 건설기에 접어든 1939년 9월 제3회 대동농촌사 農村主任打合會에서였다.[87)] 중앙의 "원조주의" 운영이 자력갱생의 정신적 기초를 약화시키고 의뢰심을 조장한다는 이유에서였다. 그리하여 "自力自救 原則"에 입각하여 "금후로는 각 농촌 농민의 자치기관을 건설하고 농민 자체로서 자립적 생활향상을 圖"할 것을 새로운 지도방침으로 결정하였다. 더불어 농촌자치화를 위한 몇 가지 응급방안도 강구되었다. 우선, 농촌조직화를 전제로 동계를 조직하여 "村政의 자치적 훈련"을 꾀하되, 좌담회, 강습회, 야학회 등 각종 회합을 조직하여 협동과 상호부조 정신을 함양하기 위한 "농민교화"에 주력하도록 하였다. 또한, 농촌 중심지에 2~3정보의 공동경작지를 마련하여 수입은 농촌 공동자산으로 삼도록 하였고, 토지개량 · 비료구입 · 생산물판매 · 농가부업 등도 각 농촌에서 자치적으로 해결하도록 하였다.

농촌사 당국의 이러한 반성과 농촌자치화의 강조는, 다른 한편으로는 경작권의 보장과 경작료의 합리화에도 불구하고 경작인의 개별경영 수입만으로는 자립이 어렵다는 농가수지 현실과 밀접한 관련이 있었다. 그것은 경작료 3할제가 농촌사의 선전과 달리 실제 농촌민의 경제자립을 가져올 정도로 파격적인 것이 아님을 뜻하였다.[88)] 하동농촌을

---

86) 金歲圭, 위의 글, 52쪽 ; 「大同農村社 第三回 農村主任打合會」, 『農業朝鮮』, 1939.10, 51~52쪽.

87) 위의 「大同農村社 第三回 農村主任打合會」, 50~52쪽.

88) 가령 1940년도 영흥농촌 추수 당시 농촌사 직원 金歲圭가 조사한 한 勤農者의 농가수지 실태를 살펴보면 그 실상을 잘 파악할 수 있다. 논 6,000평을 경작하는 이 농민의 총 수확은 8,000근이었는데, 여기에 경작료 2,200근(2할 8푼)과

제외한 대동농촌은 모두 생산성이 낮은 개간지였고, 특히 영흥농촌과 같이 개간에 동참하고 있는 농촌민에게 3할은 그리 헐한 경작료라 할 수 없었다. 농촌사 사업이 수익을 위한 지주경영은 아니었지만 농촌사가 제시할 수 있는 분배조건의 하한선은 이 정도였다. 농촌사가 강력한 지도와 통제 아래 영농비 절감을 위한 공동작업은 물론, 추수기 蘆草 채취나 동절기 가마니·새끼생산 등 농가부업을 위한 공동작업을 추진한 것도 이러한 농가현실의 반영이었다.89)

이상과 같이 대동농촌사의 집단농촌건설운동은 경작권 보장을 통해 소농민의 자립적 경영기반을 창출하고, 집단농촌 내의 각종 생산·영농과정과 생활환경을 계획적으로 공동조직화하여 농촌협동화를 실현함으로써 개별경영의 자립성을 높이고 농가경제 안정을 도모한 일종의 '이상농촌건설운동'이었다. 이 운동의 체제적 방향성은 불분명하였다. 그러나 이미 확인한바 '토지소유의 집단적 보장'을 추구하는 대동농촌사의 소유관이나, 다음과 같은 '농촌협동화' 인식에 잘 나타나는 바와 같이 그 농업개혁의 방향은 단순한 자본주의 소농경제체제의 건설은 아니었다.

> 農村協同化를 圖함에는 먼저 農村機構의 變改가 필요하다. 농촌협동화가 철저히 실행됨에는 모든 共同的 施設이 완비하여야 할 것이며, 모든 經濟的

농촌사에서 제공한 비료대 및 기타 차입금 120원(환산액 1,180근)을 제한 4,600근이 그의 소득이었다. 그러나 이 외에 수리세를 부담하고 개인 사채 등을 변제해야 하기 때문에 실소득은 이보다 훨씬 적었다. 이에 金宬圭는 "결코 狹小하지 않은 규모의 營農者"임에도 이 농민의 생활안정은 현실적으로 기대하기 어렵다는 결론을 내리고 있었다(金宬圭, 앞의 글, 1941.1, 52쪽).

89) 金宬圭, 위의 글, 52~53쪽 ; 앞의 「大同農村社 消息, 共同作業實施와 副業勵行實績」 1941.5, 111~112쪽.

土臺가 유기적 관련 하에 있지 않으면 안될 것이다. 다행히 大同農村社의 각 농촌은 모든 조건을 구비하고 있다. 部落民 전체가 다같이 大同旗幟 하에서 혼연일체가 되어 大同農村社를 형성하고 있으며 모든 시설과 대부분의 경제적 기초가 部落 共有로 되어 잇음으로 농촌협동화가 용이하게 실시되며 그 實績도 매우 양호하다.[90]

그것은 농촌 단위로 조직된 '공동생산체제'의 형성을 통해 당시 지주제를 한 축으로 삼고 있는 자본주의 농업기구의 모순을 해결하고 농민층의 안정된 협동적 자립구조를 확보하고자 하는 '비자본주의적' 농업발전을 지향하는 것이었다. 물론 그러한 '공동체적 소유관'과 '공동생산체제'는 기본적으로 사적 소유제도와 개별 소농경영을 전제한 위에 제론되는 것이었기 때문에, 대동농촌사의 집단농촌 건설과 농촌협동화론은 토지국유화론에 입각한 사회주의적 농업협동화와 질적으로 구분되는 것이었다. 그러나 그것이 일제 말기의 제 조건 속에서 현실성을 갖는 실천적 대안으로 구상된 점을 감안할 때, 내면적으로는 그러한 요소를 완전히 배제하지 않는 일종의 조합주의적 농업개혁 방안, 농업협동화 유형이었다. 농촌사 경영진 스스로 균전제 정신의 계승을 천명하기도 하였지만, 농업개혁론의 전통에서 보면 이는 조선후기 이래 실학파와 그 후예들이 주장한 '농민적 토지개혁론 · 농업개혁론'[91]에 연결되는 것으로서,[92] 그 농민적 농업개혁의 근대적 전환의 한 코스를 보여

---

90) 「大同農村社 消息, 共同作業實施와 副業勵行 實績」, 『農業朝鮮』, 1941.5, 111쪽.

91) 金容燮, 『增補版 韓國近代農業史硏究(上) · (下)』, 一潮閣, 1984.

92) 당시 일부 사회주의자들은 대동농촌사의 집단농촌사업을 "民族的 色彩를 保持한" 전래의 "朝鮮的 農本主義의 典型"으로 파악하고, 그 사업방식을 丁茶山의 井田制的 "村落共同體" 건설론의 계승으로 파악하였는데(李昌善, 「大同農村社는 어듸로 가나 – 朝鮮의 農民과 土地問題」, 『批判』, 1937.9, 74쪽), 정확한 것

주는 것이었다.

대동농촌사는 이러한 성격의 '이상농촌건설운동'을 크게 두 가지 경영방침에 입각하여 운영해 나갔다. 하나는, 철저한 능률 본위와 생산력중대론에 입각한 계급협조주의 이념의 관철이었다. 계급협조의 요점은 무엇보다 "지주층의 각성"에 있었다. 그리고 이를 바탕으로 지주와 소작인이 계급적 대립보다 "大國的 공존공영의 일치"를 달성하고, 이에 대한 사회·국가적 "지도기관의 합리적 정비와 책임자들의 성의있는 지도"를 촉성하는 데 있었다.[93] 지주적 존재인 동시에 지도기관을 겸한 대동농촌사는 집단농촌 건설을 통해 이 계급협조 이념의 '모범적 사례'를 구현해보고자 한 것이었다. 다른 하나는, 상하관계적 규율과 통제에 입각한 영농지도 원칙의 관철이었다. 경영진의 소부르조아적 계급관·농민관에 잘 나타나듯이 농촌사는 협동조합 조직과 농촌자치에 의한 농촌협동화를 강조하면서도 실제 농민을 교화의 대상, 계몽과 지도의 대상으로 간주하였다. 영농지도의 일관된 입장은 "개인이 사업기관의 일사분란한 통제하에 통제되고 개인의 수완이나 기능이 사업기관에 융합된"[94] 전체주의적 조직통제를 바탕으로, 조합적 계획경제의 지도원리를 관철하려는 것이었다. 대동광산조합 운영에서도 확인한 바와 같지만, 대동사업체 경영진의 노자협조주의와 통제주의 경영방침은 대동농촌사의 '이상농촌건설운동'에도 그대로 관철되고 있었다.

은 아니지만 일리 있는 지적이다.

93) 李鍾萬, 앞의 「能率·生產·分配」, 35쪽 ; 許憲, 앞의 「農村更生의 近道」, 29~31쪽 ; 李鍾萬, 「訥言敏行」, 『農業朝鮮』, 1939.1, 卷頭言.

94) 李鍾萬, 「大觀하자」, 『鑛業朝鮮』, 1937.12, 卷頭言.

4. 전시통제경제와 사업체의 해체

이상과 같이 전시체제기에 전개된 대동사업체의 경제자립운동은 일제하 농민적 경제자립운동의 맥을 계승하여 계급협조주의와 소농주의 경제이념을 철저히 관철한 보기 드문 실천적 사례였다. 대동농촌사의 집단농촌 건설과 자작농창정 및 농촌협동화론, 대동광산조합의 이윤배당제에 잘 나타나듯이, 사업체가 추구한 경제자립의 요점은 생산자에게 생산기반을 제공하고 계획적 경영통제와 협동적 공동생산, 합리적 이윤분배 등을 실현함으로써 생산력을 증대하고 민중생활의 안정을 꾀하는 것이었다. 그 연장에서 경영진은 자본주의정신의 요체인 개인주의와 자유주의 이데올로기를 배격하고 개인과 사회의 연대성, 자본과 이윤의 사회적 공익성, 勞動全收權을 강조하였다. 나아가 지주·자본가의 각성을 촉구하고 국가적 규모의 "사회기구와 경제조직"의 재편을 추구하였다.[95] 곧, 자본주의체제의 수정이었다.

이렇게 보면 대동사업체의 경제자립론은 당시 일제가 '자력갱생·공존공영·노자협조'의 슬로건 아래 자본에 대한 국가통제와 농본주의를 표방하며 추진한 자력갱생운동, 통제경제정책의 논리와 일면 상통하면서도 상호 성격을 달리하는 질적 차이점을 가지고 있었다. 전자는 반독점과 소농주의에 입각하여 독점자본과 지주에 대한 실제적이고도 철저한 국가통제를 요구함으로써 조선인 본위의 경제자립을 도모한 것이었다. 반면, 국가독점자본주의의 일본적 유형으로서 후자가 내세우는 국가통제와 노자협조는 독점자본과 국방력의 강화과정이었고, 농본주의

95) 編輯子, 「大同콘체른의 經綸」, 『鑛業朝鮮』, 1937.6, 38쪽 ; 李鍾萬, 위의 글.

표방 역시 기생지주의 소농지배체제를 독점자본의 지배체제로 전환시키는 데 본질이 있었다. 그리고 이는 식민지 조선에 보다 노골적으로 관철되었다. 대동사업체의 경제자립운동에 개재된 민족적 성격은 이 차이에 연원하였다. 경영진 역시 그 의미를 잘 파악하고 있어 일제 통제경제정책에 대해 비판적 입장을 견지하였다.[96)]

그러나 대동사업체 경제자립운동은 농민적 입장의 경제자립관에 기초하면서도 생산대중의 주체적 운동과 생산기구의 근본적 변혁을 추구한 것은 아니었다. 또한, 실천방침의 철저한 관철에도 불구하고 사업체 운동은 과거 어느 경제자립운동보다도 현저히 체제내적 성향을 취하였다. 일제 통제경제정책에 대한 경영진의 비판적 인식 역시 일제가 내건 슬로건에 걸맞는 정책의 내실을 요구한 데 주안점이 있었다. 곧, 경영진은 일제(국가권력)에 대해 사업체의 경제자립이념과 부합하는 통제경제정책의 실현을 기대하면서, 또 일제 자력갱생운동과 배치되지 않는 사회사업 방식으로 '자력갱생'의 하나의 실천적 모델을 추구한 셈이었다.

이러한 한계는 무엇보다 내선일체 이데올로기 아래 어떠한 형태의 '민족적 가치'도 용허치 않는 전시파시즘체제에 연유하였다. 그러나 이는 사업체에 내재하는 內的 要因과도 밀접한 연관이 있었다. 우선, 경영진의 계급관·실천관의 특성이 그 내면적 요인이 되고 있었다. 즉, 이들은 노농대중을 계몽과 지도, 통제와 교화의 대상으로 파악하는 중

96) 이들은 일제의 자본통제정책이 기실 독점자본의 자본집중을 강화한 것에 불과하다고 摘示하였고(金桂林, 「戰時體制와 統制經濟」, 『鑛業朝鮮』, 1937.12, 33~35쪽), 농정책 또한 진정한 농가갱생을 위한 방안과 지도를 결하여 소작문제는 오히려 날로 심화되고 있음을 지적하였다(許憲, 앞의 「農村更生의 近道」, 28~29쪽 ; 鄭寅寬, 앞의 「再認識을 要하는 農家更生計劃」, 『鑛業朝鮮』, 1938.2, 13쪽 ; 李鍾萬, 「訥言敏行」, 『農業朝鮮』, 1939.1, 卷頭言).

소자본가 · 기술자 · 지식인 중심의 계급관을 견지하였고, 사회개량적 실천관에 입각하여 하향통제적 · 점진적 방식의 경제자립을 추구하였다. 이러한 측면이 그들이 표방한 노자협조 · 계급협조의 논리와 이념을 일제의 자력갱생론, 통제경제론과 접근하게 하고 때로 일제와 타협적 입장을 취하게 하는 요인으로 작용하였다.

더불어 사업체 운동의 체제내적 성향을 끊임없이 추동한 다른 요인은 전술한 물적 기반의 특수성이었다. 사업체는 전적으로 대동광업 · 장진금광 경영에 의존하였기 때문에 그 경제자립운동의 전망은 금광경영의 향배를 좌우하는 일제 통제경제정책, 산금정책에 큰 영향을 받고 있었다. 따라서 경영진은 자본축적을 위해 산금정책에 부응하는 협조적 입장을 취하였다. 이와 같은 측면은 특히, 1937년 사업체 창립과 때맞추어 일만블럭의 국제수지 위기를 타개하기 위해 대대적으로 추진된 '新産金政策'을 통해 극명하게 드러났다.[97] 그들 스스로 대동광업을 "産金國策에 순응하는 적합한 사업기관"으로 규정한 데 잘 나타나듯이,[98] 산금장려정책은 사업체 성장에 특별한 계기를 부여하며 사업체의 타협적 성향을 유인하였다.

일제는 1937년 9월 조선산금령을 공포하여 금 통제를 강화하는 한편 '産金報國'과 노자협조 이데올로기를 앞세운 일련의 산금장려책을 추진

97) 즉, 만성적 수입국인 일제는 당시 군수품 수입증대에 따라 圓貨 가치가 하락하고 국제수지가 악화되자 1937년 3월부터 入超額에 대한 金現送 결제를 개시하였다. 이에 따라 금보유량이 격감하자 국방력 강화를 위한 '生産力擴充'을 경제정책의 최우선 과제로 삼고 대량의 금 확보를 위한 '産金五個年計劃'과 産金奬勵政策을 추진하였다(鄭顯模, 「朝鮮産金令 發布에 際하야」, 『鑛業朝鮮』, 1937.10, 41~42쪽 ; 小林英夫, 『'大東亞共榮圈'の形成と崩壞』, 東京: 御茶の水書房, 1975, 252~253쪽).

98) 大同鑛業株式會社, 앞의 『大同一覽』 3쪽.

하였다.[99] 사업체 경영진은 창립 당시부터 이러한 산금장려정책을 사업체 성장의 절호의 기회로 간주하였다.[100] 특히, 이들이 무엇보다 기대한 것은 산금자금의 융통이었다. 물론 일제의 자금 지원은 일본 독점자본 위주의 '大金山主義'를 취하였기 때문에 대다수 중소광업가인 조선인 금광업가에게는 별 혜택이 주어지지 않았다.[101] 그러나 'A급' 금광, 장진금광이라는 확실한 담보를 가진 대동광업은 산금장려정책을 가장 효과적으로 활용하며 사업체의 성장을 도모하였다. 창립기에 사업체의 자본력과 적정 경영규모를 무시하고 막대한 자금이 소요되는 대동학원 설립 등 일거에 사업과 조직을 확대할 수 있었던 배경도 여기에 있었다.

---

99) 朝鮮産金令의 골자는 ①금의 강제 집중, 睡眠金鑛의 강제 개발, 금 소비 통제, 광산의 집중화 등 생산·유통에 대한 통제 강화와 ②생산기구의 합리화, 産金資金의 융통, 도로·送電網 건설과 기술자양성 등의 산금장려책 마련에 있었다. 일제는 그 후속조치로서 1938년 6월 산금자금 지원을 위해 자본금 5천만 원의 日本産金振興株式會社를 설립하였고, 1938년 9월 '朝鮮鑛業警察規則'과 '朝鮮鑛夫勞務扶助規則'을 제정하여 광산쟁의를 탄압하는 일면, 노자협조 슬로건을 내세워 계급모순을 완화하고자 하였다. 또한, 조선인 광업가에 대해서는 '産金報國' 이데올로기와 '기업자 윤리'를 철저화하고 생산력확충에 기여하도록 '精神作興' 작업을 강화하였다(小林英夫, 위의 책 257~262쪽 ; 編輯局, 「金政策의 發展過程」, 『鑛業朝鮮』, 1938.8, 10~13쪽).

100) 李鍾萬, 「北支事變과 時局認識」, 『鑛業朝鮮』, 1937.8, 19쪽 ; 鄭顯模, 앞의 글, 1937.10, 46~47쪽 ; 李晟煥, 「朝鮮鑛業界의 一年業績」, 『鑛業朝鮮』, 1937.12, 4~5쪽.

101) 일제는 금광을 年産額 100만 원 이상인 A급 금광, 50만 원 이상 100만 원 미만의 B급 금광, 5만 원 이상 50만 원 미만의 C급 금광으로 분류하고 산금자금을 차등 지원하였는데, 그것은 이른바 '大金山主義'에 입각하였다(小林英夫, 앞의 책, 255~266, 260쪽). 대동사업체 경영진 역시 이 때문에 총독부에 대해 끊임없이 경계의 뜻을 표명하고 조선인 중소자본에 대한 배려를 요구하였다(鄭顯模, 앞의 글, 1937.10, 47쪽 ; 李鍾萬, 「鑛業을 어떠케 經營할 것인가」, 『鑛業朝鮮』, 1938.6 ; 金相珏, 「鑛業과 財閥」, 『鑛業朝鮮』, 1938.10, 49쪽).

대동사업체는 이같이 그 운영 기반의 성격상 처음부터 전시통제경제 체제에 편입되어 일제 독점자본·국가자본에 종속될 수 있는 여지를 안고 있었다. 조직 유지를 위해 요구된 이 현실적 제약성은 사업체의 경제자립 논리와 실천관에 내재된 개량적 타협적 성향을 끊임없이 발양시키는 요인이 되었다. 나아가 이 제약성은 1938년 5월 국가총동원법이 실시되고 '내선일체'의 황민화정책이 본격 강화되면서 사업체 운동을 굴절시켜 나갔다.

대동사업체의 변화는 사업체 활동이 가장 왕성하게 진행된 1939년도부터 나타나기 시작하였다. 사업체 성장의 호기가 되었던 산금정책의 금 통제가 장기전에 돌입한 전시경제하의 전시인플레이션과 관련하여 점차 사업체 경영수지를 악화시켰기 때문이었다.[102] 특히, 이 현상은 자본이 열세한 조선인 중소금광업가에 집중되었지만,[103] 대자본 규모의 대동광업 역시 이러한 동향에 큰 영향을 받았다. 이미 1938년에 장진금광 개발에 140여만 원 이상을 투자한 대동광업은 1939년에도 3단계 개발을 마무리하기 위해 계속 생산설비 투자를 추진하여 산금량의 누년 증가에도 불구하고 경영수지를 맞출 수 있는 단계에 이르지 못하

---

102) 李鍾萬, 「朝鮮金鑛業 當面의 問題」, 『鑛業朝鮮』, 1939.10, 16~17쪽. 곧, 각종 산금장려책과 단계적인 물가통제정책에도 불구하고 물가와 임금은 급상승한 반면, 金價는 강력히 억제되었기 때문이다. 이종만은 1937년 7월에 비해 1939년 7월에는 물가 60%, 노임 39%, 생산비 59%가 앙등한 반면 금가는 가격통제에 의해 겨우 2% 상승하였다고 주장하였다(李鍾萬, 「産金計劃 第二年을 보내면서」, 『鑛業朝鮮』, 1939.12, 14~15쪽). 전시인플레이션하의 경제·물가동향에 대해서는 金東昱, 『1940-50년대 韓國의 인플레이션과 安定化政策』, 연세대 박사학위논문, 1994, 제2장 참조.

103) 李相敦, 「朝鮮金鑛業의 資本構成」, 『鑛業朝鮮』 1939.11 ; 李相敦, 「金鑛業 動態展望」, 『鑛業朝鮮』, 1940.3 ; 李相敦, 「睡眠鑛 激增과 그 對策」, 『鑛業朝鮮』, 1940.6.

였다. 경영진은 이에 따르는 심각한 자금난을 주로 日本産金振興株式會社의 융자로 대처했는데, 1939~1940년 부채액은 이미 500만 원에 달하였다.[104] 특히, 150만 원의 자금이 투자된 대동공전 운영은 교사 신축문제와 맞물려 자금난을 가중시키는 직접적인 요인이 되어 사채까지 끌어들이는 등 사업체의 부채는 날로 증대하였다.[105]

경영수지가 악화되는 사정과 병행하여 일부 최고경영진의 체제협조적 경향도 노골화되었다. 국가총동원법 발동과 함께 "이제부터는 전체를 위하야 국가를 중심하야 희생하고 봉사하자"는 이성환의 발언이 나오고, 이종만이 1939년 1월 신년사를 통해 "東亞新秩序 수립의 빛나는 희망"을 논한 이래,[106] 이들의 체제옹호 발언이 빈번해졌고, 특히 1940년에 접어들어 본격적으로 '皇民化運動'에 동참하였다.[107] 주목할 점은 이들이 '비자본주의적' 경제자립 논리를 전체주의사상에 입각한 파시즘적 국가독점자본주의론과 일체화하기 시작한 점이었다. 김용암은 중일전쟁 발발 후 "자본주의경제의 근본원리에 커다란 개혁이 조성"되

104) 李鍾萬은 1939년 7월 광산개발, 학교사업, 농촌사업에 들어간 대동사업체 부채액이 약 100만 원이고 이 가운데 일본산금진흥주식회사 빚이 70만 원이라고 하였다(滄浪客, 「李鍾萬氏 事業觀」, 『三千里』, 1939.7, 41쪽). 그러나 이준렬은 1940년 전후한 시기의 부채액은 이미 500만 원에 이르렀다고 회고하였다(李駿烈, 앞의 책, 1974, 73쪽).

105) 李駿烈, 위의 책, 74~76쪽.

106) 碧朶(李晟煥), 「變하는 世上」, 『農業朝鮮』, 1938.9, 9쪽 ; 李鍾萬, 「訥言敏行」, 『農業朝鮮』, 1939.1, 卷頭言 ; 李鍾萬, 「協同과 自制」, 『鑛業朝鮮』, 1939.1, 卷頭言.

107) 李鍾萬, 「皇紀 二千六百年을 마지하면서」, 『鑛業朝鮮』 1940.1 ; 李鍾萬, 「世界新秩序의 創建」, 『農業朝鮮』, 1940.9 ; 李鍾萬, 「新體制의 新生活」, 『農業朝鮮』, 1941.1 ; 李鍾萬, 「志願兵士 諸君에게 – 志願兵과 血, 汗, 愛의 人」, 『三千里』, 1940.7.

고 있으며, 이는 일시적 · 우연적인 것이 아니라 전쟁이 끝난 후에도 지속될 필연적 변혁 과정으로서, 자본주의의 자유주의 이데올로기는 이제 설 땅을 잃었음을 단언하였다.[108] 이종만은 이를 훨씬 강도 높게 강조하였다. 그는 중일전쟁과 구라파대전이 "가진 나라와 못가진 나라의 군사적 정치적 경제적 항전에만 그치는 것이 아니라 더욱 심각한 근저를 둔 사상적 투쟁에까지 전개"된 "세계질서의 일대 변혁" 과정이라고 선언하고, 그 의미를 자유주의사상에 대한 전체주의사상의 투쟁과 승리, 개인주의적 자본주의경제에 대한 국가사회의 공익을 우선하는 "통제경제 · 계획경제"의 승리로 요약하였다. 이에 "東亞協同體의 확립"을 위해서는 "민족주권의 분립"은 용납될 수 없으며, 오직 "전체주의 이상"과 "신질서"의 창조적 실현을 위해 "구질서"를 완전히 청산하자고 호소하였다.[109]

대동사업체의 특성상 이종만의 황민화는 사업체에 내재한 '민족적 긴장감'의 해체를 의미하였다.[110] 또한 이 과정과 병행하여 허헌, 한장경, 민정기, 이관구 등 일부 경영진이 차례로 사업체 관계를 정리함으로써 주도층의 해체과정도 진행되었다.[111] 어쨌든 역설적으로 말해 이종만과 사업체는 전시파시즘체제에 수동적 자세가 아니라 적극적으로 대처하

---

108) 金龍岩, 「戰爭과 鑛業政策」, 『鑛業朝鮮』, 1935.5, 31~32, 34~35쪽.

109) 李鍾萬, 「世界新秩序의 創建」, 『農業朝鮮』, 1940.9, 卷頭言.

110) 경영진 가운데 황민화 활동을 도맡은 이는 이종만과 총무 이성환 등 일부 인사에 불과하였다. 따라서 이러한 체제협조 자세를 경영진 전체에 확대하여 논할 수 없고, 또한 그 행위가 사업체를 유지하기 위한 고육책일 수 있다는 점을 염두에 둘 필요가 있다. 그러나 사업체에서 차지하는 이종만과 이성환의 위치를 생각할 때 이렇게 말할 수 있다.

111) 〈표 2〉 참조. 허헌과 한장경은 1940년 3월부터, 민정기는 1940년 12월부터 각기 임원진에 나타나지 않고 있으며, 이관구는 1941년 3월 사임하였다.

였다. 사업체를 유지하기 위한 방편이든, 아니면 실제 전체주의 통제경제론에 기대감을 가졌든 이들의 황민화 활동은 여전히 반독점적 농민적 경제자립이념의 강렬한 실천의지를 바탕으로 한 것이었다. 여기에 대동사업체 경제자립운동의 특질과 한계가 집중 반영되고 있었다.

그러나 그 환상이 깨지기까지는 오랜 시간이 걸리지 않았다. 경영진의 기대에도 불구하고 장기전이 1941년 12월, 태평양전쟁으로 귀결되면서 산금정책이 종언을 고했기 때문이었다.[112] 산금정책 폐지는 대동사업체의 해체로 귀결되었다. 사업체 해체는 1941년 9월 양 기관지의 폐간으로부터 시작되었다.[113] 그리고 1943년 10월에 단행된 일제의 강제 금광정리에 훨씬 앞선 1942년 중반, 부채액이 800만 원에 이를 정도로 누적되어,[114] 경영상태가 이미 파산에 직면해 있었던 대동광업은 부채정리와 함께 해체단계에 들어갔다.[115] 사업체 창립 당시의 기세를 생각하면 이준렬의 회고와 같이 그것은 "참혹한 해산"이었다.[116]

대동광업의 해체는 사실상 대동사업체의 해체였기 때문에 나머지 기관들도 차례로 정리되었다. 1943년경 대동공전 경비를 충당하기 위해

---

112) 小林英夫, 앞의 책, 1975, 266쪽.

113) 大同出版社는 1941년 9월 『鑛業朝鮮』, 『農業朝鮮』을 사정상 폐간하고 대신 월간잡지 『朝鮮産業』을 간행한다고 하였다는데(「情報室」, 『三千里』, 1941.9, 86쪽), 이 새로운 잡지의 간행 여부는 확인하지 못하였다.

114) 당시 부채액은 일본산금진흥주식회사 업무를 위임받은 조선광업진흥주식회사에 700만 원, 은행부채 · 사채 합하여 80만 원 등이었다(李駿烈, 앞의 책, 1974, 63쪽, 76~77쪽).

115) 1943년판 『朝鮮銀行會社組合要錄』(363쪽)에 의하면, 1942년 9월 현재 대동광업 임원은 취체역사장 月城鍾萬 외에 취체역 加藤尹, 古賀菊次郎, 감사역 村上隆造 등 일본인으로 나타나 있고 연례적인 경영실태 기록이 없는 것으로 보아 이때 이미 채무정리 단계에 있었던 것으로 보인다.

116) 李駿烈, 앞의 책, 1974, 68~69쪽.

대동출판사를 매각하였고,117) 이어 대동공전도 평남도청이 인수하여 공립으로 전환하였다.118) 대동농촌사 처리 과정에 대해서는 잘 파악할 수 없지만, 자작농지 연부상환금을 일시불로 처리하여 농촌민에게 소유권 이전을 사실상 완료한 하동농촌의 경우를 생각할 때,119) 대체로 1943년 말까지 대동사업체의 모든 기관은 거의 정리된 것으로 보인다.

5. 결어

이상 일제 말기 전시파시즘체제가 강화되는 가운데 농민적 입장의 경제자립운동의 전통을 계승한 대동사업체의 경제자립운동과 그 논리의 특질을 살펴 보았다. 경영진 개개인의 경제사상에 대한 검토가 전제되지 못함으로써 심도 있는 경제사상사 분석이 되지 못했지만 이로써 일단 광업과 농업 두 분야에서 전개된 사업체 운동의 실체와 성격은 대체로 해명되었다고 생각된다. 이하 검토한 내용을 간략히 정리하고 대동사업체 운동의 사상사적 의의를 음미해 보는 것으로 결론에

117) 李駿烈, 위의 책, 69쪽. 처분하기 직전인 1942년 9월 현재 大同出版社 임원은 대표취체역 李鍾萬, 취체역 金昌俊 · 月城永律 · 月城永明 · 李永兆, 감사역 月城鍾模 · 月城軍治, 지배인 金好善 등 주로 李鍾萬의 家率이었다(『朝鮮銀行會社組合要錄』 1943년판, 280쪽).

118) 李駿烈, 위의 책, 77~78쪽.

119) 文永稷씨에 의하면, 河東農村은 연부상환금을 두 번 납부한 후 1942년 하반기에서 1943년 사이에 농민과 농촌사가 합의하여 연부상환금 잔액을 일괄 납부함으로써 조기에 자작농창정을 완료하였다고 한다. 사업체 해체의 여파이지만 하동농촌의 자작농창정은 일제하에 완료된 셈이다. 그러나 하동농촌과 농촌구성을 달리하는 여타 대동농촌의 경우 경작권과 소유권을 어떻게 처리하였는지 확인할 수 없었다.

대하고자 한다.

대동사업체 운동의 주도층은 1920·30년대 각종 민족적, 민중적 사회운동·교육운동·경제자립운동을 주도하거나 적극 참여한 바 있는 실천적 경향의 인사들이었다. 특히 이들은 과거 운동경험과 사상적 성향의 일정한 차이에도 불구하고 저항적 민족의식을 견지하며 농민적 반독점적 입장에서 민족경제의 자립과 농민문제 해결을 도모한 대표적인 인물들이었다. 이러한 실천의식을 바탕으로 이들은 일제 말기 극단의 민족적·사상적 억압구조가 형성되는 사정하에서도 비록 체제내적 운동방식이지만 대동사업체를 설립하여 경제자립운동을 전개하였다. 그 계기를 마련하고 이들의 다양한 실천경험과 이념적 지향을 대동사업체 경영이념으로 결집시킨 것은 진보적 조합주의자인 이종만의 자본과 추진력이었다.

이들 경영진은 반독점과 소농주의, 계급협조와 생산력주의를 경제자립의 관건으로 간주하는 가운데 크게 세 가지 실천 방안을 강구하였다. 첫째, 경제자립의 근원적 출발점으로서 생산대중이 생산수단·생산기반을 가져야 한다는 '경자유전' 사상의 구현이었다. 이는 대동광산조합의 자영광창정제의 도입, 대동농촌사의 집단농지 분배와 자작농창정 실시로 현실화되었다. 둘째, 자본주의 생산·경영방식의 개편으로서, 조합제에 입각한 계획적 공동경영론의 제창이었다. 이는 조선인 중소자본가나 소농층에게는 독점자본에 대한 대응책이었고, 노자 및 지주소작인 관계에서는 계급협조의 실현 방안이 되는 것이었다. 대동광산조합의 집단경영론, 대동농촌사의 집단농촌 건설과 농촌협동화론 등은 이를 구체화한 것이었다. 셋째, 계급협조 이념과 생산력증대를 달성하기 위한 분배의 합리화였다. 이윤균점은 노자간의 대립을 해소하고 노동생산성을 증대하는 최선책으로 간주되었다. 功勞股券制에 의한 이윤배당제도와 자작농창정을 전제한 3할 경작료 수취는 이러한 주장을 실천한 것이었다.

이러한 경제이념과 실천방안은 경영진이 1920년대 이래 주장해 온 경제자립론의 연장에 있는 것이었다. 오히려 그것은 1930년대 후반의 사회실정 속에서 더욱 정교하게 다듬어져 사업에 적용되었다. 소농주의와 계급협조 이념이 강조된 분배론이나 통제적 계획경제 원리에 입각한 조합주의적 공동경영론·농촌협동화론 등은 이들 경제자립론의 이론적 심화가 아닐 수 없었다. 특히, 자작농창정과 농촌협동화론에 입각한 집단농촌경영론은 실학파 이래의 농민적 농업개혁론의 전통과 맥락이 이어지는 농업근대화 방안이었다. 곧, 집단농촌 단위로 조직된 '공동생산체제'의 형성을 통해 지주제에 기초한 자본주의 농업기구의 모순을 해결함으로써 농민층의 경제자립을 달성할 수 있다는 것이었다. 경영진은 자본주의사회체제, 자본주의농업체제의 강력한 수정을 지향하는 이러한 경제자립이념의 사회적·국가적 확대를 기대하였다.

그러나 이와 같은 대동사업체의 경제자립 방안과 논리는 식민지 조건에서는, 특히 파시즘체제의 강화와 함께 미증유의 식민지 수탈이 강행되는 상황에서는 실현되기 어려운 것이었다. 오히려 그 논리의 특성상 사업체 운동은 일제 통제경제정책에 직접적인 영향을 받는 가운데 체제타협적 성향을 노정하였다. 사업체의 경제자립운동은 지극히 체제내적·점진적 방식을 취하였고, 경제자립의 동력을 생산대중의 주체적 활동이 아니라 국가권력·지도기관에서 구하는 소부르조아적 계급관과 사회개량적 실천관에 입각해 있었다. 본시 일제 강점하에서 조선의 민족적·민중적 경제자립은 근원적으로 불가능한 것이었지만, 이같은 사업체의 경제자립 논리와 관련해서는 더욱 그러하였다. 대동농촌사의 집단농촌 건설과 자작농창정과 같은 방식의 농민층 위주의 실천 방안은 일제에게 기대할 수 없는 것이었고, 대동농촌에 한정된 일시적인 '당면이익'의 획득만이 가능하였다.

여기에 특히 금광업자본에 종속된 그 운동 기반의 특수성이 사업체 운동을 일제 통제경제정책·자력갱생운동에 편입시키고 끊임없이 체제타협적 성향을 취하게 하였으며, 끝내 사업체 운동을 해체시키는 근본 요인이 되었다. 전시인플레이션에 의한 물가동향은 대등광업의 경영수지를 악화시켜, 1940년을 전후하여 부채액이 급증하였다. 독점자본·국가자본에 대한 사업체의 종속화가 심화되었고, 이종만 등 일부 경영진이 친일화하면서 대동사업체의 경제자립운동은 일제 정책과 체제에 완전 편입되었다. 그러나 이러한 편입 과정에서도 이들은 반독점적·농민적 경제자립이념과 실천의지를 포기하지 않았다. 오히려 이를 전체주의 사상에 입각한 국가독점자본주의의 통제경제논리와 적극 일체화시키면서 실천하고자 하였고, 그 연장에서 '황민화운동'에 부응하였다. 여기에 대동사업체 경제자립운동의 사상적 특질과 한계가 극명하게 드러나고 있었다.

이와 같이 전시체제하 대동사업체의 경제자립론과 그 사상적 변용은, 일제하 자본주의근대화론과 사회주의혁명론 두 계통의 경제사상과 교류하며 나름대로 '신국가건설'의 전망을 추구했던 진보적 민족주의 계열이 전시국가독점자본주의의 통제경제를 경험하면서 도달한 사상적 모색의 한 전형을 보여주는 것이었다. 대동광산조합과 대동농촌사 사업방침의 국가적 확대를 가정할 때, 그것은 소유관계 및 노자관계에 대한 강력한 국가통제를 수반한 계획경제체제와 조합제적 공동생산체제의 확립을 추구하는 일종의 '조합주의적 국가자본주의론'이라 할 수 있었다. 그러나 이는 당시의 사회정세, 사상 상황 속에서 수미일관된 경제논리로 정리되지 못한 채 국가독점자본주의 통제경제론에 편입되고 말았다. 그것이 이론적 체계와 체제적 방향성을 분명히 정립하게 되는 것은 해방 후 국가건설운동·민족경제자립운동을 통해서였다.

〔附錄〕

自作農地設定 契約證 (樣式)

大同農村社 理事長 月城鍾萬을 甲으로 하고 ○○○를 乙로 하여 左記 條項에 依해 自作農地 設定 契約을 함

第1條 甲은 自作農地 設定 目的을 爲해 甲의 所有에 係한 末尾 表示의 土地를 末尾 記載의 價格으로 乙에게 讓渡함

第2條 前條 土地代金은 左의 各 項에 依해 償還하도록 함

1. 償還方法은 元利均等 年賦償還으로 함
2. 償還年限은 20個年으로 함
3. 土地代金의 利率은 年 3分 5里로 함

但 本條 各項은 昭和 14年 12月 1日부터 遡及 適用하는 것으로 함

第3條 本 契約이 成立할 時는 擔保로서 設定된 農地 全部 위에 第1順位의 抵當權을 設定함

第4條 年賦償還金의 計算期間, 그 償還期日 및 年次別 償還金은 左와 같이 함. 但 繰上 償還의 경우 一期에 차지않은 端數利子는 甲에게 辨濟해야 하는 날까지 日割로써 計算함

1. 計算期日 自 12月 1日 至 翌年 11月 30日
2. 支拂期日 每年 11月 30日
3. 年次別 償還金 別紙 自作農地 代金 償還 年次表와 같이 함

第5條 乙은 甲의 承認을 받아 繰上償還을 할 수 있음

第6條 乙이 償還金 償還을 遲延하였을 때는 償還金 100圓에 1日 4錢의 比率로써 延滯利子를 支拂하도록 함

第7條 災害에 依해 設定農地의 收穫이 顯著히 減少하여 償還金 償還이 困難하다고 甲이 認定할 때는 未償還金에 對한 利子만을 徵收하고 1年間 償還을 延期하도록 함

第8條 年賦償還 期間 內에 있어서는 設定農地를 他人에게 讓渡하거나 또는 甲이 設定한 抵當權 外에 制限物權의 設定, 土地의 形質 變更을 目的으로 하는 行爲를 할 수 없음

第9條 設定農地 所有權移轉登記 手續은 乙 또는 乙과 親子關係의 者에 限함

第10條 所有權 移轉登記 및 抵當權 設定 其他 一切 登記에 要하는 費用은 乙의 負擔으로 함

第11條 乙은 左의 各 號의 一에 該當하는 事項이 發生했을 때는 그 年 月 日 및 事由를 遲滯없이 甲에게 通知해야 함

1. 住所 또는 氏名을 變更했을 때
2. 設定農地에 異常이 있을 때
3. 訴訟의 當事者가 되었을 때. 但 相對方의 住所, 氏名 및 事件의 概要를 갖출 것
4. 差押, 假差押 또는 假處分을 받거나 또는 破産, 禁治産 또는 準禁治産의 宣告를 받을 경우
5. 乙이 隱居했을 때

第12條 乙이 左의 各 號의 一에 該當할 경우는 本 契約을 解除하고 未償還金額을 一時에 辨濟해야 하며, 또는 右 辨濟 受領을 爲해 甲은 乙의 代理人이 되어 設定農地를 當時 價格으로 第三者에게 讓渡할 수 있음

1. 提出書類에 虛僞事實을 記載했을 때
2. 스스로 耕作에 從事하지 않거나 또는 그 能力이 없다고 甲

이 認定할 때

3. 年賦償還金을 期日 內에 償還하지 않을 때

4. 第8條의 規定을 違反했을 때

5. 第11條의 規定에 依한 通知를 怠慢히 했을 때

第13條 乙은 大同農村社 設立의 精神을 體得하여 本社 農家指導 諸規定을 堅實히 遵守하도록 함

右 契約을 確守하기 爲해 本書 두 通을 作成하여 各自 한 通을 所持하도록 함

昭和 15年 11月 日

住 所 京城府 堅志町 111番地

大同農村社 理事長 月 城 鍾 萬(捺印)

住 所 慶尙南道 河東郡 北川面 里 番地

○ ○ ○(捺印)

不動産의 表示 및 그 價格

	土 地 所 在 地	地番	地目	面積	同上價格
登記 第 號	郡 面 里				
順位 第 號					

(출전: 『韓國史硏究』 95, 한국사연구회, 1996.)